高职高专规划教材

桥梁施工技术

(市政工程专业适用)

王云江　邢鸿燕　编

中国建筑工业出版社

图书在版编目（CIP）数据

桥梁施工技术/王云江，邢鸿燕编．—北京：中国建筑工业出版社，2003
高职高专规划教材．市政工程专业适用
ISBN 978-7-112-05936-2

Ⅰ.桥… Ⅱ.①王…②邢… Ⅲ.桥梁工程-施工-技术-高等学校：技术学校-教材 Ⅳ.U445.4

中国版本图书馆 CIP 数据核字（2003）第 060116 号

本书为高职高专规划教材。主要内容包括绪论，桥梁构造，桥梁施工准备工作和桥位放样，桥梁基础施工，墩台和锥坡施工，钢筋混凝土桥施工，预应力混凝土桥施工，其他体系桥梁施工，桥面及附属工程施工，施工安全与质量评定等。

本书可作为高职高专市政工程专业及工程监理专业教材，也可作为市政岗位培训通用教材，还可供从事市政桥梁施工、工程监理工作的工程技术人员参考。

* * *

责任编辑　朱首明　刘平平
责任设计：孙　梅
责任校对：王金珠

高职高专规划教材
桥梁施工技术
（市政工程专业适用）
王云江　邢鸿燕　编

*

中国建筑工业出版社出版、发行（北京西郊百万庄）
各地新华书店、建筑书店经销
北京市兴顺印刷厂印刷

*

开本：787×1092 毫米　1/16　印张：11¾　字数：280 千字
2003 年 9 月第一版　2010 年 9 月第四次印刷
定价：**17.00** 元
ISBN 978-7-112-05936-2
（11575）
版权所有　翻印必究
如有印装质量问题，可寄本社退换
（邮政编码　100037）

前　　言

"桥梁施工技术"是市政工程施工的专业课。本教材是根据建设岗位市政专业《桥梁施工技术》教学大纲，结合编者多年来的教学实践而编写的。

本书在编写中根据高等职业技术教学的特点，以培养技术应用型专门人才目标出发，以"应用、实用"为主旨和特征构建课程和教学内容体系。结合最新的技术标准和规范，具有较强的针对性，力求做到简明扼要、通俗易懂、重点突出、注重实用。

本教材共十章。第一章、第二章内容包括绪论、桥梁的构造；第三章至第九章主要介绍中、小跨径桥梁的施工方法；第十章内容为施工安全技术与质量检验评定。

本教材由王云江、邢鸿燕编写，由吴国荣主审。其中第三章、第四章、第五章、第六章、第七章、第九章、第十章由王云江编写，第一章、第二章、第八章由邢鸿燕编写，全书由王云江统稿。

限于编者水平及能力，书中错误和不足在所难免，敬请读者批评指正。

目 录

第一章 绪论 … 1
- 第一节 桥梁的作用、组成与分类 … 1
- 第二节 国内外桥梁建筑概况 … 4

第二章 桥梁构造 … 8
- 第一节 简支板桥和简支梁桥的构造 … 8
- 第二节 连续梁桥构造 … 14
- 第三节 拱桥构造 … 21
- 第四节 斜拉桥构造 … 26
- 第五节 悬索桥构造 … 29
- 第六节 桥面系构造 … 30
- 第七节 桥梁墩台构造 … 35
- 第八节 桥梁支座构造 … 41

第三章 桥梁施工准备工作和桥位放样 … 44
- 第一节 桥梁施工准备工作 … 44
- 第二节 桥位放样 … 45

第四章 桥梁基础施工 … 50
- 第一节 浅基础施工 … 50
- 第二节 打入桩施工 … 57
- 第三节 钻孔灌注桩施工 … 63
- 第四节 沉井施工 … 77

第五章 墩台和锥坡施工 … 86
- 第一节 石砌圬工工程 … 86
- 第二节 基础及墩台施工 … 88
- 第三节 锥坡放样与施工 … 90

第六章 钢筋混凝土桥施工 … 93
- 第一节 模板与支架 … 93
- 第二节 钢筋工程 … 99
- 第三节 混凝土工程 … 108
- 第四节 装配式构件的起吊、运输与安装 … 117

第七章 预应力混凝土桥施工 … 129
- 第一节 预应力的基本概念 … 129
- 第二节 夹具和锚具 … 130
- 第三节 先张法施工工艺 … 132
- 第四节 后张法施工工艺 … 137
- 第五节 悬臂和顶推法施工 … 141

第八章　其他体系桥梁施工 ········· 149
第一节　拱桥施工 ········· 149
第二节　斜拉桥施工 ········· 159
第三节　悬索桥施工 ········· 162
第四节　钢桥施工 ········· 164
第九章　桥面及附属工程施工 ········· 167
第一节　支座安装 ········· 167
第二节　桥面附属工程施工 ········· 168
第十章　施工安全与质量评定 ········· 172
第一节　施工安全技术 ········· 172
第二节　质量检验评定 ········· 176

第一章 绪 论

第一节 桥梁的作用、组成与分类

一、桥梁的作用

建立四通八达的现代化交通网,大力发展交通运输事业,对于促进各地经济发展,促进文化交流都有非常重要的意义。在公路、城市道路、乡村道路以及水利建设中,为了跨越各种障碍(如河流、山谷或其他线路等),必须修建各种类型的桥梁,所以桥梁是交通线中重要组成部分。随着城市建设的高速发展,迫切需要新建、改造许多公路和城市桥梁,人们对桥梁建筑提出了更高的要求。现代高速公路上迂回交叉的立交桥、新兴城市中不断涌现的雄伟壮观的城市桥梁常常成为大中城市的标志与骄傲。

新型桥梁不断涌现,促进了新的施工机械、施工工艺、施工方法的形成与发展,为此,我们广大桥梁工程技术人员将不断面临桥梁设计、施工和养护、维护等光荣而艰巨的任务。

二、桥梁的组成

桥梁一般由桥跨结构、墩台和基础组成(图1-1、图1-2)。

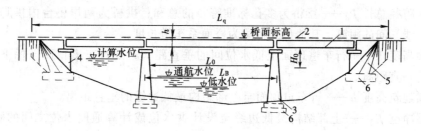

图1-1 梁桥的基本组成部分
1—主梁;2—桥面;3—桥墩;4—桥台;5—锥形护坡;6—基础

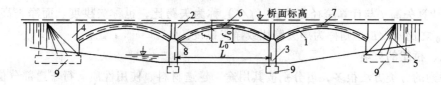

图1-2 拱桥的基本组成部分
1—拱圈;2—拱上结构;3—桥墩;4—桥台;
5—锥形护坡;6—拱轴线;7—拱顶;8—拱脚;9—基础

(1)桥跨结构(也称为上部结构),包括承重结构和桥面系,是在线路遇到障碍(如河流、山谷或城市道路等)而中断时,跨越这类障碍的主要承重结构,也是承受自重、行人和车辆等荷载的主要构件。该承重部分因桥型不同而各有名称,梁式桥的承重部分为主梁,拱桥的承重部分是拱圈,桁架桥的承重部分是桁架。桥面系通常由桥面铺装、防水和排水设施、人行道、栏杆、侧缘石、灯柱及伸缩缝等构成。

(2) 桥墩、桥台(统称下部结构),是支承桥跨结构并将恒载和车辆活荷载传至地基的构筑物。桥台设在桥梁两端,桥墩则在两桥台之间。桥墩的作用是支承桥跨结构;而桥台除了起支承桥跨结构的作用外,还要与路堤衔接,并防止路堤滑塌。为保护桥台和路堤填土,桥台两侧常做一些防护和导流工程。

(3) 墩台基础,是使桥上全部荷载传至地基的底部奠基的结构部分。基础工程是在整个桥梁工程施工中比较困难的部位,而且是常常需要在水中施工,因而遇到的问题也很复杂。

桥跨上部结构与桥墩、桥台之间一般设有支座,桥跨结构的荷载通过支座传递给桥墩、桥台,支座还要保证桥跨结构能产生一定的变位。

与桥梁设计有关的主要名称和尺寸有:

计算跨径 L——梁桥为桥跨结构两支承点之间的距离。拱桥为两拱脚截面形心点间的水平距离,即拱轴线两端点之间的水平距离。

净跨径 L_0——一般为设计洪水位时相邻两个桥墩(台)的净距离。通常为梁桥支承处内边缘之间的净距离,拱桥两拱脚截面最低点间的水平距离也称为净跨径。

标准跨径 L_b——梁桥为相邻桥墩中线之间的距离,或桥墩中线至桥台台背前缘之间的距离,对于拱桥则是指净跨径。

桥梁全长 L_q——简称全长,是桥梁两端两个桥台两侧墙或八字墙后端点之间的距离。对于无桥台的桥梁为桥面系行车道的全长。

多孔跨径总长 L_d——梁桥为多孔标准跨径的总和;拱桥为两岸桥台内拱脚截面最低点(起拱线)间的距离,其他型式桥梁为桥面系车道长度。

桥梁高度 H——行车道顶面至低水位间的垂直距离;或行车道顶面至桥下路线的路面顶面的垂直距离。

桥梁建筑高度 h——行车道顶面至上部结构最低边缘的垂直距离。

桥下净空 H_0——上部结构最低边缘至设计洪水位或计算通航水位之间的垂直距离。对于跨线桥,则为上部结构最低边缘至桥下线路路面顶面之间的垂直距离。

拱桥矢高和矢跨比——拱桥拱顶截面最下缘至相邻两拱脚截面下缘最低点连线的垂直距离称为净矢高 f_0。拱桥拱顶截面形心至相邻两拱脚截面形心边线的垂直距离称为计算矢高 f,计算矢高 f 与计算跨径 L 之比 (f/L) 称为矢跨比,也称矢拱度。而净矢高 f_0 与净跨径 L_0 之比 (f/L_0) 则称为净矢跨比或净矢拱度。

三、桥梁的分类

桥梁的分类方法很多,可分别按其用途、建造材料、使用性质、行车道部分位置、桥梁跨越障碍物的不同等条件分类。但最基本的方法是按其受力体系分类,一般分为梁式桥、刚架桥、拱桥、吊桥、斜拉桥等。

1. 梁式桥

梁式桥系是古老的结构体系,梁式桥是一种在竖向荷载作用下无水平反力的结构。其主要承重构件的梁内产生的弯矩很大,所以在受拉区须配置钢筋以承受拉应力。梁桥常见的类型有简支板桥、简支梁桥、悬臂梁桥、T形悬臂梁桥和连续梁桥,目前常用的有简支梁、简支板和连续梁桥。简支板桥在小跨径的桥涵中经常使用，简支梁桥在公路桥梁中仍被广泛采用，而在新兴的城市桥梁中，空间的限制和桥梁美学的重视，使得连续梁桥被广泛采用。

2．刚架桥

刚架桥的主要承重结构是梁或板和立柱或竖墙整体结合在一起的刚架结构，刚架桥跨中的建筑高度就可以做得较小（图1-3）。在城市中当遇到线路立体交叉或需要跨越通航江河中，采用这种桥型能尽量降低线路标高以改善纵坡并能减少路堤土方量。当桥面标高已确定时，能增加桥下净空。刚架桥的缺点是施工比较困难。

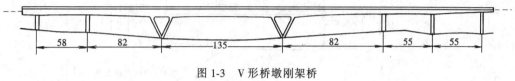

图1-3 V形桥墩刚架桥

（尺寸单位：m）

3．拱桥

拱桥是在竖向力作用下具有水平推力的结构物，主要承重结构是拱圈或拱肋，且以承受压力为主。传统的拱桥以砖、石、混凝土为主修建，也称圬工桥梁。现代的拱桥如钢管混凝土拱桥则以其优美的造型已为许多市政桥梁的首选桥型，这是传统拱桥和现代梁桥的完美结合。

4．吊桥

传统的吊桥均用悬挂在两边塔架上的强大缆索作为主要承重结构（图1-4）。在竖向荷载作用下，通过吊杆使缆索承受很大的拉力，通常就需要在两岸桥台的后方修筑非常巨大的锚碇结构。吊桥也是具有水平反力（拉力）的结构。现代的吊桥，广泛采用高强度钢丝编制的钢缆，以充分发挥其优异的抗拉性能，因此结构自重较轻，能以较小的建筑高度跨越其他任何桥型无与伦比的特大跨度。其经济跨径在500m以上。吊桥的另一特点是：成卷的钢缆易于运输，结构的组成构件较轻，便于无支架悬吊拼装。

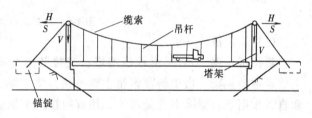

图1-4 吊桥

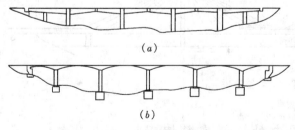

图1-5 T形刚构 连接—刚构

5．组合体系桥

根据结构的受力特点，由几个不同受力体系的结构组合而成的桥梁称为组合体系桥。

（1）T形刚架、连续刚构是梁和刚架相结合的体系。是预应力混凝土结构采用悬臂施工法而发展起来的一种体系（图1-5），该种体系采用悬臂施工法施工时的受力状态与使用状态下的受力状态基本一致。所以省料、省工、省时，使这种结构的应用范围得到迅猛发展。

(2) 梁拱组合体系

梁、拱组合体系（图1-6）中有系杆拱、桁架拱、多跨拱梁结构等。它们利用梁的受弯与拱的承压特点组成联合结构。在预应力混凝土结构中，因梁体内可储备巨大的压力来承受拱的水平推力，使这类结构既具有拱的特点，而又非推力结构，对地基要求不高。这种桥梁结构造型优美，跨度很大，已成为目前许多城市修建跨河桥梁的首选桥型。该类组合体系也是现代拱桥的一种桥型。

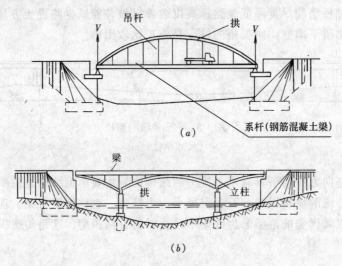

图1-6 梁拱组合体系

(3) 斜拉桥

斜拉桥（图1-7）是由承压的塔、受拉的索与承弯的梁体组合起来的一种结构体系。主要承重的主梁，由于斜拉索将主梁吊住，使主梁变成多点弹性支承的连续梁。在外荷载和自重作用下，梁除本身受弯外，还有斜拉索施加给主梁的轴向力，主梁为压弯构件，能充分发挥其结构的力学性能，可减少主梁截面或增加桥跨跨径。从经济上看，可以做吊桥也可做斜拉桥时，斜拉桥总是经济的。因斜拉桥与吊桥比：它是一种自锚体系，不需昂贵的地锚基础；防腐技术要求比吊桥低，从而降低钢索防腐费用；刚度比吊桥好，抗风能力也比吊桥好；可用悬臂施工工艺，施工不妨碍通航；钢束用量比吊桥少。

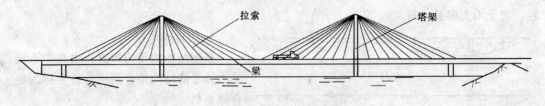

图1-7 斜拉桥

第二节 国内外桥梁建筑概况

一、我国的桥梁建筑的成就

我国幅源辽阔，地形东南低而西北高，河道纵横交错，中国古代桥梁的辉煌成就举世瞩目,曾在东西方桥梁发展中,为世人所公认。

我国古代的梁桥多造石柱、石梁桥,如始建于宋·皇佑五年(公元1053年)的泉州万安桥,俗称洛阳桥,共有47孔,桥总长约890m,桥宽3.7m。不论是木梁还是石梁,为了加长桥跨,采用了多层并列梁,由下向上逐层外挑的方法,以支承中部的简支梁。

我国古代石拱桥的杰出代表是举世闻名的河北省赵县的赵州桥(又名安济桥),该桥始建于隋·开皇十五年(公元595年),共建了10年。桥为敞肩圆弧石拱,拱圈并列28道,净跨37.02m,高7.23m,上狭下宽总宽9m。在主拱圈上两侧,各开两个净跨分别为3.8m和2.5m的小拱,以宣泄洪水、减轻自重、增加美观。

索桥的索有藤、竹、皮绳和铁链等几种。铁索桥传说初起汉初,四川的泸定桥,跨越大渡河,是铁索桥中现存制作最精良的一座。始建于清·康熙四十四年(1705年),净跨100m,桥宽2.8m,上铺木板,底索9根,索长约128m。

1937年由国人设计监造的梁桥,以总长1453m,最大跨度67m的杭州钱塘江公铁两用桥为一里程碑。

新中国成立后,桥梁建设出现了突飞猛进的局面。

1957年,第一座长江大桥——武汉长江大桥的胜利建成,结束了我国万里长江无桥的状况,从此,"一桥飞架南北,天堑变通途。"大桥的正桥为3联,每联为3×128m的连续钢桁梁,下层双线铁路,上层公路桥面宽18m,两侧各设2.25m人行道,包括引桥在内全桥总长1670.4m。大型钢梁的制造和架设、深水管柱基础的施工等,为发展我国现代桥梁技术开创了新路。

1969年我国又胜利建成了举世瞩目的南京长江大桥,这是我国自行设计、制造、施工,并使用国产高强钢材的现代化大型桥梁。正桥除北岸第一孔为128m简支钢桁梁外,其余为9孔3联,每联为3×160m的连续钢桁架。上层为公路桥面,下层为双线铁路。包括引桥在内,铁路桥部分全长6772m,公路桥部分为4589m。桥址处水深流急,河床地质极为复杂,大桥桥墩基础的施工非常困难。南京长江大桥的建成,显示出我国的建桥事业已达到了世界先进水平,也是我国桥梁史上又一个重要标志。

我国还创建和推广了不少新颖的拱桥结构,如1964年创建的双曲拱桥,它具有用料省、造价低、施工简便和外形美观等优点。此外,全国各地还因地制宜创建了其他一些各具特色的拱式桥型,其中推广较快的有江浙一带建的钢筋混凝土桁架拱桥和刚架拱桥,其特点是上部结构自重小,适合于软土地基上建造拱桥。山东的两铰平板拱,河南的双曲扁拱,山西与甘肃的扁壳拱,广东的悬砌拱,广西的薄壳石拱,湖南的圬工箱形拱和石砌肋板拱等,这些新桥型在结构或施工上各具特色。

在拱桥的施工技术方面,除了有支架施工外,对于大跨拱桥,目前已广泛采用无支架施工、转体施工、刚性骨架施工等方法。上海芦浦大桥跨径550m,是目前世界上最大跨径、首次采用箱形结构的拱形桥,主截面高9m、宽5m。

钢筋混凝土与预应力钢筋混凝土梁式桥,在我国也获得了很大的发展。1976年建成的洛阳黄河大桥,跨径为50m的预应力混凝土简支梁桥,全长达3.4km。除简支梁桥以外,近年来我国还修建了多座现代化的大跨径预应力混凝土T形刚架桥、连续梁桥和悬臂梁桥。已建成的黄石长江公路大桥,全桥总长约2580.08m,其中主桥长1060m,为$(162.5 + 3 \times 245 + 162.5)$m的5跨预应力混凝土连续刚构桥。采用钢围堰加大直径钻孔灌注桩基础。桥面净宽19.5m,其中分向行驶的四个机动车道宽15m,两侧各设2.25m宽的非机动车道。

近年来在世界桥梁建筑中蓬勃兴起的现代斜拉桥,是结构合理,跨越能力大,用材指标低且外型美观的先进桥型。1975年我国开始建造斜拉桥。从四川省云阳汤溪河桥到上海市的南浦大桥、杨浦大桥、徐浦大桥,历时18年建造了30余座,跨径从76m到602m(而且建成了我国跨度最大的叠合梁斜拉桥——杨浦大桥,主桥跨径:40m + 99m + 144m + 602m + 144m + 90m + 44m = 1172m)。杨浦大桥的成功兴建,使我国的斜拉桥技术已迅速赶上了世界先进水平。

广东虎门大桥由东引桥、主航道桥、中引桥、辅航道桥及西引桥五部分组成。大桥全长4588m,桥宽32m。辅航道桥为主跨270m的连续刚构桥,为目前同类桥梁的世界最大跨径,主航道为单跨简支钢加劲梁悬索桥,跨径988m(图1-8)。主缆跨径:302.0m + 888m + 348.5m = 1538.5m。

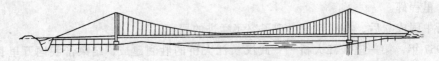

图1-8 虎门大桥(1997年)

江阴长江大桥是我国首座千米以上的特大跨径公路桥梁。采用336.5m + 1385m + 309.4m的单孔简支钢悬索桥结构。南引桥为43m + 3 × 40m,北引桥为(50 + 75 + 50)m + 19 × 50m + 8 × 30m组成,桥梁总长3km。全桥总宽度36.9m,桥面六车道净宽度29.5m(包括中间分隔带)。该桥于1994年底开工,建设期5年,建成后,是我国最大跨径的桥梁。

在桥梁基础方面,除了广泛采用的明挖基础、桩基、沉井等之外,目前对于深水基础施工,在大型管桩的施工技术方面已积累了丰富的经验。在深沉井施工方面,由于成功地采用了先进的触变泥浆套下沉技术,大幅度地减小了基础圬工数量,并使下沉速度加快3～11倍。此外,我国还广泛采用和推广了钻孔灌注桩基础。与国外的同类型基础相比,所要求的施工机械少,动力设备简易,操作方便迅速,易为群众掌握,且能钻入很深的土层。

二、国外桥建筑的成就

继意大利文艺复兴后,18世纪在英国、法国和其他西欧国家兴起的工业革命,推动了工业的发达,从而也促进了桥梁建筑技术方面空前的发展。

1855年起,法国建造了第一批应用水泥砂浆砌筑的石拱桥。法国谢儒奈教授改进了拱架结构,拱圈砌筑方法以及减少圬工裂缝方法等。大约在1870年时,德国建造了第一批采用硅酸盐水泥作为胶结材料的混凝土拱桥。之后在20世纪初,法国建成的戴拉卡混凝土箱形拱桥跨度139.80m。目前最大跨度的石拱桥是1946年瑞典建成的绥依纳松特桥,跨度为155m。

1873年法国的约瑟夫莫尼尔首创建成的一座钢筋混凝土拱式人行桥。从19世纪末到20世纪50年代间,钢筋混凝土拱桥无论在跨越能力、结构体系、主拱圈的截面形式上均有很大的发展。法国弗莱西奈教授设计,于1930年建成的3孔186m拱桥和1940年瑞典建造的跨径264m的桑独桥，均达到了很高的水平。直至1980年，在前南斯拉夫用无支架悬臂施工方法建成了跨度达390m的克尔克（KRK-Ⅱ）桥，突破了305m的前世界纪录。该桥主桥建造过程中，集斜拉桥、拱桥、悬臂三种不同桥梁施工工艺于一身，是目前世界上单座桥梁建设中所采用的施工工艺最多也最复杂的一座桥。

国外在发展钢筋混凝土拱桥的同时，也修建了一些钢筋混凝土梁式桥，但限于材料本身所固有的力学特性，梁式桥的跨径远逊色于拱桥。直至1928年法国著名工程师弗莱西奈经过20年研究使预应力混凝土技术付诸实现后，新颖的预应力混凝土桥梁首先在法国和德国以异乎寻常的速度发展起来。德国最早用全悬臂法建造预应力混凝土桥梁，特别是在1952年成功地建成了莱茵河上的沃伦姆斯桥（跨度为101.65m+114.20m+104.20m，具有跨中剪力铰的连续刚架桥）后，这个方法就传播到全世界。10年后莱茵河上另一座本道尔夫桥的问世，将预应力混凝土桥的跨度推进到208m，悬臂施工技术已日臻完善。日本于1976年建成了当时世界上跨度最大的连续刚架桥——浜名大桥，主跨径为55m+140m+240m+55m。

世界上第一座具有钢筋混凝土主梁的斜拉桥，是1925年在西班牙修建跨越坦波尔河的水道桥（主跨60.35m），总长达9km。目前世界上跨径最大的斜拉桥——法国的诺曼底大桥，全长2141.25m，跨越塞纳河，大桥从南至北布孔：27.75m+32.5m+9m×43.5m+96m+856m+96m+14×43.5m+32.5m。

美国在19世纪50年代从法国引进了近代吊桥技术后，于19世纪70年代就发明了"空中架线法"编纺桥缆。1937年建成的旧金山金门大桥，主跨径1280.2m，曾保持了27年桥梁最大跨径的世界纪录。桥跨布置为342.9m+1280.2m+342.9m=1966m，桥面宽27.43m。

英国1981年建成的恒伯尔桥，主跨径1410m。日本明石海峡大桥，全长3910m，主跨径1990m，桥跨布置960m+1990m+960m，桥宽35.5m，于1988年开始施工，于1998年完成，工期长达10年。此桥是目前世界上最大跨径的桥梁。

可以看出，近年来的桥梁结构逐步向高强、轻型方面发展，但桥梁的载重、跨长却不断增长。应充分发挥结构潜在的承载力，充分利用建筑材料的强度，力求工程结构的安全度更为科学和可靠；在工程施工上，力求高度机械化、工厂化、自动化；在工程管理上，则力争高度科学化、自动化。

第二章 桥梁构造

第一节 简支板桥和简支梁桥的构造

一、简支板桥

板桥是小跨径钢筋混凝土桥中最常用的形式,分为整体式结构和装配式结构。前者跨径一般为 4~8m,后者若采用预应力混凝土空心板时,其跨径可达 20m。当要求建造异形板时,往往采用整体式结构。

(一)整体式板桥

整体式板桥的横截面一般都设计成等厚度的矩形截面,有时为了减轻自重也可将受拉区稍加挖空做成矮肋式板桥(图 2-1)。对于修建在城市内的宽桥,为了防止因温度变化和混凝土收缩而引起的纵向裂纹,以及由于活荷载在板的上缘产生过大的横向负弯矩,也可以使板沿桥中线断开,将一桥化为并列的二桥。为了缩短墩台的长度,也有将人行道做成悬臂型式从板的两侧挑出,但这样会带来施工的不便。整体式板桥除了配置纵向受力钢筋以外,还要在板内设置垂直于主钢筋的横向分布钢筋。

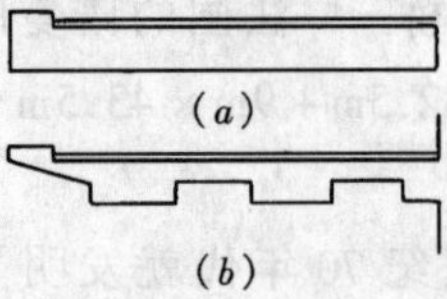

图 2-1 板桥横断面

整体式板的主拉应力较小,一般可以不设弯起钢筋,但是习惯上仍然将一部分主筋按 30°或 45°的角度,在跨径 1/4~1/6 处弯起。

一标准跨径 6m(图 2-2),桥面净宽 7.0m,整体式简支板桥,设 0.25m 的安全带,计算跨径为 5.69m,板厚 36cm,约为跨径的 1/18。纵向主筋采用 Ⅰ 级钢筋,直径为 18mm,板宽内间距 12.4cm。主筋在跨径两端的 1/4~1/6 范围内呈 30°弯起。主钢筋与板边缘间的净距应不小于 2cm。$N1$、$N2$、$N3$ 为配置的纵向受力钢筋,$N1$ 为通长钢筋,$N2$、$N3$ 为跨径 1/4~1/6 处弯起的抗剪钢筋;垂直于纵向受力钢筋的方向设置横向分布钢筋,取直径 10mm,间距 20cm。纵向钢筋应在分布钢筋的外侧。

(二)装配式板桥

装配式板桥,按其截面型式分为实心板和空心板两种形式。

1. 矩形实心板

这是目前广泛采用的型式,经常跨径不超过 8m。矩形实心板形状简单,建筑高度小,施工方便。

一标准跨径 6m 的矩形实心板,荷载等级为汽车-15 级,挂车-80,净-7.0(无人行道),该桥的中部块件和边部块件的构造如图 2-3 所示。$N1$ 为受力主钢筋,通常为直弯或不弯;$N2$ 为架立钢筋;$N3$ 为开口式的箍筋,伸出预制板面外以加强横向连接;$N4$ 是短筋,用以与 $N3$ 组成封闭的箍筋。

2. 空心板

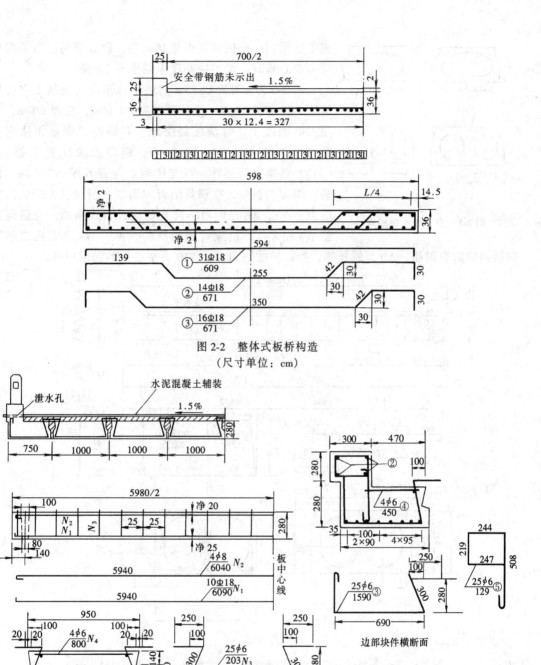

图 2-2 整体式板桥构造
（尺寸单位：cm）

图 2-3 跨径 6.0m 装配式矩形板桥中部块件构造
（尺寸单位：mm）

钢筋混凝土空心板桥适用跨径为 8~13m，板厚为 0.4~0.8m；预应力混凝土空心板适用跨径为 8~16m，板厚为 0.4~0.7m。空心板较同跨径的实心板重量轻，运输安装方便，空心板的开口型式，常用的如图 2-4 所示。空心板横截面的最薄处不得小于 7cm，以保证

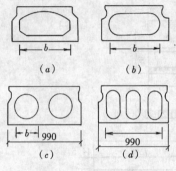

图 2-4 空心板截面形式

施工质量。应按抗剪要求弯起钢筋，设置箍筋。当采用预应力空心板时，保护层厚度不能小于 2.5cm。

图 2-5 为标准跨径 13m 的装配式预应力混凝土空心板构造。板全长 12.96m，计算跨径 12.60m，板厚 60cm，采用 C40 混凝土，每块板底层配置 IV 级冷拉钢筋作预应力筋，共 7 根 $\phi20$，为 $N1$ 钢筋。板顶面除配置 3 根 $N2$ ($\phi12$) 的架立钢筋外，在支座附近配置 6 根 $N3$ ($\phi8$) 钢筋，作为加强筋，在锚具附近，用以承担预应力产生的拉应力。$N5$、$N6$ 是两种不同直径的开口式箍筋，与横向钢筋 $N4$ 相绑扎，组成封闭的箍筋。$N7$、$N8$ 是两孔之间隔离层内的防裂钢筋，$N9$ 是螺栓筋，用以扩散锚固力，$N10$ 为空心板的起吊钢筋。

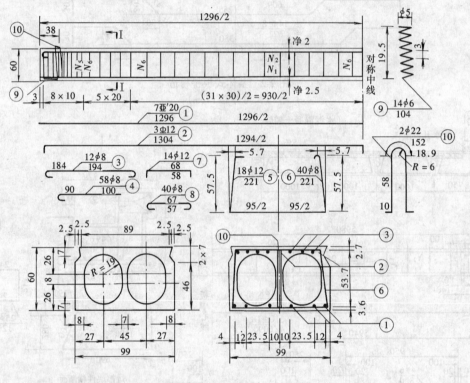

图 2-5 先张法预应力混凝土空心板配筋（尺寸单位：cm；钢筋直径：mm）

（三）装配式板的横间连接

为了使装配式板块组成整体，共同承受车辆荷载，在块件之间必须具有横向连接的构造。常用的连接方法有企口混凝土铰联结和钢板焊接连接。

企口式混凝土铰的型式有圆形、菱形、漏斗形等三种。铰缝内应用较预制板高一级标号的细石混凝土填充。如果要使桥面铺装层也参与受力，也可以将预制板中的钢筋伸出与相邻的同样钢筋互相绑扎，再浇筑在铺装层内（图 2-6）。

由于企口混凝土铰需要现场浇筑混凝土，并需待混凝土达到设计强度后才能通车，为加快工程进度，亦可采用钢板连接（图 2-7）。它的构造是：用一块钢盖板 $N1$ 焊在相邻两

构件的预埋钢板 $N2$ 上。连接构造的纵向中距通常为 80~150cm，根据受力特点，在跨中部分布置较密，向两端支点处逐渐减疏。

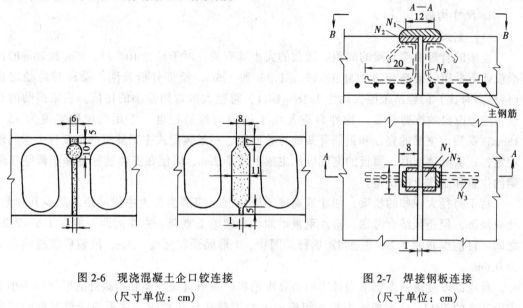

图 2-6 现浇混凝土企口铰连接　　　　图 2-7 焊接钢板连接
（尺寸单位：cm）　　　　　　　　　（尺寸单位：cm）

二、简支梁桥

钢筋混凝土或预应力混凝土简支梁桥受力明确，构造简单，施工方便，是中小跨径桥梁中应用最广的桥型。采用装配式的施工方法，可以大量节约模板支架材料，降低劳动强度，缩短工期，适用于中小跨径桥梁。预制装配式 T 形梁桥是最为普遍使用的形式。

典型的装配式 T 形梁桥上部构造如图 2-8 所示。它由几片 T 形截面的主梁并列在一起装配连接而成。T 形梁的顶部翼板构成行车道板，与主梁梁肋垂直相连的横隔梁的上、下

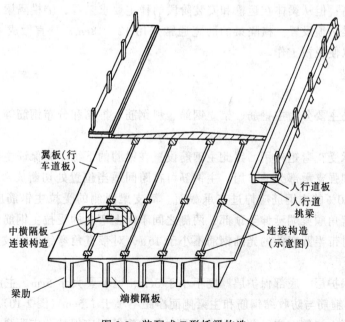

图 2-8 装配式 T 形桥梁构造

部以及T形梁翼板的边缘,均设焊接钢板联结构造将各主梁联成整体,这样就能使作用在行车道板上的局部荷载分布给各片主梁共同承受。

1. 尺寸构造

(1) 主梁

主梁的合理高度与梁的间距、活载的大小等有关。对于跨径10、13、16m和20m的标准设计所采用的梁高相应为0.9、1.1、1.3m和1.5m,经济分析表明,梁高与跨径之比(俗称高跨比)的经济范围大约为1/16～1/11,跨径大的取用偏小的比值。主梁梁肋的宽度,应考虑梁的抗剪强度,构件自重及施工捣固的难易程度,常用的梁肋宽度为15～18cm,视梁内主筋的直径和钢筋骨架的片数而定,一般装配式主梁翼板的宽度视主梁间距而定,在实际预制时,翼板的宽度应比主梁中距小2cm,以便在安装过程中易于调整T形梁的位置和制作上的误差。

对于跨径大一些的桥梁,如建筑高度不受限制,应适当加大主梁间距,减少其片数,比较经济,但还须结合考虑,构件重量增加会导致施工复杂。主梁间距一般在1.6～2.2m之间。目前编制的2.2m主梁间距的标准图中,T形梁预制宽度1.6m,吊装后铰缝的宽度为0.6m。

翼缘的厚度由强度要求和最小构造要求确定。一般翼缘与梁肋衔接处的厚度应不小于主梁高度的1/12。当考虑翼缘板承担桥面上的恒载和活荷载时,翼板的端部厚度一般取8cm;若翼板只承担本身自重、桥面铺装层恒载及临时施工荷载,则端部厚度一般取6cm。

(2) 横隔梁

跨中横隔梁的高度应保证具有足够的抗弯刚度,通常可做成主梁高度的3/4左右。梁肋下部呈马蹄形加宽时,横隔梁延伸至马蹄的加宽处,横隔梁间距采用5.00～6.00m为宜。

为便于安装和检查支座,端横隔梁底部与主梁底缘之间宜留有一定的空隙,或可做成和中横隔梁同高;但从梁体在运输和安装阶段的稳定要求来看,端横隔梁又宜做成与主梁同高。端横隔梁必须设置。横隔梁的肋宽通常采用12～18cm,且宜做成上宽下窄和内宽外窄的楔形,以便脱模工作。

2. 钢筋构造

(1) 主梁

主梁内钢筋主要分为主钢筋、架立钢筋、斜钢筋、箍筋和分布钢筋等。一般采用多层焊接骨架。

由于主梁承受正弯矩作用,因此主钢筋设置在梁肋的下缘。为保证主梁在梁端有足够的锚固长度和加强支承部分的作用,主钢筋可在跨间适当位置处切断成弯起,应至少有2根,并不少于20%的主钢筋应伸过支承截面。简支梁两侧的受拉主钢筋应伸出支点截面以外,并弯成直角顺梁端延伸至顶部,两侧之间不向上弯曲的受拉主钢筋伸出支承截面的长度规定为:对带半圆弯钩的光圆钢筋不小于$15d$,对带直角弯钩的螺纹钢筋不小于$10d$(图2-9)。

主筋应设保护层。底部保护层厚度不小于3cm,也不要大于5cm,主筋与梁侧面净距不小于2.5cm,箍筋与防收缩钢筋和主梁侧面净距不小于1.5cm(图2-10)。

为保证混凝土浇筑密实,避免形成空洞,各主钢筋间应保持一定距离,绑扎骨架在三

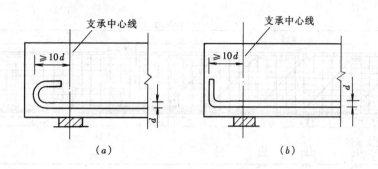

图 2-9　梁端主钢筋锚固

层或三层以下者不小于 3cm，且不小于主筋直径；三层以上不小于 4cm，且不小于主筋直径的 1.25 倍；焊接骨架不得小于 3cm，且不小于主筋直径的 1.25 倍（图 2-10）。

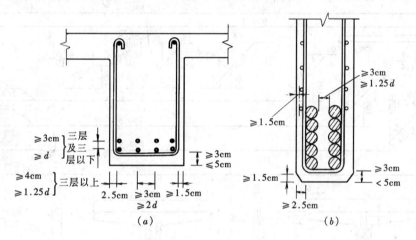

图 2-10　主筋净距及保护层厚度
(a) 绑扎骨架；(b) 焊接骨架

弯起钢筋是承担主拉应力的，一般由主筋弯起，弯起角度一般与梁纵轴成 45°角。当主筋弯起数量不足时，可采用附加斜筋，并容许采用两次弯起的钢筋（图 2-11），但不能采用不与主筋焊接的浮筋作为斜筋。

主筋之间及主筋与斜筋的联接焊缝双面焊为 $2.5d$，单面焊为 $5.0d$。

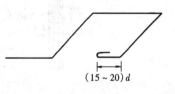

图 2-11　两次斜弯筋

箍筋的作用也是承受主拉应力，其间距不大于梁高的 3/4 或为 50cm，直径不小于 6mm，且不小于主筋直径的 1/4；在支承范围内（支座中心至 $h_0/2$ 范围）其间距不大于 10cm。

图 2-12 为 T 形梁，梁长 19.96m，主梁高度 1.30m，全桥设置 5 道横隔梁。$N1 \sim N4$ 为每根主梁的主钢筋，为 $\phi 8@200$，其中 $2N1$ 钢筋通过支座，其余 3 组主筋按抗剪要求弯起。$N5$ 为 $2\Phi 32$ 钢筋，是梁中的架立筋。$N11$ 为梁的箍筋，$N12$ 为支座箍筋，采用 $\phi 8@200$。$N6$、$N7$、$N8$ 为附加斜筋，由计算确定用量及位置。$N9$ 为防混凝土收缩等引起的垂直裂缝而布置的纵向侧面分布筋，按上疏下密分布确定。

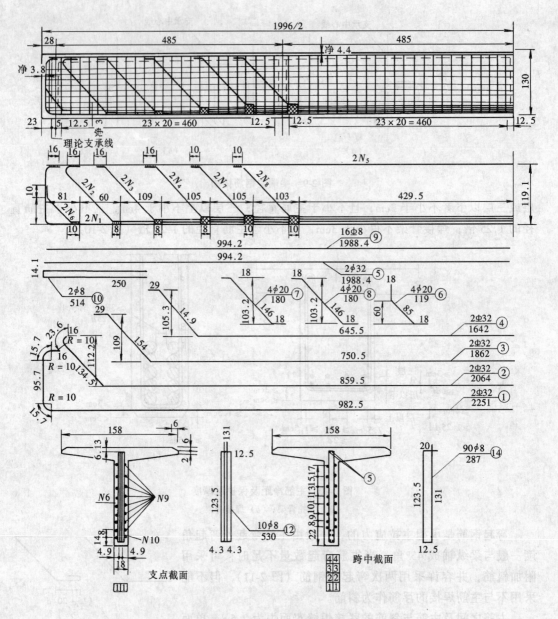

图 2-12 装配式 T 形梁钢筋构造

(尺寸单位：cm)

(2) 横隔梁

一般在梁的上缘布置两根受力钢筋，下缘配置 4 根受力钢筋。采用钢板连接成骨架，上缘接头钢板设在 T 形梁翼缘上，下缘接头钢板设横隔梁的两侧，钢板厚一般不小于 10mm。

第二节 连续梁桥构造

一、立面形式

连续梁桥目前一般采用预应力混凝土连续梁，适合于 30~200m 的中等跨度和大跨径桥梁。一般采用不等跨布置，当多于三跨连续时，常用等跨度的方式。当主跨跨径大于80m时，一般主梁采用变高度形式比较合理，梁底曲线用二次曲线较好，但用折线放样较方便。跨径在40～60m的中等跨连续梁中，可采用等高度连续梁。

二、横截面的形状和尺寸

预应力混凝土连续梁桥常用的横截面形式有板式、T形梁式和箱形梁式。目前箱形截面梁应用非常普遍，典型的箱形截面形式如图2-13所示。

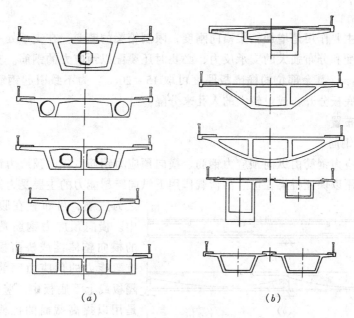

图2-13 典型截面形式图
（a）箱形截面形式之一；（b）箱形截面形式之二

1. 顶板和底板厚度

箱形梁的顶板和底板除承受法向荷载外，还承受轴向拉压荷载，所以既要满足板的构造要求，又要符合桥跨方向上总弯矩的要求。箱梁根部底板厚度一般为墩顶梁高的1/12～1/10；箱梁跨中底板厚度一般按构造选定，若不配预应力筋，厚度可取15～18cm；配有预应力筋，厚度可取20～25cm。箱梁顶板厚度首先要满足布置纵横预应力筋的构造要求。

2. 腹板厚度

腹板厚度的选定，主要取决于布置预应力筋和浇筑混凝土必要的间隙等构造要求。一般情况下可按以下原则选用：

（1）腹板内无预应力筋时，可用20cm；
（2）腹板内有预应力筋时，可用25～30cm；
（3）腹板内有预应力固定锚时，可用35cm；
（4）墩上或靠近桥墩的箱梁根部腹板需加厚到30～60cm，甚至到100cm。

3. 梗腋

在顶板、底板与腹板相交处设梗腋，以减少应力集中，提高断面的抗扭和抗弯刚度，减少梁的畸变。一般顶板梗腋采用图2-14中（a）、（b）、（c）中形式，底板采用图中（d）、（e）、（f）的形式。

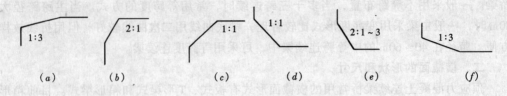

图 2-14 箱梁梗腋形式图

4. 横隔板

横隔板的主要作用是增加箱梁横向刚度，限制箱梁的畸变。在支承处一般要设置强大的横隔板以承受和分布强大的支承反力，必要时还要配以预应力的钢筋。支点的横隔板厚度可取 40~60cm，其余部位的横隔板厚度可取 15~20cm。为不致引起钢筋交叉，可将横隔板与顶板、底板分开，或设较大的人孔来分隔。

三、钢筋布置

1. 预应力钢筋

箱形梁预应力钢筋由纵向预应力钢筋、横向预应力钢筋、竖向预应力钢筋组成。纵向预应力钢筋是用以保证桥梁在恒、活荷载作用下纵向跨越能力的主要受力钢筋，所以也称之为主筋，可布置在腹板和上下底板中。横向预应力钢筋是用以保证桥梁的横向整体性或桥面板及横隔板横向抗弯能力的预应力钢筋，可布置在横隔板或上下底板中。竖向预应力钢筋，是用以提高截面的抗剪能力的预应力钢筋，可布置在腹板中。

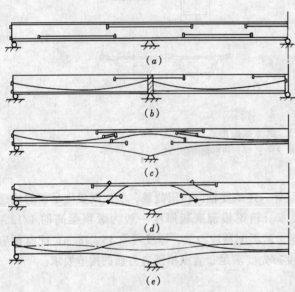

图 2-15 预应力混凝土连续梁配筋方式

在图 2-15 中表示了几种布置方式，分别适用于（a）顶推连续梁；（b）先简支后连续梁；（c）和（d）正弯矩和负弯矩钢筋分别配置，在弯矩零点附近分散交叉；（e）整体浇筑连续梁的连续配筋。

梁中切断锚固的预应力筋，锚头要设在截面重心附近和弯矩零点附近，不能锚在弯矩的受拉区。在梁中锚头部位要附加构造钢筋，以扩散集中应力，防止混凝土开裂（图 2-16）。

反弯点附近布筋时，附近弯矩正负更迭，预应力钢筋重心应在剖面形心附近，但是应将预应力束向上、下缘分散。如果必须将全部钢束集中在形心附近时，必须要用普通筋加强。

2. 普通钢筋

普通钢筋在连续梁中可平衡少量弯矩、剪力、扭矩等，也是受力钢筋的架立筋，预应力钢筋的定位筋，同时锚头部位及支座承压部位的防裂作用和腹板的防收缩作用也由普通钢筋承担。

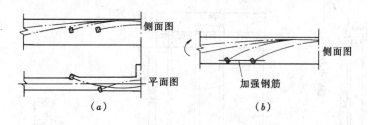

图 2-16 锚头布置选择
(a) 锚固于截面重心附近；(b) 不好的锚固位置

图 2-17 为人孔加强配筋布置，在孔洞处切断的纵横钢筋，需在孔边同方向上布置补强筋，其数量应不少于切断筋面积。

连续梁中间支点处是弯矩和剪力最大处，应力复杂，各种情况难以精确模拟，按其构造予以特别加强，可防止边孔的中间支座上极容易产生的裂纹，如图 2-18 所示。

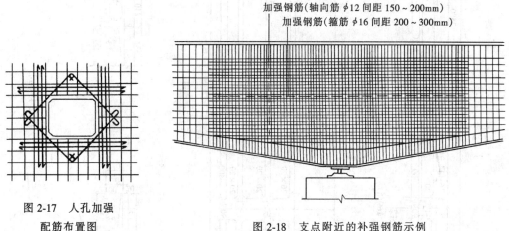

图 2-17 人孔加强配筋布置图

图 2-18 支点附近的补强钢筋示例

在现场浇筑的梁，由于日照使上缘温度高于下缘，梁的下缘至腹板上部会产生相当大的拉应力，导致开裂。可在梁的下缘和腹板上部布置补强钢筋。在中间支座处梁的下缘可能会由于负弯矩预应力索张拉时产生很小的拉应力，所以也可在支点下缘布置临时预应力索。

在锚具附近，由于张拉力作用，很容易在锚下混凝土板中产生横裂纹，必须沿着梁顶、底板的纵向布置加强钢筋，在锚体内配置足够的钢筋为防崩裂。

图 2-19 为 -5 跨连续的等高度梁，单箱五室，外挑悬臂，每跨达 25.00m。箱梁高 1.5m，箱梁底宽 12.00m，跨中底板厚 18cm，顶板厚 20cm；支座底板厚 25cm，顶板厚 18cm，侧墙厚 50cm。腹板的厚度由跨中 30cm 渐变至支点处 50cm。配置了四种纵向预应力钢筋，其中 $N1$、$N2$ 为全梁长配置的预应力曲线配置，放置在侧壁和腹板的位置，用以跨中抵抗正弯矩，支座处抵抗负弯矩。$N3$、$N4$ 为设在箱梁底板处的预应力直筋。在箱梁混凝土结构内外表面，纵向、横向、竖向都配置了普通钢筋，起防裂、防收缩、预应力筋定位等重要作用。

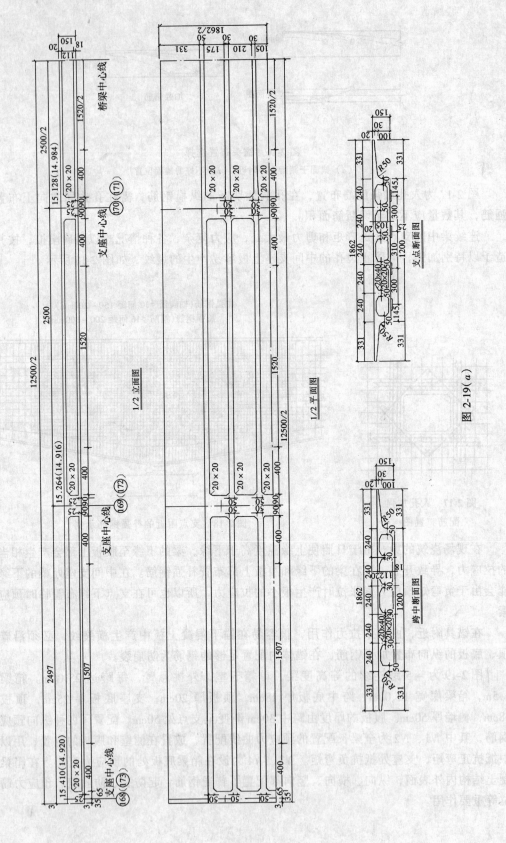

图 2-19(a)

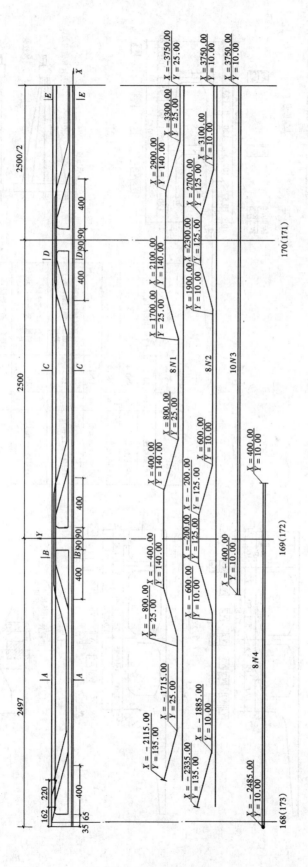

图 2-19(b)

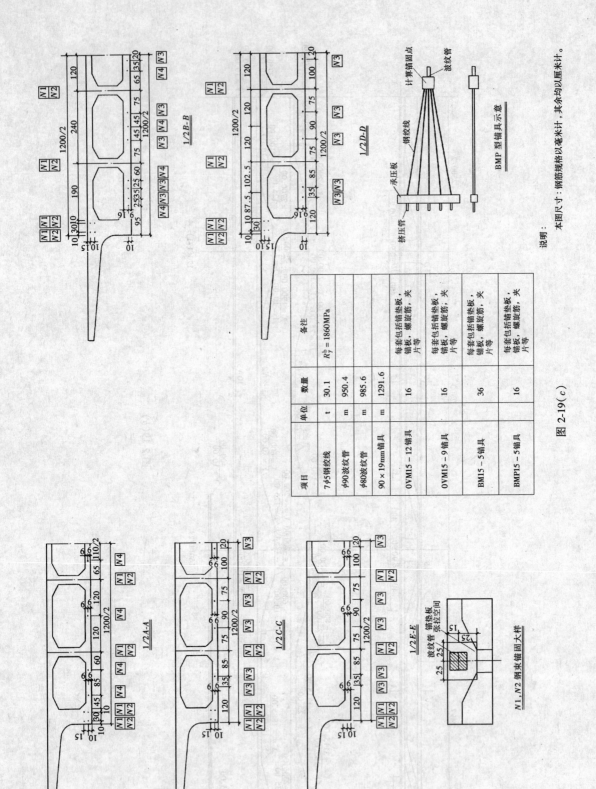

图 2-19(c)

第三节 拱 桥 构 造

拱桥结构在竖向荷载作用下,支承处不仅产生竖向反力,而且还产生水平推力。由于水平推力的存在,拱的弯矩将比同跨径的梁的弯矩要小得多,并使整个拱主要承受压力。这样,拱桥不仅可利用钢、钢筋混凝土等材料来修建,而且还可以充分利用抗压性能好,而抗拉性能差的圬工材料(石料、混凝土、砖等)来修建,称为圬工拱桥。过去砖石拱桥是传统拱桥的代表,而钢管混凝土拱桥是现代拱桥的典型。

一、砖石拱桥

(一)拱圈构造

石拱桥的主拱圈通常做成实体的矩形截面,所以又称石板拱。按照拱圈使用的石料规格分为片石拱、块石拱和料石拱。

用来砌筑拱圈的石料,要求是未经风化的石料,其强度等级不得低于MU30。砌筑用的砂浆强度等级,对于大、中跨径拱桥,不得低于M7.5;对于小跨径拱桥,不得低于M5,也可采用粒径不大于2cm的小石子混凝土代替砂浆砌筑片石或块石拱圈。

在砌筑料石拱圈时,根据受力的需要,构造上应满足如下要求:

拱石受压面的砌缝应是幅射方向,即与拱轴线垂直,砌筑时一般采用通缝,不必错缝;

当采用两层或两层以上石料砌筑拱圈时,在砌筑垂直于受压面的顺桥面应砌缝错开,其错缝间距不小于10cm,主要是在纵向或横向剪力作用下,可以避免剪力单纯由砌缝内的砂浆承担从而可增加砌体的抗剪强度和整体性;

拱石竖向砌筑应采用错缝砌筑,其错缝间宽度不小于10cm(图2-20)。

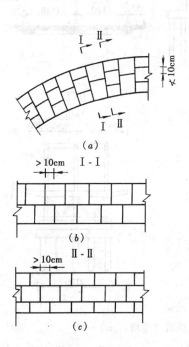

图2-20 拱石砌缝

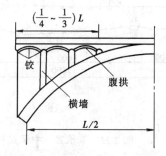

图2-21 空腹式拱上建筑

(二)拱上建筑构造

实腹式拱上建筑由侧墙、拱腔填料、护拱、变形缝等组成。侧墙厚度顶面一般为50~70cm,向下逐渐增厚,墙脚厚度取用墙高的0.4倍。外坡垂直,内坡为4:1或3:1。拱腔填料一般应就地取材，通常采用粗砂、砾石、碎石及煤渣、炉渣等透水性良好、土压力小的材料。实腹式拱桥一般设置护拱，护拱一般采用低强度等级砂浆砌片石。护拱一般做斜坡式，以利排除桥面渗入拱腔的雨水。

空腹式拱上建筑由实腹段和空腹段组成。实腹段的构造与空腹段构造相同，空腹段做成横向腹拱的形式，如图 2-21 所示。腹孔一般布置在主拱圈的拱脚 1/4～1/3 跨径范围内。

一般情况下，腹孔跨径不大于主拱圈跨径的 1/15～1/8（其比值随主拱圈跨径增大而减小）。拱圈与墩台；空腹式拱上建筑的腹孔墩与拱圈连接，应采用五角石，以改善受力状况。

二、钢管混凝土拱桥

钢管混凝土拱桥的主拱圈形式主要有肋式和桁式。肋式中又可分为单管肋式、哑铃形肋式、桁式中可分为横哑铃形桁式、多肢桁式等。钢管混凝土拱桥，按行车道所在位置，可分为上承式、中承式和下承式，如图 2-22 所示。

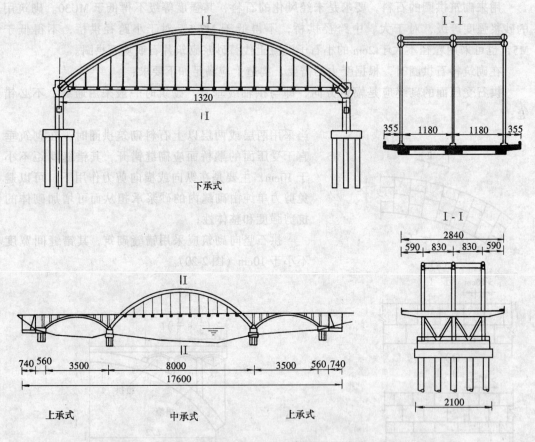

图 2-22 下承式、中承式和上承式钢管混凝土拱桥（单位：cm）

上承式拱建筑高度大，对地基要求高，适合于峡谷桥位。上承式构造，横向联系容易，桥面系支承于立柱上，整体性、横向稳定性和抗震性均较好。上承式拱肋常采用多肋形式，节省材料，并方便施工。下承式主要用在建筑高度受限制、通航要求高和地基条件较差的情况下。在平原地区和跨线桥中应用较多。钢管混凝土下承式拱，常采用柔性系杆和柔性吊杆，主要靠风撑将拱肋联成整体，因此横撑间距较密，刚度也较大，甚至用一系列 K 撑。中承式拱桥常用在主跨，跨径大，边跨配上承式，跨径小，总体造型上主孔中承式位于广阔的江中，视野开阔，往往成为标志性建筑。

钢管混凝土拱桥主要由主拱圈、横向联系、立柱、吊杆、系杆等组成。

（一）主拱圈

钢管混凝土拱桥中，跨径不大于 80m 时，可采用单管截面，单管截面主要有圆形和圆端形，如图 2-23 所示。圆端形截面横向抗弯惯矩较大，主要用于无风撑拱肋中。

（二）拱肋和横向联系

拱肋也可采用哑铃形断面，如图 2-24 所示。哑铃形断面的特征是由两管组成，且腹腔较薄，两根圆管一般为竖向排列。

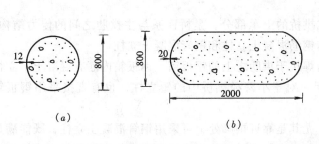

图 2-23 单圆管截面（单位：mm）

(a) 圆形截面；(b) 圆端形截面

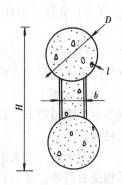

图 2-24 哑铃形断面

拱肋的钢管可采用直焊焊接管、螺旋焊接管和无缝钢管。一般当管径较小时，采用无缝钢管；管径较大时，采用前两种焊接管。直缝焊接管和螺旋焊接管常用普通 Q235 钢、16Mn 钢、15MnV 钢，有时采用 16Mnq 钢和 15MnVq 钢，由于它们的韧性和施工工艺性能得到改善，使用时有较好的效果。管径最小直径一般不小于 100mm，以保证混凝土浇筑和钢管与混凝土的共同作用。壁厚绝对不应小于 4mm，以保证焊接质量。混凝土强度等级不低于 C30，以保证充分发挥钢管混凝土组合材料的受力性能。

横向联系用于解决大跨径肋拱桥的横向稳定问题。

上承式肋拱可采用多肋结构（多于两肋），其横向联系通常布置成等间距的径向横撑（或横系梁）。对于下承式拱，横向联系的布置受到行车空间的限制，因此靠桥面一侧的横撑间距较大，拱顶附近则较小，可避免行车产生压抑感。

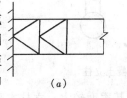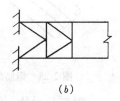

图 2-25 中承式肋拱拱脚 K 撑的布置

对于中承式拱，一部分拱肋在桥面以下，桥面以下部分可采用刚度较大的 K 式或 X 式横撑，以加强拱脚段的横向刚度，又不至于影响美观。K 撑布置形式有两种，如图 2-25 所示，当为整体式桥墩（台）时，采用图 2-25 (a)，当桥台为分离式时，采用图 2-25 (b)。在拱肋与桥面交汇处，一般可将横梁与横撑相结合。在 1/4 跨度附近布置切向 K 撑（图 2-26），视觉效果良好。

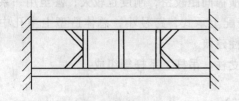
图 2-26　L/4 附近布置沿切向的 K 撑

图 2-27　哑铃形肋拱采用单管的横撑

哑铃形肋拱的横撑常采用单根钢管，焊接于两根拱肋的中部，横撑钢管的直径可与哑铃形中的圆管相同，也可以稍大些。为了增强连接处的刚度，有的桥梁进行了局部加强，如图 2-27 所示。

（三）立柱、吊杆与系杆

1. 立柱

立柱位于上承式拱桥和中承式拱桥的上承部分，是桥面系与主拱肋之间的传力结构。钢管混凝土拱桥的立柱主要形式有钢筋混凝土立柱和钢管混凝土立柱。

钢筋混凝土立柱的柱脚通常为焊接于拱肋之上的钢板箱，钢板箱内灌有混凝土，立柱钢筋焊于钢板箱上，如图 2-28 所示。对于小跨径拱桥中的短立柱，也有直接采用钢板箱立柱的。

对于大跨径或大矢跨比拱桥，尤其是靠近拱脚处，可采用钢管混凝土立柱，既能满足结构受力需要，又与轻型的主拱肋相适应，同时也能加快施工速度。钢管混凝土立柱的构造型式如图 2-29 所示。实际上，钢管混凝土用于以受压力为主的立柱是非常合适的，但要注意立柱的轴压失稳问题。

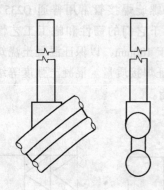
图 2-28　钢筋混凝土立柱

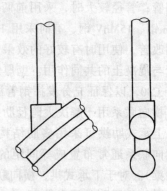
图 2-29　钢管混凝土立柱

对于长立柱，因其柔度较大，立柱本身能产生一定的变形以适应桥面系与拱肋变形不协调的问题。对于短立柱，特别是宽桥、长桥的短立柱，因其刚度较大，需要采取一定的构造措施来适应桥面系与拱肋之间不协调的变形。一种做法是将立柱与拱肋相接处的截面削弱，以产生类似铰的作用。另一种做法是立柱横梁（或称盖梁）与立柱不采用刚接（即不做成门式刚架），而是在立柱上安放支座，然后在其上放置立柱横梁。这种做法对于结构的抗震性能不利，应在构造上采取一定的防震措施。另外，对于中承式拱桥，当桥面纵梁有固定与活动两种支座时，固定支座一般不设在拱上门式刚架上，以减小刚架的纵向水平力。

2. 吊杆

钢管混凝土中下承式拱桥一般采用柔性吊杆，吊杆材料有圆钢、高强钢丝和钢绞线。要求吊杆有高的承载能力和稳定的高弹性模量（低松弛）、良好的耐疲劳和抗腐蚀能力，易于施工，而且价格便宜。

常用的吊杆材料有平行钢筋索、平行钢丝索、平行钢绞线索、单股钢绞缆和封闭钢缆。锚具主要有热铸锚、镦头锚、冷铸镦头锚（或称冷铸锚）和夹片群锚。一般均采用 $\phi5mm$ 或 $\phi7mm$ 高强钢丝组成的半平行钢丝索（又称扭绞型平行钢丝索）配镦头锚或冷铸锚，如图2-30所示。在大跨径桥中也有采用 $\phi7mm$ 平行或半平行钢绞线配夹片群锚的，如图2-31所示。

高强钢丝吊杆常采取两种保护措施。一种是外包钢管内灌填砂浆或黄油防护，外包的钢管不参与受力，在上端采用套入式，下端可以焊在横梁上。采用这一种形式，须在施工现场

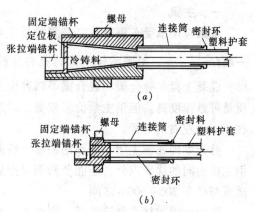

图 2-30 冷铸锚、镦头锚
（a）冷铸锚；（b）镦头锚

张拉镦头，控制每根钢丝均匀受力尤其重要。压浆须待全桥桥面调整完毕后进行。这种构造相对提高了吊杆的刚度，对桥面系的整体性能有所改善。

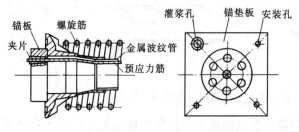

图 2-31 夹片锚

另一种是采用PE防护，一般在工厂加工成成品索，两端锚头可以完全由工厂加工镦头，也可以一端在现场镦头。两端均在工厂镦头的，有两点应引起注意：一是上下端（即拱肋与横梁）的预留孔均应能穿过锚头，这样对拱肋截面的损失较大，对横梁（特别是伸臂横梁）吊点处的受力钢筋影响较大；二是预制的尺寸要与实际结构尺寸很接近，因为锚头的调整范围很小。对一端工厂镦头，一端在现场镦头的，其施工注意事项同钢管护套的高强钢丝吊杆。

采用PE防护的吊杆，外层可以涂彩色，即双层PE，近来又出现了单层彩色PE护套。为防止行人或小孩用刀刃等利器割伤PE，通常在人行道上2.0～2.5m范围内用锌铁皮或不锈钢管包裹。当跨径不大时，有时则整根包裹，PE就不必着色了。采用PE防护的吊杆，其刚度相对于钢管护套的显得更柔些。

3. 系杆

系杆在钢管混凝土拱桥中为预应力混凝土梁，为拉弯构件。可参考预应力混凝土梁的构造，在这里不再赘述。

第四节 斜拉桥构造

斜拉桥是桥面体系受压，支承体系受拉的桥梁。主梁、拉索、索塔、锚固体系、支承体系是构成斜拉桥的五大要素。

一、主梁

主梁直接承受车辆荷载，是斜拉桥主要承受构件之一。梁高与主跨比 h/L 变化范围一般在 $\frac{1}{100} \sim \frac{1}{50}$，对密索体系大跨径斜拉桥，高跨比可小于 1/200。目前常用的主梁有钢梁、混凝土梁、叠合梁和混合梁等四种形式。钢架主要优点是跨越能力大，施工速度快，质量可靠程度高。但钢主梁价格较贵，后期养护工作量大，抗风稳定性较差。钢主梁适宜在 1000m 左右的跨径。

叠合梁即在钢主梁上用预制混凝土桥面板代替常用的正交异性钢桥面板。它除具有与钢主梁相同的优缺点外，还能节约钢材用量且其刚度及抗风稳定性均优于钢主梁。叠合梁适宜跨径在 300~600m 之间。

混凝土梁的优点是造价低、刚度大、挠度小、抗风稳定性好，后期养护比钢梁简单。缺点是跨越能力不如钢结构大，施工速度不如钢结构快。混凝土主梁典型的截面形成如图 2-32 所示。混凝土梁适宜的跨径在 300m 左右。

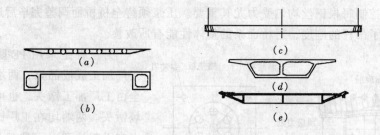

图 2-32 典型混凝土主梁截面形式

图 2-32（a）为板式断面，构造简单、建筑高度小、抗风性能也好，适用于双索面密索体系的窄桥。当板厚较大时，可采用空心板式断面。图 2-32（b）、（c）为分离式双箱（或双主肋）断面，箱梁中心对准拉索平面，两个箱梁（或主肋）用于承重及锚固拉索，箱梁之间设置桥面系。其优点是施工方便。但全截面的抗扭刚度较差。图 2-32（d）为闭合箱形断面，抗弯和抗扭刚度很大，适合于双索面稀索体系和单索面斜拉桥。外腹板多采用斜腹板，其在抗风和美观方面均优于直腹板，此外还可减少墩台宽度。图 2-32（e）为半封闭双室梯形或三角形箱形断面。外缘做成风嘴状，可少迎风阻力，端部加厚以便锚固拉索，两个三角形之间为整体桥面板。这种断面形式具有良好的抗风性能，特别适合于风载较大的双索面密索体系。

二、拉索

斜拉索是斜拉桥的重要组成部分，桥跨的重量和桥上荷载主要通过斜拉索传递给塔柱。

斜拉索由钢索和锚固具两部分组成。钢索承受拉力，设置在钢索两端的锚具用来传递拉力。钢索一般采用高强度钢筋、钢丝或钢绞线制作。钢索种类主要有如下几种形式（图 2-33）：平行钢筋索、平行钢丝索、钢绞线索和封闭式钢缆。

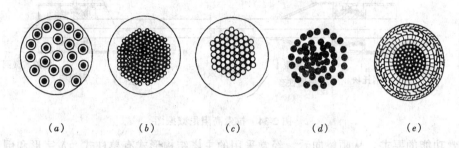

图 2-33 钢索基本类型
(a) 平行钢筋索；(b) 平行钢丝索；(c) 钢绞线索；(d) 单股钢绞缆；(e) 封闭式钢缆

平行钢筋索由若干根高强钢筋平行组成，钢筋直径有 16、26.5、32、38mm 等几种规格。所有钢筋在金属管道内由聚乙烯定位板固定其位置，索力调整完后，在套管内采用柔性防护。这种钢索配用夹片式群锚。平行钢筋索必须在现场架设过程中形成。

钢丝索是将若干根钢丝平行并拢、扎紧、穿入聚乙烯套管，在张拉结束后采用柔性防护而成。钢丝索配用镦头锚或冷铸锚。目前钢丝索普遍采用 $\phi5$ 或 $\phi7$ 钢丝制作，要求钢丝的标准强度 R_y^b 不低于 1570MPa。这种索适合于现场制作。

钢绞线索由多股钢绞线平行或经轻度扭绞组成。其标准强度 R_y^b 已达 1860MPa，因此用钢绞线制作的钢索可以进一步减轻钢索的重量。平行钢绞线索的防护有两种形式：一种是将整束钢绞线穿入一根粗的聚乙烯套管，然后采用柔性防护；另一种是将每一根钢绞线，涂防锈油脂后挤裹聚乙烯护套，再将若干根带有护套的钢绞线，穿入大的乙烯套管中，并压注采用柔性防护。集束后轻度扭绞的半平行钢绞线索的防护，采用热挤聚乙烯护套最为方便。平行钢绞线索一般在现场制作，半平行钢绞线索一般在工厂制作好后运至工地。平行钢绞线索配用夹片锚具，半平行钢绞线索也可以配用冷铸镦头锚。

封闭式钢缆是以一根较细的单股钢绞缆为缆心，逐层绞裹，断面为梯形的钢丝，接近外层时，绞裹断面为"Z"形的钢丝，相邻各层的捻向相反，最后得到一根粗大的钢缆。这种钢缆结构紧密，具有最大面积率，水分不易侵入，因此称为封闭式钢缆。

暴露在大气中的拉索在风雨天会出现振动，振动导致索中钢丝产生附加挠曲应力，加速钢丝的疲劳，因此拉索的风振应加以防止。常用的方法是在拉索上设置高阻尼粘弹性材料或粘性剪切型阻尼器来实施，也可以用油膜阻尼器实施。

高阻尼粘弹性材料是一种合成橡胶，其阻尼值比一般橡胶大 4~5 倍。用这种材料制作衬套，嵌在拉索和拉索钢导管之间构成阻尼支点（图 2-34）。拉索稍有振动，阻尼衬套就受到挤压并吸收能量，产生减振效果。

拉索是斜拉桥长期暴露的结构构件，因此必须针对侵蚀性环境的影响，特别对腐蚀加以防护。

三、索塔

索塔的结构形式、高度、截面尺寸，由跨径、桥面宽度、拉索布置等因素确定。

索塔的纵向造型和相应的受力条件必须同时满足足够的纵向稳定性和在运营条件下发

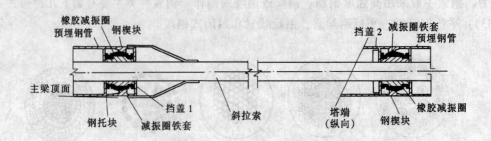

图 2-34　拉索高阻尼减振图

挥正常功能的要求。从顺桥向看,经常采用的主塔结构形式有单柱式、A字形和倒Y形等（图 2-35）。单柱式主塔构造简单,而 A 形、倒 Y 形主塔刚度大,能抵抗较大的弯矩。

从横桥向看,斜拉桥索塔形式（图 2-36）有柱式（a）,门式（b）、（c）,A 字形

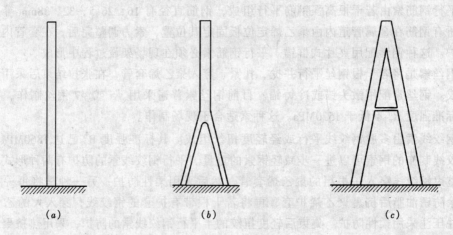

图 2-35　塔柱形式（顺桥向）
(a) 单柱式；(b) 倒 Y 形；(c) A 字形

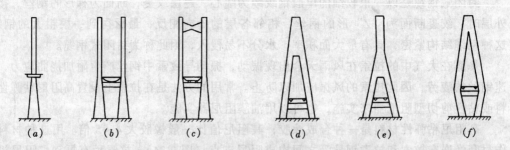

图 2-36　索塔横向造型基本形式

(d),倒 Y 形（e）及菱形（f）等。柱式塔构造简单,但承受横向水平力的能力差。单柱式通常用于主梁抗扭刚度较大的单索面斜拉桥,门式塔系两根塔柱组成的门形框架,构造较单柱式塔复杂,但抵抗横向水平荷载的能力较强。双柱及门式塔一般适用于桥面宽度不大的双索面斜拉桥。A 字形和倒 Y 形主塔的特点是结构横向刚度大,但构造、受力复杂,施工难度较大。对于抗风、抗震要求较高的桥及大跨径或特大跨径的斜拉桥,经常采用这

类形式的主塔结构。

四、锚固体系

斜拉桥拉索锚具目前常用四种：热铸锚、镦头锚、冷铸镦头锚和夹片式群锚。前三种锚具都可以事先接装在拉索上，称为拉锚式锚具；装配夹片式群锚的拉索，张拉时千斤顶直接拉钢索，张拉结束后锚具才发挥作用，所以夹片式群锚又称为拉丝式锚具。拉索锚具应便于张拉和换索，宜先考虑采用镦头锚和冷铸镦头锚。随着钢绞线斜拉索的发展，夹片式群锚也将成为首选锚具。

斜拉索在主梁上锚固的梁段，习惯地称为锚固梁段。拉索在锚固梁段的锚固方式，根据索面和截面形状的不同几乎各桥皆异。选择锚固方式时，要考虑以下几个因素：确保连接可靠；能简捷地把索力传递到全截面；如需在梁端张拉，应具有足够的操作空间；要有防锈蚀能力和避免拉索产生颤振应力腐蚀；便于拉索养护和更换。

拉索在锚固梁段的锚固方式根据索面及截面形状的不同，大体上可分为以下几种类型：顶板设置锚固块；箱梁内设横隔板锚固；在三角形箱边缘锚固；在梁底锚固；锚固横梁。

五、支承体系

支承体系是传递斜拉桥上部各种荷载至下部结构的枢纽，一般在全桥总体布置及构造中予以考虑。在塔与梁的交叉部位及端支承部位，均应设空间约束的支承构造，同时考虑运营后容易更换耐久性差的构造及材料，并有便于施工，利于养护维护。支承一般布置在塔的位置，顺桥向横桥向均应设置。

第五节 悬索桥构造

悬索桥也称吊桥，它主要由主缆、锚碇、索塔、加劲梁、吊索组成，细部构造还有主索鞍、散索鞍、索夹等，如图2-37所示。

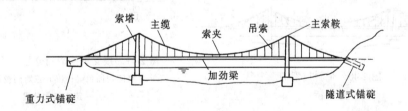

图 2-37 悬索桥主要构造

主缆：是悬索桥的主要承重结构，可由钢丝绳组成，也可用平行钢丝组成。大跨度悬索桥的主缆普遍使用平行钢丝式，可采用预制平行钢丝索股架设方法（PPWS法），也可采用空中纺丝法（AS法）架设。

锚碇：是锚固主缆的结构，主缆的钢丝索通过散索鞍分散开来锚于其中。根据不同的地质情况可修成不同形式的锚碇，如重力锚碇、隧道锚碇等。

索塔：是支承主缆的结构，主缆通过主索鞍跨于其上。根据具体情况可用不同材料修建，国内多为钢筋混凝土塔，国外钢塔较多。

加劲梁：是供车辆通行的结构。根据桥上的通车需要及所需刚度可选用不同的结构形式，如桁架式加劲梁、扁平箱形加劲梁等。

吊索：它通过索夹把加劲梁悬挂于主缆上。

大跨径悬索桥的结构形式根据吊索和加劲梁的形式可分为以下几种：

(1) 采用竖直吊索，并以钢桁架作加劲梁，如图 2-38 所示；

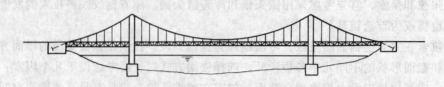

图 2-38 采用竖直吊索桁架式加劲梁的悬索桥

(2) 采用三角形布置的斜吊索，以扁平流线形钢箱梁作加劲梁，如图 2-39 所示；

(3) 前两者的混合式，即采用竖直吊索和斜吊索，流线形钢箱梁作加劲梁；

(4) 除了有一般悬索桥的缆索体系外，还有若干加强用的斜拉索，如图 2-40 所示。

如果按加劲梁的支承构造来分的话，又可分为单跨两铰加劲梁悬索桥、三跨两铰加劲梁悬索桥及三跨连续加劲梁悬索桥等，如图 2-41 所示。

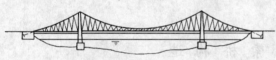

图 2-39 采用斜吊索钢箱加劲梁的悬索桥

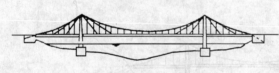

图 2-40 带斜拉索的悬索桥

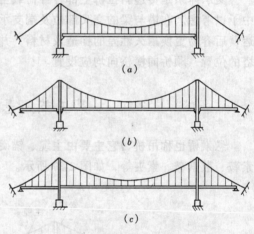

图 2-41 按支承构造划分悬索桥形式

(a) 单跨两铰加劲梁；(b) 三跨两铰加劲梁；
(c) 三跨连续加劲梁

第六节 桥面系构造

桥面系包括桥面铺装、桥面防水层、排水系统、人行道、栏杆、护栏和伸缩缝等，如图 2-42 所示。

一、桥面铺装

桥面铺装是车轮直接作用的部分。功用有：一是防止车辆轮胎或履带直接磨耗桥面板，二是保护主梁免受雨水侵蚀，三是分布车轮的集中荷载。

桥面铺装要求：抗车辙、行车舒适、抗滑、不透水、（和桥面板一起作用时）刚度好

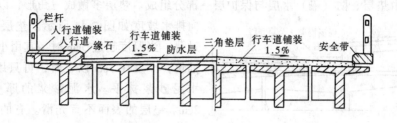

图 2-42 桥面的一般构造

等。水泥混凝土和沥青混凝土桥面铺装用得较广,能满足各项要求。水泥混凝土铺装的耐磨性能好,适合重载交通,但养生期长,以后修补较麻烦。沥青混凝土维修养护方便,但易老化和变形。

水泥混凝土桥面铺装是以水泥与水合成的水泥浆为结合料,碎(砾)石为集料,砂为细集料,经过拌合、摊铺、振捣和养生所修筑的桥面铺装。

水泥混凝土桥面铺装直接铺设在防水层或桥面板之上。其混凝土标号一般应高于或等于桥面板的标号,铺设桥面铺装时应避免二次成形。

装配式桥梁的水泥混凝土铺装层内宜配置 $\phi6@20$ 双向钢筋网,桥面有超重车通过时,则采用 $\phi8@20$ 双向钢筋网,防水混凝土在 8~13cm 之间。

沥青混凝土铺装是按级配原理选配原料,加入适量的沥青,沥青混凝土层厚在 6~8cm 之间。

简支板梁的桥面一般都做成连续桥面。与简支桥面相比,连续桥面行车舒适性好。跨径 50m 以下的简支梁,改作桥面连续体系较合适。连接的方法有,行车道板相连和桥面刚性铺装层相连两种。前者是在顶制梁浇筑混凝土时,要留出水平钢筋、斜筋或箍筋露头,最后浇筑铺装层时,再完整接头。一般采用行车道板相连的方式,如图 2-43 所示。

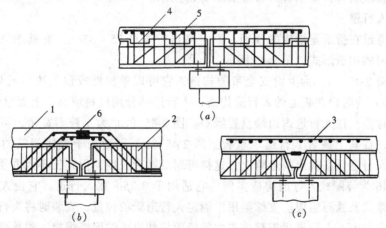

图 2-43 板梁式上部结构的连续桥面
1—现浇整体混凝土;2—预制构件;3—钢筋网;4—预制构件的凹部;
5—预制构件箍筋引出部分;6—引出筋焊接接头

二、防水层

防水层设在钢筋混凝土桥面板与铺装层之间,尤其在主梁受负弯矩作用处。梁桥防水层的构造由垫层、防（隔）水层与保护层三部分组成。垫层多做成三角形，以形成桥面横向排水坡度如图2-44所示。垫层不宜过厚或过薄，当厚度超过5cm时，宜用小石子混凝土铺筑，厚度在5cm以下时，可只用1:3或1:4水泥砂浆抹平。水泥砂浆的厚度不宜小于2cm。垫层的表面不宜光滑。有的梁桥防水层可以利用桥面铺装来充当。

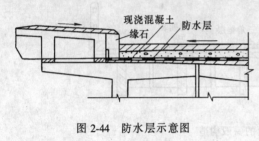

图2-44 防水层示意图

三、排水系统

钢筋混凝土结构不宜经受时而湿润、时而干晒的交替作用，因为渗入混凝土微细发纹内和大孔穴内的水分在结冰时会使混凝土发生破坏，也会使钢筋锈蚀。因此，除加强桥面铺装层的防水能力外，应使桥上的雨水迅速排出桥面。

为了迅速排除桥面雨水，横桥向桥面铺装层的表面应做成1.5%~2%的横坡。为了节省铺装材料并减轻重力，可以将横坡直接设在墩台顶部而做成倾斜的桥面板。桥面铺装的表面通常采用直线型或抛物线型。人行道设1%的向内横坡，表面采用直线型。

在纵桥向，当桥面纵坡大于2%而桥长小于50m时，雨水可沿桥上纵向排出，不设泄水管，此时应在路基两侧设置流水槽，以免雨水冲刷引道路基；当桥面纵坡大于2%而桥长大于50m时，为防止雨水积滞桥面，就需要设置泄水管，顺桥向每隔12~15m设置一个；当桥面纵坡小于2%时，泄水管就需设得更密一些，一般顺桥长每隔6~8m设置一个。

排水用的泄水管设置在行车道两侧，可对称排列。泄水管离路缘石的距离为0.1~0.5m。泄水管的过水面积通常按每平方米至少设1cm^{2}的泄水管面积。目前常用的泄水管有铸铁管和塑料管，泄水管的布置如图2-45所示。

四、人行道

人行道设在桥承重结构的顶面，而且高出行车道25~35cm，有就地浇筑式、预制装配式，常用的构造形式如图2-45所示。

其中图2-45（a）为上设安全带的构造，它可以单独做成预制块件或与梁一起预制；图2-45（b）为附设在板上的人行道构造，人行道部分用填料填高，上面敷设2~3cm砂浆面层或沥青砂，在人行道内边缘设置缘石。图2-45（c）为小跨型宽桥，可将人行道部分墩台加高，在其上搁置人行道承重板。图2-45（d）则适用于整体浇筑的钢筋混凝土梁桥，而将人行道设在挑出的悬臂上，这样可缩短墩台长度，但施工不太方便。

图2-46为装配式人行道构造实例，它适用于0.75m宽人行道。它由人行道板、人行道梁、支撑梁及缘石组成。支撑梁用以固定人行道梁的位置，安装时将人行道板用稠水泥浆搁置在主梁上，人行道梁根部应与主梁桥面板伸出的锚固筋焊接，焊接部分应涂热沥青防锈，最后再在其上安放预制人行道板。就地浇筑的人行道板的厚度应不小于8cm，装配式不小于5cm。

五、栏杆、灯柱和护栏

栏杆是桥梁的防护设备，城市桥梁栏杆应该美观实用、朴素大方，栏杆高度通常为1.0~1.2m，栏杆柱的间距一般为1.6~2.7m。图2-47为城市桥梁中用量较多的双菱形和

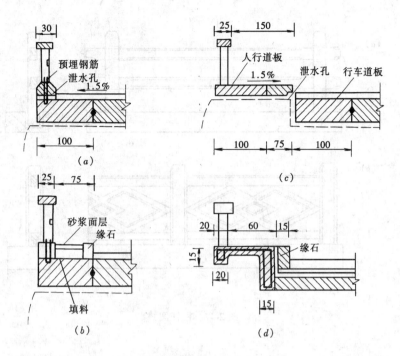

图 2-45 人行道构造（单位：cm）

长腰圆形预制花板的栏杆图式。对于特别重要的城市桥梁，栏杆和灯柱设计更应注意艺术造型，使之与周围环境和桥型相协调，可采用易于制成各种图案和艺术性强的花板金属栏杆。

城市桥梁应设照明设备，照明灯柱可以设在栏杆扶手的位置上，也可靠近缘石处，其高度一般高出车行道5m 左右。

护栏的设置宽度不少于 0.25m，高为 0.25～0.35cm，有的达到 0.4m。常用的有钢筋混凝土墙式护栏和金属制桥梁栏杆，典型截面如图 2-48 所示。设置护栏除保障行人的安全外，还能在意外情况下，对机动车起阻挡作用，抵挡车辆的冲撞，使车辆不致发生因失控而冲出护栏以外的事故。

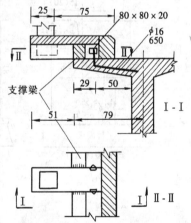

图 2-46 悬出人行道构造
（单位：cm；钢筋单位：mm）

六、伸缩缝

为了保证主梁在气温变化、活荷载作用、混凝土胀缩和徐变时，能自由变形，就需要在梁与桥台之间，梁与梁之间设置伸缩缝（也称变形缝）。伸缩缝的作用除保证梁自由变形外，还应能使车辆在接缝处平顺通过，防止雨水及垃圾泥土等渗入，其构造应方便施工安装和维修。因此伸缩部件除应具有一定强度外，应能与桥面铺装牢固连接，并便于检修和清除缝中的污物。常用的伸缩缝有橡胶伸缩缝。

利用优质橡胶带作为跨缝和嵌填材料，使之既满足变形要求又兼备防水功能，目前在国内已得到广泛应用。

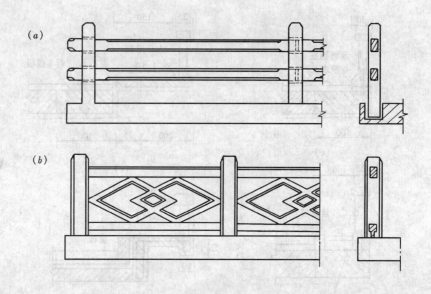

图 2-47 栏杆图式

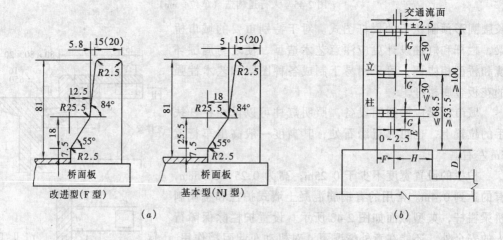

图 2-48 桥梁护栏简图
（a）钢筋混凝土墙式护栏（cm）；（b）金属制桥梁栏杆（$D \geq 25$cm）（cm）

图 2-49 为各种橡胶伸缩缝构造图。其中图 2-49（a）是用一种特制的三节型橡胶带代替镀锌铁皮的伸缩缝的构造，带的中心是空心的，它能满足变形和兼备防水的功能。图 2-49（b）是用氯丁橡胶制作的具有两上圆孔的伸缩缝嵌条，当梁架好后，在端部焊好角钢（角钢间距可略比橡胶嵌条的宽度小），涂上环氧树脂后，再将嵌条强行嵌入。图 2-49（c）则为橡胶与钢板组合的伸缩缝，橡胶嵌条的数量可随变形量的大小选取，其变形量可达 15cm。目前使用较多的是大变形橡胶伸缩缝。

伸缩缝在使用中容易损坏，为了行车平顺舒适，减轻养护工作量并提高桥梁的使用寿命，应尽量减少伸缩缝的数量并保证伸缩缝的施工质量。

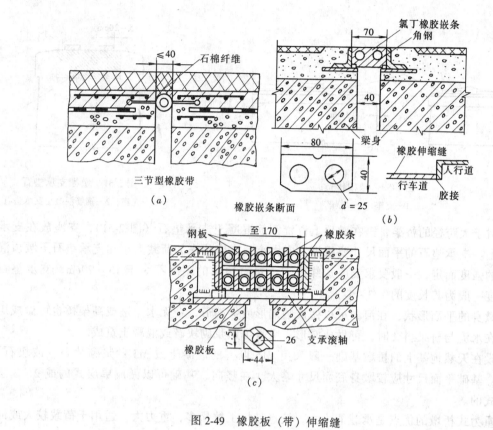

图 2-49 橡胶板（带）伸缩缝
（尺寸单位：mm）

第七节 桥梁墩台构造

桥梁墩台是桥梁的重要组成部分，桥梁墩台一般由墩(台)帽、墩(台)身和基础组成。

桥墩一般系指多跨桥梁的中间支承结构物，它将相邻两孔的桥跨结构连接起来。桥墩除了承受上部结构的荷载外，还要承受水压力、风力及可能出现的流冰压力、船只及漂浮物的撞击力等。桥台是将桥梁与路堤衔接的构筑物，它除了承受上部结构的荷载外，还承受桥头填土的水平土压力及直接作用在桥台上的车辆荷载等。

一、桥墩构造

1. 重力式桥墩

重力式桥墩由墩帽、墩身和基础三部分组成。

墩帽一般用不低于 C20 的混凝土筑成，其顶面在横桥向常做成一定的排水坡，四周应挑出墩身约 5～10cm 作为滴水（檐口），如图 2-50 所示。在墩帽内，大、中跨径桥梁应设置构造钢筋，小跨径桥梁，当桥宽较窄时，除严寒地区外，可不设构造钢筋。

对于中、小跨径的桥梁，支座可直接安置在墩帽上。为了使支座传来的压力均匀分布到墩顶上，要在支座下设置 1～2 层钢筋网。钢筋网的尺寸为支座的两倍，钢筋直径一般为 8～12mm，网格间距为 7～10cm。

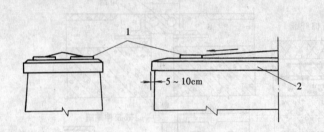

图 2-50　墩帽构造

1—支座；2—墩帽

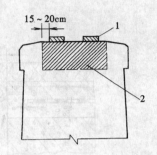

图 2-51　墩帽支承垫石

1—支座；2—钢筋混凝土支承垫石

对于大跨径的桥梁，需在墩顶上设置钢筋混凝土支承垫石（图 2-51），支座放在支承垫石上。支承垫石的平面尺寸要根据支座大小、支座传来的荷载大小和支承垫石下墩顶混凝土的强度而定，一般要求支座边缘距支承垫石边缘的距离不小于 15~20cm，支承垫石的厚度一般为其长度的 1/3~1/2。

墩身的平面形状，在河中可以做成圆端形或尖端形，在无水岸墩或高架桥也可做成矩形，在水流与桥梁斜交时，可做成圆形。墩身可用浆砌块石或混凝土筑成。

设在天然地基上的桥墩基础一般采用 C15 以上的混凝土或 M5 砂浆砌片石（或块石）筑成。基础平面尺寸应较墩身底面尺寸略大。在竖向，基础可以做成单层式的或 2~3 层台阶式的。

重力式桥墩的优点是承载能力大，缺点是圬工数量多，重力大，适用于荷载较大或河流中流冰和漂浮物较多的桥梁。

2．钢筋混凝土薄壁桥墩

由于重力式桥墩重力大，当地基土质条件较差时，为了减轻地基的应力，可考虑采用钢筋混凝土薄壁桥墩（图 2-52）。其墩身厚度约为墩高的 1/10~1/15（一般为 30~50cm）。圬工数量比重力式桥墩节省 70% 左右，但需耗用较多的钢筋。

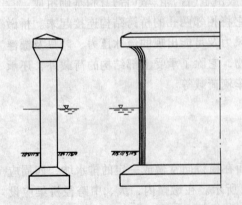

图 2-52　钢筋混凝土薄壁桥墩

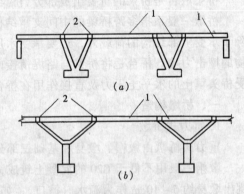

图 2-53　V 形桥墩和 Y 形桥墩

1—预制梁；2—接头

3．V 形桥墩和 Y 形桥墩

大跨径桥梁，当上部结构为连续梁时，为了缩短两桥墩的跨径，桥墩结构可采用顶部分开底部连在一起的 V 形桥墩（图 2-53a）和顶部分开底部与直立桥墩连在一起的 Y 形桥墩（图 2-53b）。由于这种桥墩能缩短上部结构的跨径，所以上部结构所产生的弯矩比用其他型式的桥墩减少很多。

V形桥墩的高度一般都设计成等高，墩底可以是固结的，也可以是铰结的。Y形桥墩的高度可以不同，但斜臂顶至底的距离应保持不变，这样可以使所有的斜臂都具有统一的体形。

V形和Y形桥墩都具有优美的外形，它能增加上部结构的跨径，减少桥墩数目，但施工比较复杂，需设置临时墩和用钢脚手架来支承斜臂的重力。

4. 柱式桥墩和桩柱式桥墩

柱式桥墩和桩柱式桥墩是公路桥梁采用较多的桥墩型式之一，它能减轻墩身重力，节约圬工材料，外形又较美观。

柱式桥墩可以在灌注桩顶浇一承台，然后在承台上设立柱（图 2-54a），或在浅基础上设立柱（图 2-54b）。为了增强墩柱间抗撞击的能力，在两柱中间加做隔墙（图 2-54c）。当桥墩较高，也可以把水下部分做成实体式，以上部分仍为柱式（图 2-54d）。

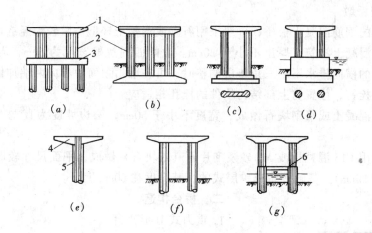

图 2-54 梁桥柱式和桩柱式桥墩
1—盖梁；2—立柱；3—承台；4—悬臂盖梁；5—单立柱；6—横系梁

桩柱式桥墩一般分为两部分，在地面以上（或柱桩连接处以上）称为柱，在地面以下称为桩。图 2-54（e）为单柱式桩墩，适用于水流方向不稳定或桥宽不大的斜交桥；图 2-54（f）为等截面双柱式桩墩，桩位施工的精度要求高。图 2-54（g）为变截面双柱式桩墩。为了增加桩柱的横向刚度，在桩柱之间设置横梁（图 2-54g）。

桩柱式桥墩施工方便，特别是采用钻孔灌注桩时，钻孔直径较大，墩身的刚度也比较大，桩内钢筋用量不多。

5. 柔性排架桩墩

柔性排架桩墩是由成排打入的钢筋混凝土桩构成，一般在墩高小于 5~7m，跨径小于 13m 的桥梁上使用。对于漂浮物严重和流速较大的河流，由于桩墩容易磨耗，不宜采用。

柔性排架桩墩可分为单排架墩和双排架墩（图 2-55）。单排架桩墩高不超过 4~5m。当桩墩高度大于 5m 时，为了避免行车可能发生的纵向晃动，宜设置双排架墩。桩一般是采用预制的钢筋混凝土方桩，其截面为 25~40cm 的矩形。桩长不超过 14m，桩与桩的间距为 1.5~2m，双排间距 30~40cm，桩顶盖梁为矩形截面，宽为 60~80cm。

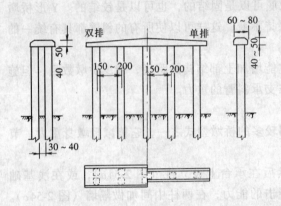

图 2-55　柔性排架桩墩（尺寸单位：cm）

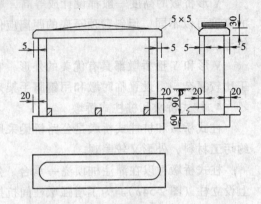

图 2-56　轻型桥墩（尺寸单位：cm）

6. 轻型桥墩

小跨径的钢筋混凝土板桥，一般采用石砌或混凝土轻型桥墩较为经济（图 2-56）。

墩帽用混凝土浇筑，厚度不小于 30cm。墩帽四周挑檐宽度为 5cm，周边做成 5cm 削角。当桥面的横向排水不用三角垫层调整时，可在墩帽顶面中心向两端加做三角垫层。墩帽上要预埋栓钉，位置与上部结构块件的栓孔相适应。

墩身用混凝土或浆砌块石做成，宽度不小于 50cm，两边坡度为直立，两头做成圆墩形。

基础采用 C15 混凝土或 M5 砂浆砌片石（或块石）做成，平面尺寸较墩身底面尺寸略大（一般大 20cm）。基础多做成单层式的，其高度在 60cm 上下。

二、桥台构造

1. 重力式 U 形桥台

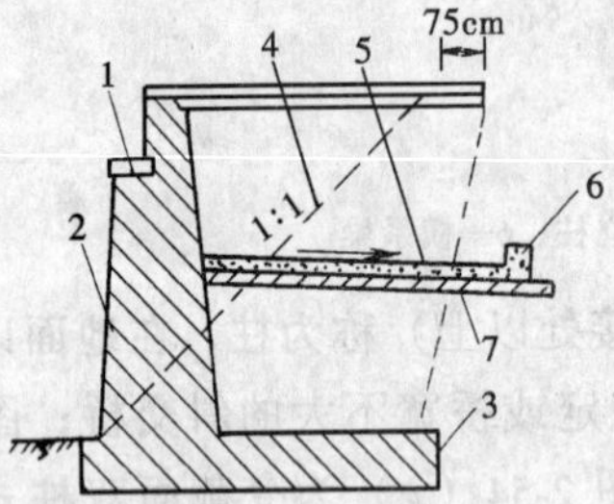

重力式 U 形桥台由台帽、台身（前墙和侧墙）和基础三部分组成（图 2-57）。前墙除承受上部结构传来的荷载外，还承受路堤的水平压力。前墙顶部设置台帽，以放置支座和安设上部构造，其构造要求与墩帽基本相同。台顶部分用防护墙将台帽与填土隔开，侧墙用以连接路堤并抵挡路堤填土向两侧的压力。

侧墙长度可根据锥形护坡长度决定，侧墙后端应伸入路堤锥坡内 75cm，以防填土松塌。尾端上部做成垂直，下部按一定坡度缩短，前端与前墙相连，改善了前墙的受力条件。桥台前墙的下缘一般与锥坡下缘相齐。两个侧墙间应填以渗透性较好的土。为了排除桥台前墙后面的积水，应于侧墙间略高于高水位的平面上铺一层向路堤方向设有斜坡的夯实粘土作为防水层，并在粘土层上再铺一层碎石，将积水引向设于桥台后横穿路堤的盲沟内（图 2-57）。

桥台两侧设有锥形护坡，锥形的坡度一般由纵向（顺

图 2-57　梁桥重力式 U 形桥台
1—台帽；2—前墙；3—基础；
4—锥形护坡；5—碎石；6—盲沟；
7—夯实粘土；8—侧墙

路堤方向）为1:1逐渐变至横向为1:1.5，以便和路堤边坡一致。锥坡的平面形状为1/4椭圆。锥坡用土夯筑而成，其表面用片石砌筑。

重力式U形桥台，主要依靠自身重力和台内填土重力来保持稳定，其构造虽然简单，但圬工数量大，并由于自身重量大而增加对地基的压力，因此，一般宜在填土高度和跨径不大的桥梁中采用。

2. 钢筋混凝土薄壁桥台

钢筋混凝土薄壁桥台是由扶壁式挡土墙和两侧的薄壁侧墙所构成（图2-58）。挡土墙由厚度不小于15cm（一般为15~30cm）的前墙和每隔按2.5~3.5m设置的扶壁所组成。台顶由竖直小墙和支于扶壁上的水平板构成承梁部分，以支承桥跨。侧墙由两个边扶壁构成，在边扶壁上建有钢筋混凝土耳墙。

这种桥台比重力式U形桥台可减少圬工体积40%~50%，同时还因自身重量轻而减小对地基的压力。但其构造复杂，钢筋用量也比较多，适用于在软土地基上建造的桥梁。

3. 埋置式桥台

当路堤填土高度超过6~8m时，可采用埋置式桥台。它是将台身埋在锥形护坡中，只露出台帽，以安放支座和上部结构。由于台身埋入土中，利用台前锥坡产生的土压力来抵消台后的主动土压力，可以增加桥台的稳定性，桥台的尺寸也相应减小。但埋置式桥台的锥坡挡水面积大，对桥孔下的过水面积有所压缩。

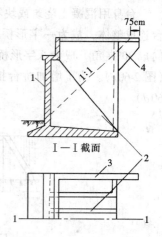

图2-58 钢筋混凝土薄壁桥台
1—前墙；2—扶壁；
3—侧墙；4—耳墙

埋置式桥台台顶部分的内角到路堤锥坡表面的距离不应小于50cm，否则应在台顶缺口的两侧设置横隔板，使台顶部分与路堤锥坡的填土隔开，防止土壅到支承平台上。桥台通过耳墙与路堤衔接，耳墙伸进路堤的长度一般不小于50cm。

重力式埋置桥台的台身可用混凝土、片石混凝土或浆砌块石筑成，耳墙用钢筋混凝土做成。台身常做成向后倾斜，这样可减小台后土压力和基底合力偏心距。但施工时应注意桥台前后均匀填土，以防倾倒（图2-59a）。

除了重力式埋置桥台外，还有立柱式埋置桥台（图2-59b）、框架式埋置桥台（图2-59c）和桩式埋置桥台（图2-59d）。这些桥台均较重力式桥台轻巧，能节约大量圬工。

在高等级公路中，对于桩式埋置桥台，由于桩的下沉量很小、路基下沉量较大而引起

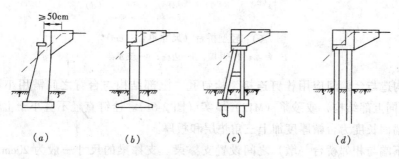

图2-59 埋置式桥台

桥头跳车时，需设置桥头搭板。

4. 轻型桥台

轻型桥台用于跨径不大于 13m 的板（梁）桥，且不宜多于 3 孔，全长不大于 20m。

台帽用混凝土浇筑。厚度不小于 30cm。当填土高度较高或跨径较大时，宜采用有台背的台帽。当上部构造不设三角垫层时，可在台帽上做成有斜坡的三角垫层。

台身用混凝土浇筑或块石砌筑，宽度不小于 60cm，两边坡度为直立。两边翼墙与桥台连成整体，成为一字形桥台（图 2-60b）；也有把翼墙与桥台设缝分离，翼墙与水流方向成 30°夹角，成为八字形桥台（图 2-60a）。为了节约圬工数量，也可在边柱上设置耳墙（图 2-60c）。为了增加桥台抵抗水平推力的抗弯刚度，也可将台身做成 T 形截面（图 2-60d）。

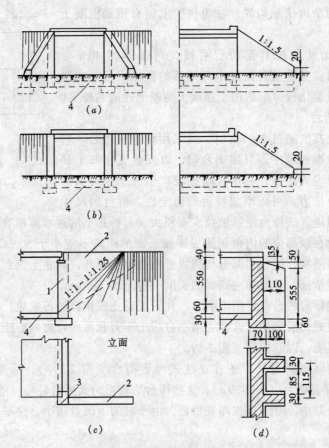

图 2-60 轻型桥台（尺寸单位：cm）
1—台墙；2—耳墙；3—边柱；4—支承梁

上部构造与台帽间应用栓钉连接，栓钉孔、上部结构与台背之间需用小石子混凝土（强度等级同上部结构）或砂浆（M12）填实（图 2-61）。栓钉直径不宜小于上部构造主筋的直径，锚固长度为台帽厚度加上三角垫层和板厚。

桥台下端与相邻桥台（墩）之间设置支撑梁。支撑梁的尺寸一般为 20cm×30cm，设在铺砌层及冲刷线之下，中距为 2~3m。对于多孔桥的一字形桥台，墩与台之间的支撑梁需设置支撑梁顶座（图 2-62）。

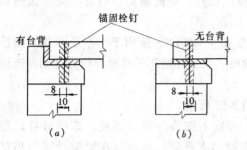

图 2-61 上部构造与台帽栓钉连接
（尺寸单位：cm）

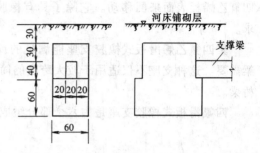

图 2-62 支承梁顶座
（尺寸单位：cm）

5．枕梁式桥台

枕梁式桥台是以枕梁代替台帽，并直接搁于地基上。它是桥梁中最简单的一种桥台，适用于桥梁建筑高度小，桥台下土质比较密实，河床比较稳定，无冲刷的小型桥梁或作为支承搭板用（图 2-63）。枕梁用钢筋混凝土做成，截面为矩形，尺寸按荷载大小、支承情况和地基承载力大小计算确定。枕梁下铺设 50～70cm 厚的碎石垫层，以保证枕梁均匀下沉。枕梁边缘到河床坡顶的水平距离应为 1～1.5m，以保证台前的土堤稳定。

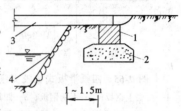

图 2-63 枕梁式桥台
1—枕梁；2—碎石垫层；
3—梁；4—护坡

第八节 桥梁支座构造

桥梁支座的主要作用是将桥跨结构上的恒载与活荷载反力传递到桥梁的墩台上去，同时保证桥跨结构所要求的位移与转动。常用的支座有板式橡胶支座、聚四氟乙烯滑板式橡胶支座和盆式橡胶支座等。

一、板式橡胶支座

板式橡胶支座由多层橡胶片与薄钢板镶嵌、粘合、压制而成（图 2-64）。它具有足够的竖向刚度以承受垂直荷载，能将上部构造的反力可靠地传递给墩台；有良好的弹性，以适应梁端的转动；有较大的剪切变形以满足上部构造的水平位移。它的形状除了矩形之外，还有圆形。板式橡胶支座适用于中小跨径桥梁，标准跨径 20m 以内的梁板桥，可采用该种支座。

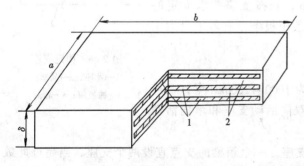

图 2-64 板式橡胶支座结构示意图
1—薄钢板；2—橡胶片

聚四氟乙烯滑板式橡胶支座（以下简称四氟滑板式支座），是板式橡胶支座的一种特殊形式，系将一块平面尺寸与橡胶支座相同，厚为 1.5～3mm 的聚四氟乙烯板材，与橡胶支座粘合在一起的支座。另在梁底支点处，设置一块有一定光洁度的不锈钢板，可在支座四氟乙烯板表面来回移动。它除了具有橡胶支座优点外，还能满足位移量需要较大的要求。

聚四氟乙烯滑板式橡胶支座能满足的反力为 90~3600kN，适用于水平位移较大的桥梁需要。这种支座不仅适用于较大跨度的简支梁桥，而且还适用于桥面连续的桥梁和连续桥梁。

四氟滑板式橡胶支座是由六个部分组成如图 2-65 所示。

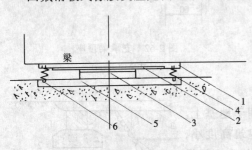

图 2-65 四氟滑板式橡胶支座构造图
1—梁底上钢板；2—不锈钢板；3—四氟滑板式橡胶支座；4—支座保护皮腔；5—墩台下钢板；6—压板条

梁底上钢板与梁底连接，该钢板可以预埋在梁的支点处，也可以在梁架设时用环氧树脂与梁底粘结。厚 10~16mm。

不锈钢板上与梁底上钢板宽槽吻合，并用环氧树脂粘结，下与支座四氟板表面接触，一般是在支座就位架梁时安放，其目的是保护不锈钢板避免受伤锉毛，这样对减少四氟板的磨耗有利，并对减小摩擦系数有好处。

四氟滑板式橡胶支座是由纯聚四氟乙烯板、橡胶、Q235 钢板三种不同材料硫化粘结而成。它系将一块平面尺寸与橡胶支座相同的，使用特殊的胶粘技术与橡胶支座粘结在一起。

皮腔是用人造革或优质漆布制成折叠式长方形的保护腔，设在四氟滑板式橡胶支座外围，其目的是隔绝或减少紫外线对橡胶老化的影响，另外保护不锈钢表面的清洁度以免受玷污而对四氟板起着有害作用。

墩台下钢板是用厚为 10~12mmQ235 钢板制成，预埋在墩以上，钢板面层有深与宽各为 1mm 的交叉对角线为方框线，是设定梁轴线和支座安放位置的标记。在垂直梁轴线的钢板两边附近有若干个螺钉，作固定皮腔之用。

压板条是用厚为 3mm，宽为 15mm，长按支座要求而定的 Q235 钢板制成，一套压板有 9 条，每条压板条上有若干只大于螺钉直径的圆孔，作压住皮腔之用。

二、盆式橡胶支座

盆式橡胶支座适用于支座承载力为 1000~2000kN 梁，也适用于城市、林区、矿区的桥梁。分为双向活动支座和单向活动支座，如图 2-66、图 2-67 所示。

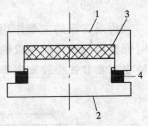

图 2-66 固定支座
1—盆环；2—盆塞；3—橡胶块；4—密封

通常，一 T 形梁的支点宜设一个支座，一个箱梁的支点宜设两个支座，当超过此数时，基于盆式支座刚度很大，除应采取均衡受力措施外，还必须对支座承载能力及结构强度留有充分余地。

单向活动支座主要由下支座板、上支座板、聚四氟乙烯滑板、承压橡胶板、橡胶密封圈、中间支座板、钢紧箍圈、上下支座连接板等组成，如图 2-68 所示。

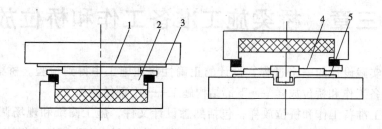

图 2-67 双、单向活动支座

1—四氟乙烯板-双向活动支座；2—中间支座板；3—钢滑板；4—四氟乙烯板；5—不锈钢板装置

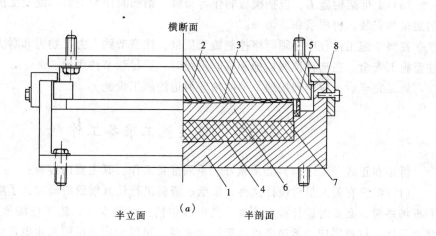

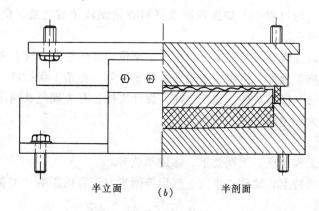

图 2-68 单向活动支座

（a）横桥向；（b）顺桥向

1—下支座板；2—上支座板；3—聚四氟乙烯板；4—承压橡胶块；5—橡胶密封圈；6—中间支座板；7—钢紧箍圈；8—上下支座连接板

第三章 桥梁施工准备工作和桥位放样

施工是实践设计的一个过程,设计的正确性将在施工中得到检验。桥梁的施工程序为:施工准备工作和桥位放样——→下部结构施工——→上部结构施工。

(1) 施工准备工作和桥位放样,包括熟悉设计文件,施工图纸和现场调查施工条件,拟定施工方案,编制施工组织设计,以便有组织、有计划、有步骤地进行施工。成立施工管理机构并配备人员,组织劳力、材料和施工机具设备等;桥位施工勘测,墩台中心线定位与放样等。

(2) 下部结构施工,包括墩台基础施工、墩台砌筑、支座安装和桥台锥坡施工等。

(3) 上部结构施工,包括模板制作与安装,钢筋制作与安装,混凝土浇作,预制构件的运输和安装,桥面系和装饰等。

在整个施工过程中必须严格控制施工质量,注意节约人力、物力和财力,同时要特别注意施工安全。在选择预制场地和临时道路时,要尽量节约用地。

施工完毕后,应清理场地,清除堵塞河道的施工设施。

第一节 桥梁施工准备工作

桥梁在正式开工之前,必须做好一系列准备工作。其主要内容有:

(1) 组织有关人员对设计文件、图纸、资料进行认真细致的研究,了解设计意图,并和现场核对,必要时进行补充调查。其内容包括:河流水文、施工现场地形、河床地质、气象条件、材料供应、运输条件、劳动力来源,可供利用的房屋和水电设施等。在熟悉图纸与了解设计意图的过程中,如发现图纸资料有错误或矛盾之处,应及时向设计单位提出,以求补全、更正。

(2) 在充分调查研究的基础上,根据施工单位的具体情况,综合考虑各种因素,拟定施工方案、编制施工预算、组织施工现场领导班子等,报请上级批准。

(3) 应根据招、投标文件,施工合同,设计文件,有关规范及确定的施工方案,编制施工组织设计。大致包括下面几项内容:

1) 工程概况。

工程规模、工程特点、工期要求、参建单位等。

简叙工程结构特点、地质、水文、气候等因素对工程的影响和准备采取的措施。

2) 施工布置。

宜按统筹法将主要工程项目的施工顺序和工程进度编成图表,对控制全桥进度的关键项目,应采取集中力量打歼灭战的方式解决。开工后若因故发生变动,应及时调整。

3) 主要施工方法和技术措施。

根据工程特点和施工单位的具体情况,简叙主要工程的施工方法(包括冬、雨期施工措施及采用的新技术、新工艺、新材料、新设备等)。

4) 质量目标设计。

质量总目标、分项质量目标、实现质量目标的主要措施和办法。

5) 安全措施。

6) 文明施工、环保、节能与降耗措施。

7) 绘制施工场地布置图。

绘制平面图,其中包括用地范围,临时性生产、生活用房,预制场地,各种材料的堆放场,水、电供应及设备,临时道路,大中型施工机械设备及其他临时设施的布置等。

8) 补充设计图纸与资料。

包括设计部门所提供的设计文件和图纸中没有包括的施工结构详图、辅助设备图、临时设施图等。

9) 编制主要材料(钢材、木材、水泥、砂石等)、劳动力、机具设备、运输车辆的数量及供应计划。

10) 模板及支架、地下沟槽基坑支护、降水、施工便桥便线、构筑物顶推进、沉井、软基处理、预应力筋张拉工艺、大型构件吊运、混凝土浇筑、设备安装等专项设计。

(4) 建立施工现场机构,明确项目经理、技术责任人、施工管理负责人及其他各部门主要责任人等,并相应地拟定必要的管理和规章制度。

(5) 修建施工临时设施,安装调试施工机具和标定试验机具,进行施工测量及复核测量资料,做好材料的储存和堆放,做好开工前的试验检测工作。

(6) 编制施工预算

根据施工图纸、施工组织设计或施工方案、施工定额等文件及现场的实际情况,由施工单位编制施工预算。投资额和主要材料一般不能突破设计概(预)算指标。施工预算编完后,按规定办理审批手续,经批准后的施工预算是建设银行拨款和施工单位核算建筑成本的依据。

以上系指独立大、中桥而言。一般中、小桥常和路线施工一并考虑,有些内容可以简化,但主要项目大致相同。

第二节 桥 位 放 样

桥梁施工测量主要包括桥梁施工控制测量、桥梁墩台定位、墩台施工细部放样、梁的架设及竣工后变形观测等工作。

一、桥梁施工控制测量

桥梁施工控制的主要任务是布设平面控制网、布设施工临时水准点网、控制桥轴线、按照规定精度求出桥轴线的长度。根据桥梁的大小、桥址地形和河流水流情况,桥轴线桩的控制方法有直接丈量法和间接丈量法两种。

(一) 平面控制测量

1. 直接丈量法

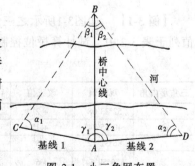

图 3-1 小三角网布置

当桥跨较小、河流浅水时，可采用直接丈量法测定桥梁轴线长度，如图 3-1 所示，A、B 为桥梁墩台的控制桩。直接丈量可用测距仪或经过检定的钢尺按精密量距法进行。桥轴线丈量的精度要求应不低于表 3-1 的规定。

桥轴线丈量精度要求　　　　　　　　　　　　　　　表 3-1

桥轴线长度（m）	< 200	200 ~ 500	> 500
精度不应低于	1/5000	1/10000	1/20000

2．间接丈量法

当桥跨较大、水深流急、无法直接丈量时，可采用三角网法间接丈量桥轴线长。

（1）桥梁三角网布设要求

1）各三角点应相互通视、不受施工干扰和易于永久保存处，如图 3-1 所示。

2）基线不少于 2 条，基线一端应与桥轴线连接、并尽量接近于垂直，其长度宜为桥轴线长度的 0.7~1.0 倍。

3）三角网中所有角度应布设在 30°~120°之间。

（2）桥梁三角网的测量方法

用检定过的钢尺按精密量距法丈量基线 AC 和 AD 长度，并使其满足丈量基线精度要求，用经纬仪精确测出两三角形的内角 α_1、α_2、β_1、β_2、γ_1、γ_2，并调整闭合差后，以调整后的角度与基线用正弦定理按下式算得 AB。三角形内角可用普通光学经纬仪观测两个测回，角度闭合差不应超过 $\lambda = 1.5t\sqrt{n}$。

式中　　t——经纬仪直接读数精度；

　　　　n——测角数目。

容许角度闭合差：

$$\lambda = 1.5 \times 6 \times \sqrt{3} = 15.6'' \quad (n = 3)$$

$$\left.\begin{array}{l} S_{1AB} = \dfrac{AC \cdot \sin\alpha_1}{\sin\beta_1} \\[6pt] S_{2AB} = \dfrac{AD \cdot \sin\alpha_2}{\sin\beta_2} \\[6pt] 精度：K = \dfrac{\Delta S}{S_{AB}} = \dfrac{S_{1AB} - S_{2AB}}{\dfrac{S_{1AB} + S_{2AB}}{2}} \\[10pt] 平均值：S_{AB} = \dfrac{S_{1AB} + S_{2AB}}{2} \end{array}\right\} \quad (3-1)$$

【例 3-1】　如图 3-1 所示之三角网，基线边长 $AC = 143.217\text{m}$，$AD = 156.102\text{m}$，观测角值列于表 3-2 中，试计算桥位控制桩 AB 之距离。

角度闭合差调整表　　　　　　　　　　　　　　　　表 3-2

三角形内角	观测值	改正值	调整值	三角形内角	观测值	改正值	调整值
α_1	52°33′08″	+2″	52°33′10″	α_2	48°23′23″	−3″	48°23′20″
β_1	40°55′34″	+1″	40°55′35″	β_2	42°15′07″	−2″	42°15′05″
γ_1	86°31′12″	+3″	86°31′15″	γ_2	89°21′38″	−3″	89°21′35″
Σ	179°59′54″	+6″	180°00′00″	Σ	180°00′08″	−8″	180°00′00″

【解】 1. 角度闭合差的计算与调整方法见表 3-2。

2. 计算 AB 距离,根据正弦定理可得:

$$S_{1AB} = \frac{AC \cdot \sin\alpha_1}{\sin\beta_1} = \frac{143.217 \times \sin52°33'10''}{\sin40°55'35''} = 173.567 \text{m}$$

$$S_{2AB} = \frac{AC \cdot \sin\alpha_2}{\sin\beta_2} = \frac{156.102 \times \sin48°23'20''}{\sin42°15'05''} = 173.580 \text{m}$$

$$\Delta S = |S_{1AB} - S_{2AB}| = 0.013 \text{m}$$

精度 $K = \dfrac{\Delta S}{S_{AB}} = \dfrac{\Delta S}{\dfrac{S_{1AB}+S_{2AB}}{2}} = \dfrac{0.013}{173.574} = \dfrac{1}{13300} < \dfrac{1}{10000}$(合格)

平均值 $S_{AB} = \dfrac{1}{2}(S_{1AB} + S_{2AB}) = 173.574 \text{m}$

(3) 桥梁三角网测量技术要求。

基线丈量精度、仪器型号、测回数和内角容许最大闭合差见表 3-3。

桥轴线丈量精度要求　　　　　　　　　　　　表 3-3

项次	桥梁长度(m)	测回数			基线丈量精度	容许最大闭合差
		DJ$_6$	DJ$_2$	DJ$_1$		
1	<200	3	1		1/10000	30″
2	200~500	6	2		1/25000	15″
3	>500		6	4	1/50000	9″

(二) 高程控制测量

桥梁施工需在两岸设立临时水准点,桥长在 200m 以上时,每岸至少设两个;桥长在 200m 以下时,每岸至少设一个;小桥可只设一个。水准点应设在不受水淹、不被扰动的稳固处,并尽可能接近施工场地,以便只安置一次仪器就可将高程传递到所需要的部位上去。

临时水准点的高程从设计单位测定的水准点引出,其容许误差不得超过 $\pm 20\sqrt{K}$(mm);对跨径大于 40m 的 T 型刚构、连续梁和斜张桥等不得超过 $\pm 10\sqrt{K}$(mm)。式中 K 为两水准点间距离,以千米计。其施测精度一般采用四等水准测量精度。

二、桥梁墩台中心测设

桥梁墩台中心测设是根据桥梁设计里程桩号以桥位控制桩为基准进行的。方法有直接丈量法和方向交会法。

(一) 直接丈量法

根据桥轴线控制桩及其与墩台之间的设计长度,用测距仪或经检定过的钢尺精密测设出各墩台的中心位置并桩钉出点位,在桩顶钉一小钉精确标志其点位。然后在墩台的中心位置上安置经纬仪,以桥梁主轴线为基准放出墩台的纵、横轴线。并测设出桥台和桥墩控制

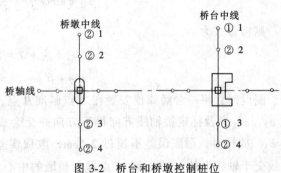

图 3-2　桥台和桥墩控制桩位

桩位，每侧要有两个控制桩，以利在桥梁施工中恢复其墩台中心位置，如图3-2所示。

（二）方向交会法

对于大中型桥的水中桥墩及其基础的中心位置测设，采用方向交会法。这是由于水中桥墩基础一般采用浮运法施工，目标处于浮动中的不稳定状态，在其上无法使测量仪器稳定。可根据已建立的桥梁三角网，在三个三角点上（其中一个为桥轴线控制点）安置经纬仪，以三个方向交会定出，如图3-3所示。

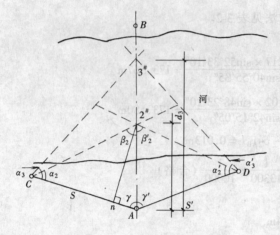

图3-3 交会法测试桥墩位置

交会角 α_2 和 α'_2 的数值，可用三角公式计算。经2号墩中心2号向基线 AC 做垂线 $2n$，则

$$\alpha_2 = \text{arctg}\left(\frac{d_2 \cdot \sin\gamma}{S - d_2 \cdot \cos\gamma}\right) \tag{3-2}$$

$$\alpha'_2 = \text{arctg}\left(\frac{d_2 \cdot \sin\gamma'}{S' - d_2 \cdot \cos\gamma'}\right)$$

【例3-2】 如图3-3所示，若已知 $d_2 = 32.021\text{m}$，$\gamma = 87°31'08''$，$\gamma' = 89°41'34''$，$S = 48.638\text{m}$，$S' = 52.310\text{m}$，试计算交会角 α_2 和 α'_2。

【解】 $\alpha_2 = \text{arctg}\left(\dfrac{d_2 \cdot \sin\gamma}{S - d_2 \cdot \cos\gamma}\right) = \text{arctg}\dfrac{32.021 \times \sin 87°31'08''}{48.638 - 32.021\cos 87°31'08''}$

$= \text{arctg}\dfrac{31.991}{48.638 - 1.386} = 34°5'58''$

$\alpha'_2 = \text{arctg}\left(\dfrac{d_2 \cdot \sin\gamma'}{S - d_2 \cdot \cos\gamma'}\right) = \text{arctg}\dfrac{32.021 \times \sin 89°41'34''}{52.310 - 32.021 \times \cos 89°41'34''}$

$= \text{arctg}\dfrac{32.020}{52.310 - 0.172} = 31°33'21''$

为校核 α_2、α'_2 计算结果，同上法可计算出 β_2、β'_2 为

$$\beta_2 = \text{arctg}\frac{S \cdot \sin\gamma}{d_2 - S \cdot \cos\gamma}$$

$$\beta'_2 = \text{arctg}\frac{S' \cdot \sin\gamma'}{d_2 - S' \cdot \cos\gamma'}$$

则检核式为

$$\alpha_2 + \beta_2 + \gamma = 180°$$

$$\alpha'_2 + \beta'_2 + \gamma' = 180°$$

测设时，将一台经纬仪安置在 A 点瞄准 B 点，另二台经纬仪分别安置在 C、D，分别拨 α_2、α'_2 角及标定桥轴线方向得三方向并交会成一示误三角形 $E_1E_2E_3$，其交会误差为 E_2E_3。放样时，墩底误差不超过2.5cm，墩顶误差不超过1.5cm，可由 E_1 点向桥轴线做垂线交于轴线上的 E 点，则 E 点即为桥墩的中心位置，如图3-4所示。

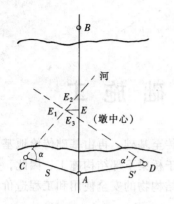 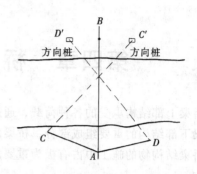

图 3-4 墩位交会误差　　　　　　　图 3-5 桥墩中心方向桩

在桥墩施工中，随着桥墩施工的逐渐筑高，中心的放样工作需要重复进行，且要求迅速和准确。为此，在第一次测得正确的桥墩中心位置以后，将交会线延长到对岸，设立固定的瞄准标志 C' 和 D'，如图 3-5 所示。以后恢复中心位置只需将经纬仪安置于 C 和 D，瞄准 C' 和 D' 点即可。

若用全站仪放样桥墩中心位置，则更为精确和方便。测设时将仪器安置于桥轴线点 A 或 B 上，瞄准另一轴线点作为定向，然后指挥棱镜安置在该方向上测设出桥墩中心位置。

第四章 桥梁基础施工

桥梁上部结构承受的各种荷载,通过桥台或桥墩传至基础,再由基础传给地基。基础是桥梁下部结构的重要组成部分,桥梁的基础施工属于桥梁下部结构施工,因此,基础工程在桥梁结构物的施工中占有极为重要的地位,它对结构物的安全使用和工程造价有很大的影响。

根据桥梁基础埋置深度分为浅基础与深基础。浅基础一般采用明挖工程,深基础有桩基础、管柱基础、沉井基础、地下连续墙基础等。本章主要介绍浅基础施工、打入桩施工、钻孔灌注桩施工及沉井施工。

第一节 浅基础施工

天然地基上浅基础施工又称为明挖法施工。采用明挖法施工特点是工作面大,施工简便,其施工程序和主要内容为定位放样、基坑围堰、基坑排水、基坑开挖、基底检验、基础砌筑及基坑回填。

一、基础定位放样

基础定位放样是根据墩台的位置和尺寸将基础的平面位置与基础各部分的标高标定在地面上。放样时,首先定出桥梁的主轴线,然后定出墩台轴线,最后详细定出基础各部尺寸。基础位置确定后采用钉设龙门板或测设轴线控制桩,作为基坑开挖后各阶段施工恢复轴线的依据。

基础的尺寸由设计图纸查得为 a、b 如图 4-1 所示,根据土质确定放坡率与工作面等宽度可得到基坑顶的尺寸为:

$$A = a + 2 \times (0.5 \sim 1m) + 2 \times H \times n$$
$$B = b + 2 \times (0.5 \sim 1m) + 2 \times H \times n$$

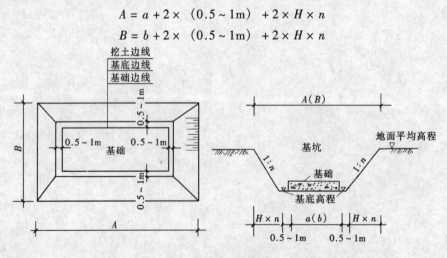

图 4-1 基坑放坡示意

式中 A——为基坑顶的长；
B——为基坑顶的宽；
H——基础底高程与地面平均高程之差；
n——边坡率。

二、基坑围堰

在水中修筑基础必须防止地下水和地表水浸入基坑内，常用的防水措施是围堰法。围堰是一种临时性的挡水结构物。其方法是在基坑开挖之前，在基础范围的四周修筑一个封闭的挡水堤坝，将水挡住，然后排除堰内水，使基坑的开挖在无水或很少水的情况下进行。待工作结束后，即可拆除。

（一）围堰的一般要求

（1）堰顶应高出施工期间可能出现的最高水位（包括浪高）0.5~0.7m。

（2）围堰的外形应与基础的轮廓线及水流状况相适应，堰内平面尺寸应满足基础施工的需要，堰的内脚至基坑顶边缘不小于1.0m距离。

（3）围堰要求坚固、稳定，防水严密，减少渗漏。

（二）常用围堰的形式和施工要求

1. 土围堰

如图4-2所示，适应于河边浅滩地段和水深小于1.5m，流速小于0.5m/s渗水性较小的河床上。

一般采用松散的粘性土作填料。如果当地无黏性土时，也可用河滩细砂或中砂填筑，这时最好设黏土心墙，以减少渗水现象。筑堰前，应将河床底杂物淤泥清除以防漏水，先从上游开始，并填筑出水面，逐步填至下游合拢。倒土时应将土沿着已出水面的堰顺坡送入水中，切勿直接向水中倒土，以免使土离析。水面以上的填土应分层夯实。

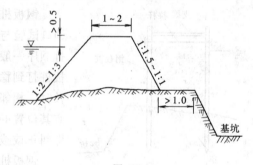

图4-2

土堰的构造：顶宽1~2m，堰外迎水面边坡为1:2~1:3，堰内边坡为1:1~1:1.5，外侧坡面加铺草皮、柴排或草袋等加以防护。

2. 土袋围堰

土袋围堰适用于水深3.5m以下，流速小于2m/s的透水性较小的河床，如图4-3所示。

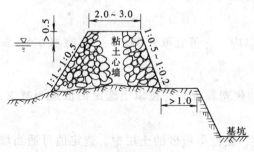

图4-3

堰底处理及填筑方向与土围堰相同。土袋内应装袋容量1/3~1/2松散的黏土或亚黏土。土袋可采用草包、麻袋或尼龙编织袋。叠砌土袋时，要求上下、内外相互错缝，堆码整齐。土袋围堰也可用双排土袋与中间填充黏土组成。

土袋围堰构造：顶宽2~3m，堰外边坡

为 1:0.5～1:1.0，堰内边坡为 1:0.2～1:0.5。

3. 木板桩围堰

木板桩围堰适用于砂性土、黏性土和不含卵石的其他土质河床。

水深在 2～4m，可采用单层木板桩围堰，必要时可在外侧堆土，如图 4-4（a）所示。当水深在 4～6m 时，可用中间填黏土的双层木板桩围堰，如图 4-4（b）所示。

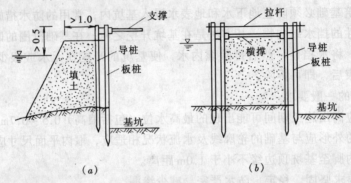

图 4-4 木板桩围堰
(a) 单层木板桩围堰；(b) 双层木板桩围堰

4. 钢板桩围堰

钢板桩围堰适用水深 5m 以上各类土质的深水基坑，如图 4-5 所示。

图 4-5 双层钢板桩围堰

钢板桩在使用前要检查其机械性能和尺寸，并进行锁口试验与检查，钢板桩的锁口应用止水材料捻缝。施打顺序一般由上游分两头向下游合拢，施打时宜先将钢板桩打到稳定的深度再依次打到设计深度。钢板桩需接长时，相邻两桩的接头位置应上下错开。施打过程要检查其位置的正确性和桩身的垂直度，不符合要求时应立即纠正或拔出重打。

钢板桩可用锤击、振动或辅以射水等方法下沉，但在黏土地基中不宜使用射水。锤击时宜使用桩帽，以分布冲击力和保护桩头。

板桩入土深度，应按基坑开挖深度、土质、施工周期、施工荷载等因素经计算确定，入土深度应保证桩自身的稳定外，还应保证基坑不会出现隆起或管涌现象，按现场支护条件和实际情况，应根据基坑开挖深度和土层物理力学性质选取合适的板桩入土深度（T）和基坑深度（H）的比值。

(1) 在一般土质条件下，基坑深度在 5m 以内，$\frac{T}{H}$ 值宜取 0.35；5～7m 宜取 0.5；在 7m 以上时取 0.65。

(2) 土质条件较好，液性指数 $I_L \leq 0.25$ 的硬塑黏土，$\frac{T}{H}$ 按以上选定的值适当减少，但至少入土深度不小于 1m。

(3) 土质条件差 $I_L \geq 1$ 的软塑流塑黏性土、黏性类粉砂的土层中，选定值可适当增加。

三、基坑排水

（一）集水坑排水

集水坑排水适用于除严重流沙以外的各种土质。它主要是用水泵将水排出坑外，排水时，泵的抽水量应大于集水坑内的渗水量。

基坑施工接近地下水位时，在坑底基础范围以外设置集水坑并沿坑底周围开挖排水沟，使渗出的水从沟流入集水坑内，排出坑外。随着基坑的挖深，集水坑也应随着加深，并低于坑底面约 0.30～0.50m，集水坑宜设在上游。

（二）井点排水法

井点排水法适用于粉、细砂或地下水位较高，挖基较深、坑壁不易稳定的土质基坑。井点的选择应根据土壤的渗透系数、要求的降底水位深度以及工程特点而定。各种井点的适用范围见表 4-1。

各种井点法的适用范围　　表 4-1

井点类别	渗透系数 (m/a)	降低水位深度 (m)	井点类别	渗透系数 (m/a)	降低水位深度 (m)
一级轻型井点法	0.1～80	3～6	电渗井点法	<0.1	5～6
二级轻型井点法	0.1～80	6～9	管井井点法	20～200	3～5
喷射井点法	0.1～50	8～20	深井泵法	10～80	>15
射流泵井点法	<50	<10			

1. 轻型井点法降低地下水位

轻型井点法是在基坑四周将井点管按一定的间距插入地下含水层内，井点管的上端通过弯联管与总管相连接，再用抽水设备将地下水从井点管内不断抽水，使地下水位降至坑底以下，保证基坑挖土施工处于干燥无水的状况下进行。

轻型井点系统的主要设备有井点设备（井点管、弯联管、集水总管）和抽水设备（真空泵、离心水泵、集水箱）。其施工程序为埋设井管、用弯联管连接井点管和集水总管、连接抽水系统、开动抽水系统抽水、拔管，如图 4-6 所示。

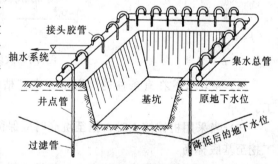

图 4-6　井点法布置示意图

2. 井点法施工应注意事项：

（1）井点管距离基坑壁一般不宜小于 1m，宜布置在地下水流的上游。

（2）井点的布置应随基坑形状、大小、地质、地下水位高低与降水深度等要求可采用单排、双排、环形井点。有时为了施工需要，也可留出一段不加封闭。

（3）井点管露出地面 0.2～0.3m，尽可能将滤水管埋设在透水性较好的土层中，埋深保证地下水位降至基坑底面以下 0.5～1.0m。

（4）射水冲孔深度低于滤管底 1.0m，并灌粗砂至滤管以上 1.0m，距地面 1.5m 处用黏土封口以防漏气。

(5) 应对整个井点系统加强维护和检查，保证不间断地抽水。

(6) 应考虑水位降低区域建筑物可能产生的沉降，应做好沉降观测，必要时应采取防护措施。

(7) 为防止在抽水过程中，个别井点管因失效而影响抽水效果，在使用时应比原来确定数增加10%。

四、基坑开挖

（一）不加固坑壁的开挖（放坡法）

1. 适用条件

对于在干涸无水河滩、河沟或修筑围堰后能排除地面水的河沟；在地下水位低于基底，或渗水小不影响坑壁稳定；基础埋置不深，施工周期短，挖基坑时不影响邻近建筑物的安全可采用放坡开挖。

2. 开挖注意事项

(1) 为避免地面水冲刷坑壁，在基坑顶四周适当距离设置截水沟。

(2) 基坑顶边应留有护道，弃土或静荷载距基坑边缘不小于0.5m，动荷载距基坑边缘不小于1.0m。

(3) 基坑深度大于5m时，可采用二次放坡法施工，在边坡中段加设宽约0.5~1.0m的护道，如图4-7所示。

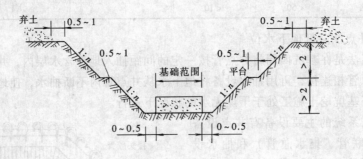

图4-7 放坡开挖

(4) 基坑开挖在有条件的情况下，宜在枯水或少雨季节进行，开挖后应连续快速施工。

(5) 当采用机械挖土时，挖至坑底时应保留0.1~0.2m底层，在基础浇筑坏工前用人工挖至基底标高。

(6) 基坑开挖不得扰动基底土；如发生超挖，严禁用土回填。

(7) 开挖后的基坑不得长期暴露，扰动或浸泡，应及时组织验槽、砌筑。

(8) 施工时应随时观察基坑边缘顶面土有无裂缝，坑壁有无松散塌落，确保安全施工。

（二）加固坑壁的开挖

1. 适用条件

当地下水位较高而基坑较深、坑壁土质不稳定，放坡开挖工作量大，施工影响邻近建筑物的安全，可将基坑的坑壁加固后再开挖或边开挖基坑边加固坑壁。加固坑壁的方法有：挡板支撑和喷射混凝土护壁。

2. 挡板支撑

（1）垂直衬板支撑加固坑壁

在黏性土，紧密的干砂土地基中，当基坑尺寸较小，挖深不超过 2m 时，可采用图 4-8（a）的加固方法，一次挖至基底后再安装支撑。但有些黏性差的土，开挖时易坍塌，可采用图 4-8（b）的加固方法，分段下挖，随挖随撑。

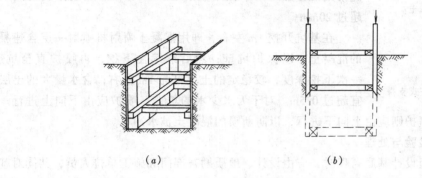

图 4-8　垂直衬板式支撑
(a) 垂直衬板支撑一次完成；(b) 垂直衬板支撑分段完成

（2）水平衬板支撑加固坑壁

用水平衬板支撑加固坑壁要比垂直衬板加固坑壁来得简单方便。如土质的黏性较好，地基密实，可一次挖到设计标高后进行支撑加固，如图 4-9（a）所示；对于黏性较差，易坍塌的土，可分层开挖，分层支撑，最后以长立木替换短立木，如图 4-9（b）所示。

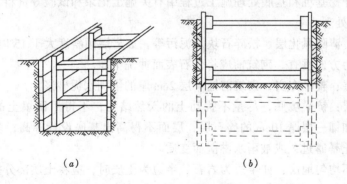

图 4-9　水平衬板式支撑
(a) 水平衬板支撑一次完成；(b) 水平衬板支撑分段完成

如果基坑宽度很大，无法安设支撑时，可采用锚着式支撑，如图 4-10 所示。柱桩采用螺栓拉杆连接锚桩，锚桩距柱桩 $L \geqslant H/\mathrm{tg}\varphi$。式中 H 为基坑开挖深度，φ 为土的内摩擦角。

3. 喷射混凝土护壁

其原理是在开挖后的基坑壁面上喷射混凝土，待混凝土凝固后起支撑护壁的作用。不断下挖，不断喷护直至设计标高为止。

对于一般深度的各种土层，即使地质不良（有流砂、淤泥）地段，或者是在雨期施工时，涌水量少于 $60\mathrm{m}^3/\mathrm{h}$ 等情况下，只要坑壁稍有自承（自立）时间，均可采用喷护法开

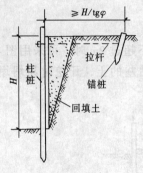

图 4-10 锚桩式支撑

挖基坑。

喷射混凝土的厚度主要取决于地质条件、基坑尺寸、渗水量大小和基坑深度等因素，一般为 5~15cm。

喷射混凝土配合比一般为水∶水泥∶砂石（0.4~0.5）∶1∶4，速凝剂的掺加量为水泥用量的 3%~4%，掺入后停放时间不应超过 20min。

在基坑开挖 1m 左右，即用混凝土喷射机喷射一层含速凝剂的混凝土，以保护坑壁；然后继续往下挖，再喷护直至坑底。一次下挖深度，较稳定的土层可为 1m 左右；含水量大的土层不宜超过 0.5m。对于无水少水的坑壁，喷护应由下向上进行；有渗水的坑壁，喷护则应由上向下进行，以防新喷的混凝土被水冲坏。

五、基底检验与处理

当基坑挖至设计基底高程时，应由设计、地质勘查部门和施工单位人员，共同对基槽的位置、尺寸、地质、承载力等进行检验。

（一）基底检验内容

（1）检查基底的平面位置、尺寸和高程是否符合设计要求。

（2）检查基底的工程地质情况、土质的均匀性、稳定性及承载力等。

（3）对特别复杂的地质应进行荷载试验，对大、中桥，采用触探和钻探取样做土工试验。

（4）检查开挖基坑和基底处理施工过程中有关施工记录和试验等资料。

（二）基底处理

（1）岩石：清除风化层、松碎石块及泥污等，如岩层倾斜度大于 15°时，应挖成台阶，使承重面与受力方向垂直，砌筑前应将岩石表面冲洗干净。

（2）砂砾层：整平夯实，砌筑前铺一层 2cm 厚的浓稠水泥砂浆。

（3）黏土层：铲平坑底，尽量不扰动土的天然结构；不得用回填土的办法来整平基坑，必要时，加铺一层厚 10cm 的碎石层，层面不得高出基底设计标高；基坑挖好后，要尽快处理，防止暴露过久或被雨水淋湿而变质。

（4）软硬不均匀地层：如半边为岩石、半边为土质时，应将土质部分挖除，使基底全部落在岩石上。如经挖除后其岩层斜度大于 15°时，应挖成台阶。

（5）溶洞：暴露的溶洞，应用浆砌片石或混凝土填灌堵满，如处理有困难或溶洞仍继续在发展时，应考虑改移墩台位置或桥址。

（6）泉眼：为了不让泉水泡浸或冲洗圬工，应将泉眼堵塞，如无法堵塞时，应将泉水引走，使泉水与圬工隔离开，待圬工达到一定强度后，方能让泉水泡浸圬工。

六、基础砌筑

基础施工可分为无水砌筑、排水砌筑及水下灌筑三种情况，具体施工详见有关章节。

当排水砌筑基础时，应注意下列事项：

（1）确保在无水状态下进行砌筑，在砌筑中，每层基本水平，外圈块石必须坐浆，且丁顺相间，以加强石块间连接。

（2）必须在圬工终凝之后才能浸水，在不浸水部分必须进行养护工作。

七、基坑回填

基坑回填应满足下列要求：

(1) 基坑回填时，其结构的混凝土强度应不低于设计强度的70%；

(2) 在覆土线以下的结构必须通过隐蔽工程验收；

(3) 填土前抽除基坑内积水，清除淤泥及杂物等；

(4) 凡淤泥、腐殖土、有机物质超过5%的垃圾土、冻土或大石块不得回填，应采用含水量适中的同类亚黏土或砂质黏土；

(5) 填土应水平分层回填压实，每层松铺厚度一般为30cm，在其含水量接近最佳含水量时压实；

(6) 填土经碾压、夯实后不得有翻浆、"弹簧"现象；

(7) 填土施工中，应随时检查土的含水量和密实度。

第二节　打入桩施工

打入桩施工靠桩锤的冲击能量将预制钢筋混凝土桩、预应力混凝土桩或钢管桩打入土中。打入桩工序如图4-11所示。

一、钢筋混凝土桩制作

桥梁工程中常用方形与矩形桩和管桩，方形与矩形桩断面尺寸一般为 $0.3m \times 0.35m$、$0.4m \times 0.4m$、$0.45m \times 0.45m$ 等几种，桩长一般为10~28m；管桩由工厂以离心成型法制成，断面尺寸外径为0.4m和0.5m，每根桩超过三节，各节长度为4、6、8m不等。

（一）制桩场地

场地应考虑吊桩设备的安装、拆卸和运桩便道的布置，并根据地基及气候条件，做好排水设计，以防场地浸水沉陷，使桩变形，地基应平整夯实，其上面铺压一层砾料或石灰土，表面用水泥砂浆抹平压光，作为制桩底模。

（二）侧模板

为了节约场地面积和便于桩的养护可采用间隔法浇筑制桩或采用竖向重叠浇筑法支模。间隔浇筑法是每隔一空桩位浇筑一根桩的混凝土，待混凝土强度达到设计标号的30%以后，拆除其侧模板。第二批桩利用已浇桩作为侧模，但其表面需涂刷隔离剂或隔离层。待第二批混凝土强度达到设计标号70%以后，方可起吊出坑。

重叠浇筑法浇筑的层数，应根据地基容许荷载和施工条件确定，一般不宜超过5层。

（三）钢筋

桩的主筋宜用整根的钢筋，如需要接长时，宜用对焊法焊接，不允许用绑扎接头。相邻钢筋的接头位置要相互错开，其距离不小于钢筋直径30倍，在同一截面中的钢筋接头不应超过主筋总数的1/4。

为防止钢筋骨架变形，骨架入模时用临时支架固定其位置防止骨架挠曲。应严格保证钢筋位置正确，桩尖应对准纵轴线，桩顶有接桩钢板或法兰盘时，应先将钢板（法兰盘）对准中心位置并与桩纵轴线垂直后点焊在主筋上，再进行全焊；对先张法预应力混凝土桩，钢板（法兰盘）应先焊接在主筋上，然后进行张拉。

（四）混凝土

在同一根桩的混凝土配合比不能随意改变,并用拌和机搅拌,坍落度不得大于6cm,混凝土标号不低于C25。灌筑顺序由桩顶开始向桩尖连续灌筑,中间不得停顿,不得留施工缝,并用振捣器严密捣实。

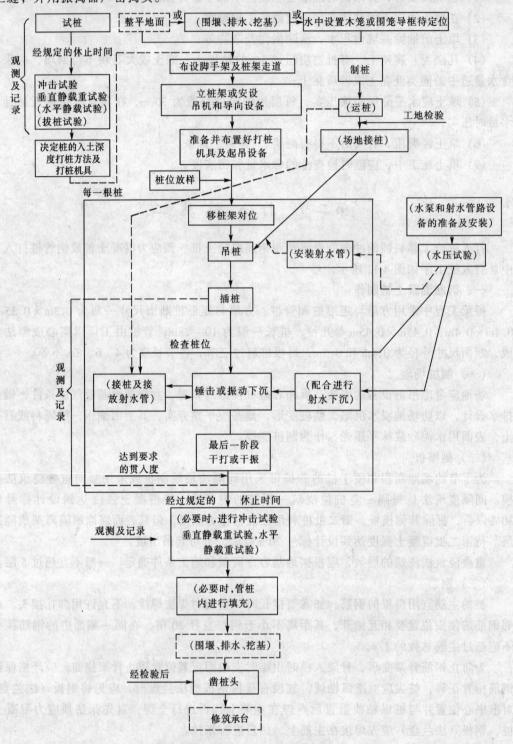

图 4-11 打入桩工序图解

混凝土浇筑完后 1~2h，应覆盖洒水养护、养护天数按采用的水泥种类和天气情况而定，但不得少于 7d。

二、预制桩的起吊、搬运和堆放

（一）起吊

预制桩中，在吊运和堆放时，多采用 2 支点，较长的桩可采用 3 个或 4 个支点。其吊点或支点位置选择（详见第六章图 6-26），但预制打入桩的吊点处通常不设吊环，起吊前用尺子将吊点位置量出，并用红漆标志。然后用钢丝绳捆绑，捆绑处应加衬垫，如麻布，木块等保护，以防损坏钢丝绳和桩的棱角。

通常将预制桩吊立于打桩架时，多采用一个吊点，长桩也可采用 2 个吊点。

（二）搬运

钢筋混凝土桩的搬运可采用超长平板拖车或轨道平板车搬运。如采用前后托架车时，前托架必须加设活动转盘。桩搬运时，其支承点与吊点位置相同，偏差不大于 ±20cm。运输时，应将桩捆载稳固。

（三）堆放

桩的堆放场地应尽量靠近打桩地点，场地应平整坚实，防止不均匀沉陷。

不同类型和尺寸的桩，应考虑使用先后，分别堆放。堆放支点与吊点相同，偏差不应超过 ±20 厘米。

多层堆放时，各层支垫木应位于同一垂直面上。堆放层数一般不宜超过 4 层，$\phi 400mm$ 的管桩堆高也不宜超过 5 层。

三、桩的连接

钢筋混凝土桩常用的接桩方法有：法兰盘连接、钢板连接和硫磺胶泥（砂浆）连接等。接桩必须牢固、直顺。

（一）法兰盘连接

此种连接方法适用于管桩或实心方桩。制桩时，将法兰盘焊接在桩的主钢筋上。接桩时，将上下两节桩的法兰螺孔对好，并将上下两节桩的纵线对准，然后穿入螺栓，并对称地将螺帽逐步拧紧。待全部螺栓拧紧后，便可将螺帽点焊固接，以防打桩因振动而松弛。如是采用高螺栓帽时，也可不再点焊螺帽，然后在法兰盘上涂以防锈油漆或防锈沥青胶泥。

（二）钢板连接

此种接桩方法适用于方桩或钢管桩。制桩时，将桩的主筋上下端各焊 2~4 块方形钢板与主筋环四周焊上角钢。

接桩时将上节桩对准已打入的下节桩，下节桩在顶端预留 4 个周边有方型螺纹的直孔，平面位置与上节桩的插筋相同，孔深大于伸出钢筋约 5cm，螺纹孔的直径为插筋的 2.5 倍，然后先点焊固定，再通缝焊接。

（三）硫磺胶泥（砂浆）连接

四、打入桩机械设备

打入桩机械为桩锤与桩机，设备为与打入桩机械相连的桩架、

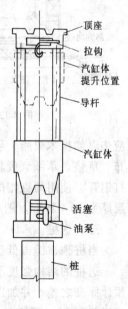

图 4-12 杆式柴油汽锤

桩帽和送桩等。

（一）桩锤

桩锤有吊锤、汽锤和柴油汽锤，工程上一般均采用柴油汽锤。

柴油汽锤是一种自身既是桩锤又是动力发生的联合装置。较汽锤优越，且沉桩效率较高。锤的种类有杆式和筒式两种，杆式柴油汽锤如图 4-12 所示。杆式柴油汽锤有 6~40kN 不等，筒式柴油汽锤有 18~100kN 不等。

（二）桩架

桩架在打入桩施工中，承担吊桩锤、吊桩、插桩、吊桩射水管及桩在下沉过程中起导向作用等。工程中常用的是钢桩架（图 4-13）。

钢制万能桩机特点可以在轨道上运行，在水平面内作 360°旋转，不仅能打垂直桩还能打斜桩，施工方便，但拆装运输困难，成本较高。

桩架在结构上，必须有足够的强度、刚度和稳定性，保证在打桩过程的动力作用下桩架保持平稳，不发生移动和变位。桩架的高度应保证桩吊立就位时的需要及锤击的必要冲程。

（三）桩帽

桩帽主要是承受冲击，保护桩顶，在打桩时能保证锤击力作用于桩的中轴而不偏心，要求构造坚固、垫木易于拆换或整修，桩帽尺寸要求与锤底、桩顶及导向杆吻合，顶面和底面均应平整，与中轴线垂直，并设置有挂千斤绳的耳环，以便起吊。桩帽与桩顶之间填以缓冲材料，在锤底与桩帽间

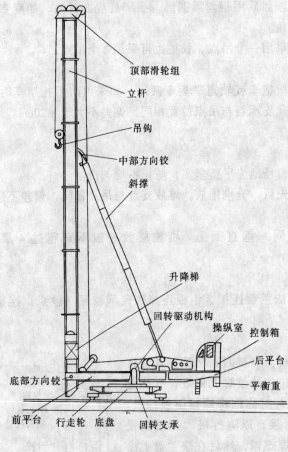

图 4-13 钢制万能桩架

应垫以如橡木树脂、硬桦木、合成橡胶等硬质材料；在桩帽底与桩顶间应垫以编织的麻布、草垫、草纸、废轮胎等软质材料。桩垫厚度取决于桩的形式及土壤的软硬程度，一般打钢管桩使用的桩帽的硬垫层厚度为 15~20cm；打钢筋混凝土管桩或方桩时桩帽的硬垫层厚为 20~25cm。图 4-14（a）为钢筋混凝土桩桩帽。

五、送桩

当桩顶被锤击低于龙门而须继续打入时，可用送桩将桩顶送达到必要的深度。

送桩的结构强度不应小于桩的强度。送桩的长度应为桩锤可能降到的最低标高与桩顶预计标高之差，并加以适当的富余量，送桩与桩的连接应使桩与送桩在同一中轴线上，当要打斜桩时，更应注意，否则桩顶与送桩受偏心锤击容易损坏。图 4-14（b）为钢送桩。

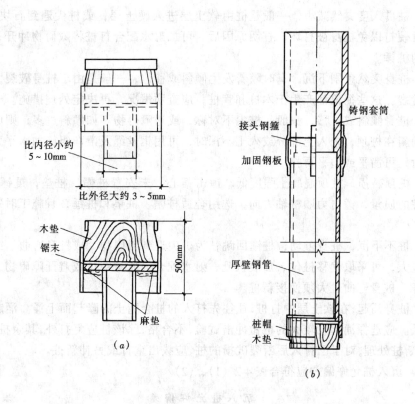

图 4-14 桩帽与钢送桩
(a) 桩帽；(b) 钢送桩

六、打桩

(一) 打桩注意事项

(1) 为避免打桩时由于土体的挤压，使后打桩难打入或虽勉强打入，但使已打入的邻桩被推挤而发生移动或向上升起，打桩顺序一般由基础的一端向另一端进行；当桩基础平面尺寸较大或桩距较小则由中间向两端或由中间向四周进行。先深后浅、先长后短、先坡顶后坡脚。

(2) 打桩前，应检查桩锤、桩帽和桩的中心是否一致，桩位是否正确，桩的垂直度（直桩）或倾斜度（斜桩）是否符合设计要求，打桩架是否平稳牢固。

(3) 开始打桩时应轻击慢打，在锤击过程中应重锤低击。

(4) 承受轴向荷载的摩擦桩，其控制入土深度应以高程为主，而以贯入度作参考，当桩尖已达设计标高，而贯入度仍较大时，应继续锤击，使贯入度接近控制贯入度。

(5) 端承桩的入土深度，控制应以贯入度为主，而以高程为参考。当贯入度已达到控制贯入度，而桩端标高未达到设计标高时，应继续锤击 100mm 左右 (或锤击 30～50 击)，如无异常变化时即可停锤。若桩尖标高比设计标高高得多时，应与设计单位和监理研究确定。

(6) 打桩时，如遇贯入度突然发生急剧变化；桩身突然发生倾斜移位；桩不下沉，桩锤有严重回弹现象；桩顶破碎或桩身开裂、变形；桩侧地面有严重隆起现象等情况，应立即停止锤击，查明原因，采取措施后方可继续施工。

(二) 打桩中出现的问题及其处理

（1）桩贯入度突然减小，一般是桩由软土层进入硬土层，或桩尖遇到石块等障碍物，此时不可硬打以免桩身被打坏，查明原因后，可加射水配合打桩将障碍物冲开，或改用能量较大的桩锤。

（2）桩身突然急剧下沉，有时随着发生倾斜或移位，一般是由于桩身破裂，接头断裂或桩尖劈裂。这些征象都产生于木桩和管桩，应查明情况，再决定处理措施。

（3）桩身倾斜或位移，一般是桩尖不对称，或遇障碍物。如倾斜过多，则应换桩或加桩。若偏斜在桩顶，未入土部分或入土不深时，可用钢丝绳及滑车组施加水平力纠正，桩头不平时，可凿平或垫平再打。

（4）桩顶破损，桩顶混凝土强度低，锤击偏心，未安置桩帽、桩垫，重锤猛击所致。应确保桩的质量，锤击力顺桩轴方向，选用合适桩帽、桩垫和桩锤，且施工时每桩要一气呵成。

（5）桩不下沉，桩身颤动，桩锤回跳，为桩尖遇到障碍物，或桩身弯曲、或接桩后自由长度过大，可采取偏移桩位、加装铁靴、射水配合等方法穿过或避开障碍物，桩身过长可加夹杆，桩身弯曲过大须换接新桩。

（6）桩身涌起，在软土层中打桩，往往先打入的桩会随土的隆起而上涌。涌起的桩承载力将降低。应选择涌起量较大的桩做冲击试验，不合格，除该桩应复打外，其余桩也应复打。

（7）断桩处理，对于已打入后断裂破损的桩，应拔出重打或另补新桩。

（三）沉入桩允许偏差应符合表4-2（1）、（2）

沉入桩允许偏差　　　　　表4-2（1）

序号	项目			允许偏差	检验频率		检验方法
					范围	点数	
1	桩位	基础桩	中间桩	$d/2$	每根桩	1	用尺量
			外缘桩	$d/4$			
		排架桩	顺桥纵轴线方向 支架上	40mm		1	用尺量
			顺桥纵轴线方向 船上	50mm			
			垂直桥纵轴线方向 支架上	50mm			
			垂直桥纵轴线方向 船上	100mm			
		板桩	桩间距	不脱掉		1	观察
			桩与基础边线或中线间距	<30mm			用尺量
2	△桩尖高程			±100mm		1	用水准仪测量桩顶高程后计算
3	△贯入度			不低于设计标准		1	查沉桩记录
4	斜桩倾斜度			±15% $\tan\theta$		1	用垂线测量计算
5	垂直桩垂直度			$L/100$		1	用垂线测量计算

注：1. 承受轴向荷载的摩擦桩，其控制入土深度应以高程为主，而以贯入度作参考，端承桩的控制入土深度应以贯入度为主，而以高度为参考；
2. 表中 d 为桩的直径或短边尺寸，(mm)；
3. 表中 θ 为斜桩设计纵轴线与铅垂线间的夹角，单位：度（°）；
4. 表中 L 为桩的长度，(mm)。

沉入桩（钢管桩）允许偏差　　　　表 4-2（2）

序号	项目		允许偏差	检验频率范围	检验频率点数	检验方法
1	△停打标准		应符合设计规定	每根桩	1	查沉桩记录
2	桩位	顺桥纵轴线方向	$d/10$	每根桩	1	用经纬仪测量
		垂直桥纵轴线方向	$d/5$		1	
		垂直桩垂直度	$L/100$		1	用垂线测量计算
		斜桩倾斜度	$\pm 15\% \tan\theta$		1	
		切割时桩顶高程	± 50mm		1	用水准仪测量
		桩顶端面平整度	≤ 10mm		1	用水平尺测量
3	焊接	接头间隙	2mm		1	用塞尺量，纵横向各1点
		接头上、下管错口 $d<700$（mm）	2mm		1	用尺量
		接头上、下管错口 $d\geq 700$（mm）	3mm			
		咬肉深度	0.5mm		2	
		加强层高度	2mm		1	
		加强层高度	盖过焊口每边不大于3mm		1	

注：1. 表中 d 为桩的直径（mm）；
　　2. 表中 L 为桩的长度（mm）；
　　3. 表中 θ 为斜桩设计纵轴线与铅垂线间的夹角（°）。

第三节　钻孔灌注桩施工

钻孔灌注桩施工是采用不同的钻孔方法，在土中形成一定直径的井孔，达到设计标高后，再将钢筋骨架吊入井孔中，灌注混凝土（有地下水时灌注水下混凝土）形成为桩基础。

钻孔灌注桩施工应根据土质、桩径大小、入土深度和机具设备等条件选用适当的钻具和钻孔方法，目前使用的钻孔方法有冲击法、冲抓法和旋转法三种类型。钻孔灌注桩具有施工设备简单、便利施工、用钢量少、承载力大等优点，故应用普遍。旋转钻孔直径由初期的0.25m发展到6m以上，桩长从十余米发展到百米以上。

表4-3为钻孔灌注桩与打入桩的比较，两者各有特点，可根据设计要求、机具设备、地质条件、场地情况和施工工期等因素，综合分析，合理选用。

钻孔灌注桩施工因成孔方法的不同和现场情况各异，施工工艺流程也不尽完全相同。在施工前，要安排好施工计划，编制具体的工艺流程图，作为安排各工序施工操作和进度的依据。钻孔灌注桩的工艺流程一般如图4-15所示，图4-16为旋转式钻孔灌注桩施工示意图。

当同时有几个桩位施工时，要注意相互的配合，避免干扰与冲突，并尽可能地做到均衡地使用机具与劳动力，既要抓紧新钻孔的施工，又要做好已成桩的养护和质量检验工作。

沉入桩与钻孔灌注桩比较　　　　　表 4-3

序号	项目	沉入桩	钻孔灌注桩
1	截面尺寸	截面尺寸较小。一般方桩或圆桩,其边或直径均小于60cm	截面尺寸较大。多为圆桩直径60~200cm。国外已有φ600的反循环钻机
2	桩入土深	采用射水配合沉桩,一般不超过30m	一般可达50m,北镇黄河大桥有直径1.5m长100m的成功施工经验
3	桩的承载力	由于桩径和桩长较小,一根桩的承载力较钻孔桩小,故一个墩台需用的桩数较多	一根桩的承载力较沉入桩大,故一个墩台需用的桩数较少,有些桥墩只有2~4根钻孔桩
4	施工进度	按一根桩计,一般沉入桩较快。按一个墩台的桩基础计,沉入桩较慢	按一根桩计,钻孔桩较慢。按一个墩台的桩基础计,钻孔灌注桩较快
5	需用钢筋数量	由于预制桩在吊桩时要考虑吊装产生的吊装应力,沉桩时要考虑拉应力,故需用钢筋数量较多	不考虑左述情况的拉应力,长桩的下部有时可不设钢筋,故需用钢筋数量较少
6	对周围环境影响	除静力压桩外,锤击和振动沉入的噪声和振动波影响附近环境和建筑物安全	噪声和振动波很小,对周围环境影响不大
7	接桩问题	由于桩架高度控制,一般桩长超过20m的需接桩	一般无需接桩
8	沉桩或钻孔设置	一般沉入桩桩架和沉桩设备较钻孔桩钻架和钻孔设备高大、笨重	一般钻孔钻、钻架和设备较矮小、轻便
9	施工场地	就地预制桩时,需较大的制桩、堆桩场地和制桩用水泥、钢筋和砂石料场地,但沉桩时,占用场地不大	采用正、反循环回转钻孔需设置泥浆沉淀循环池,占地较大,其他钻孔工艺占地不大。灌注混凝土时,需水泥、钢筋砂石料场地
10	用水情况	用射水配合沉桩时,用水量较大,否则用水量很少	用正、反循环回转钻孔时用水量多,用工艺钻孔,只清孔时用水量多。总的说钻孔桩用水较多
11	适应的土层	对细粒土均可适应,但对较大的卵漂石层不能采用沉入桩	各种土层均适应,对卵漂石层可采用冲击锥工艺钻孔。遇到岩层时,正、反循环采用牙轮钻头也可钻进
12	施工中可能发生的质量问题	1. 桩尖遇到障碍下沉达不到设计标高 2. 桩身破裂 详见第三章	1. 钻孔时孔壁坍塌 2. 灌注时如管理不善易发生各种质量问题详见后述

一、钻孔准备工作

（一）场地准备

钻孔场地的平面尺寸应按桩基设计的平面尺寸、钻机数量和钻机机座平面尺寸、钻机移位要求、施工方法及其他配合施工机具设施布置等情况决定。

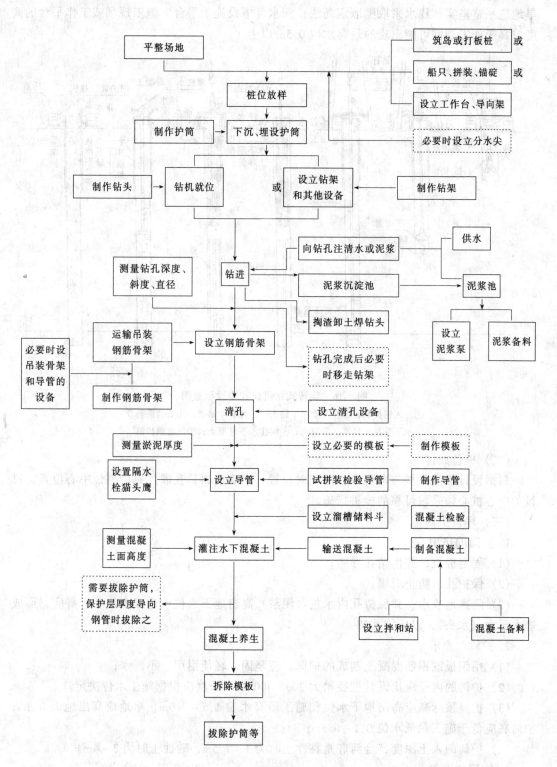

图 4-15 钻孔灌注桩工艺流程
注：虚线方框表示有时采用的工序。

场地准备要查明施工场地的水文、地质、地下障碍物的情况，制定详尽的施工方案。旱地应平整坚实；浅水采取围堰筑岛法；深水可搭设施工平台。施工现场或工作平台的高度应高于施工期间可能出现的最高水位0.5m以上。

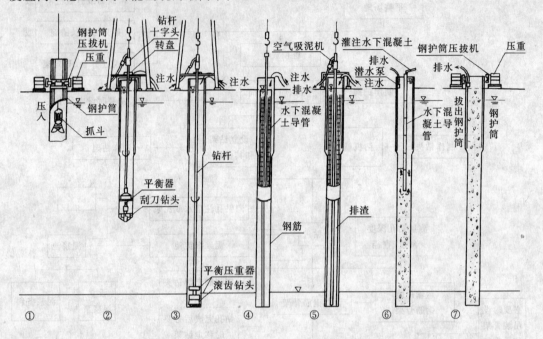

图 4-16　旋转式钻机成孔步骤示意图
①埋入钢护筒；②在覆盖层中钻进；③在岩中钻进；④安装钢筋及水下混凝土导管；⑤清孔；⑥灌注水下混凝土；⑦拔出钢护筒

（二）桩位放样

根据设计提供的桩与墩台中心的相对位置，准确放出钻孔灌注桩的桩位中心位置，钉设的中心桩必须采取可靠的栓桩措施。

（三）埋设护筒

1. 护筒的作用

（1）固定桩位，并作钻孔导向；

（2）保护孔口防止坍塌；

（3）隔离地表水，并保持孔内水位（泥浆）高出地下水位或施工水位一定高度，形成静水压力（水头），以保护孔壁。

2. 护筒的要求

（1）用钢板或钢筋混凝土制成的护筒，应坚固、轻便耐用、不漏水；

（2）护筒的内径应比设计桩径稍大200~400mm，长度应根据施工水位决定；

（3）护筒顶标高应高出地下水位和施工最高水位1.5~2.0m，旱地应高出地面0.3m；护筒底应低于施工最低水位0.1~0.3m；

（4）护筒的入土深度，当河底是黏性土时为1~1.5m，砂性土时为3~4m。

3. 护筒的埋设

护筒对成孔、成桩的质量有重要影响，埋设时，其平面位置的偏差不得大于5cm，倾斜度的偏差不得大于1%。

(1) 在旱地或岸滩埋设护筒（下埋设）

当地下水位在地面以下超过1m时，可采用挖埋法（图4-17）。

在砂类土（粉砂，细、中砂）砂砾等河床挖埋护筒时，先在桩位处挖出比护筒外径大80~100cm的圆坑。然后在坑底填筑50cm左右厚的黏土，分层夯实，以备按设护筒。

在黏性土中挖埋时，坑的直径与上述相同，坑底与护筒底相同，坑底应整平。

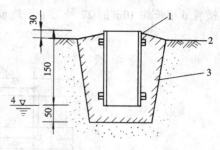

图4-17 挖埋护筒

1—护筒；2—地面；3—夯填粘土；4—施工水位

护筒埋设深度，在粘性土中不少于1.0m，在砂土中不少于1.5m。在冰冻地区，护筒应埋入冻土层以下0.5m。

当桩位处的地面标高与施工水位（或地下水位）的高差小于1.5~2.0m（视钻孔方法和土层情况而定）时，宜采用填筑法安装护筒，如图4-18所示。宜先用黏土填筑工作场地，再挖坑埋设护筒。填筑的土台高度应使护筒顶端比施工水位高1.5~2.0m。顶面平面尺寸应满足钻孔机具布置需要，并便于操作。

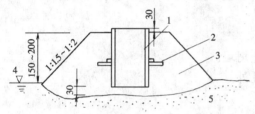

图4-18 填筑式护筒

1—木护筒；2—井框；3—土岛；4—地下水位；5—砂

(2) 在水深小于3m的浅水处埋设护筒（上埋设）

一般须围堰筑岛。岛面应高出施工水位0.5~0.7m。若岛底河床为淤泥或软土，应先挖除，如果挖除量过大，此法不经济了。宜改用长护筒，用加压、锤击或振动法将护筒沉入河底土层，其刃应尽量插入土层。插入深度，在粘土层不小于2m，在砂类土不小于3m，然后按前述旱地埋设护筒的方法施工（图4-19）。

(3) 在水深大于3m的深水河床安放护筒

在深水中安放护筒，通常利用浮船工作平台。图4-20是将两只载重300kN的木船，

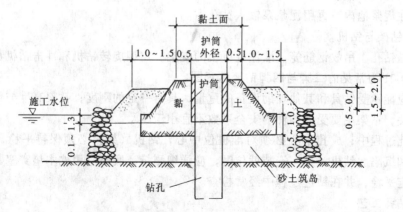

图4-19 筑岛法定桩位（尺寸单位：m）

横置6根长约10m的27号工字钢构成浮船工作平台。

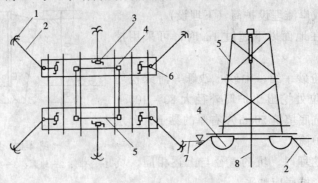

图 4-20 木船工作平台
1—锚；2—锚索；3—手摇绞车；4—木船；5—钻架；6—转向滑轮；7—水位；8—钻杆

在水深流急的江河，因流速较大（3m/s以上），可用钢板桩围堰工作平台，如不先设围堰，则钻孔桩基础施工十分困难。为了便于施工，常在墩位处设置围堰，使堰内的水成为静水，其钻孔桩基础在钢板桩围堰内设置工作平台进行。因钢板桩本身很坚固，打入河床后各板块互相扣合成整体，可抵抗水流冲刷和流水撞击。

（四）泥浆

1. 泥浆的作用

(1) 对砂性土地基起稳定和保护孔壁防止坍塌。

(2) 泥浆可将钻渣浮起与泥浆一起排出孔外。

(3) 泥浆可以冷却、润滑钻头。

2. 泥浆的要求

泥浆由水、黏土（膨润土）和添加剂按适当配比配制而成。黏土以水化快、造浆能力强、黏度大的膨润土为好。通常采用塑性指数大于25，粒径小于0.005mm，黏粒含量大于50%的黏土。

3. 泥浆的制备

泥浆的制备按照钻孔方法的不同采用不同的制备方法：当采用冲击钻孔时，可直接将黏土投入钻孔内，依靠钻头的冲击作用成浆；当采用回转钻机钻孔时，通过泥浆搅拌机成浆，贮存在泥浆池内，再用泥浆泵输入钻孔内。

（五）钻架与钻机就位

钻架是钻孔、吊放钢筋笼、灌注混凝土的支架。定型旋转钻机和冲击钻机都附有定型钻架，图4-21为常见的二脚与四脚钻架示意图。

钻架应能承受钻具和其他辅助设备的重量，具有一定的刚度；钻架高度与钢筋骨架分节长度有关，钻架主要受力构件的安全系数不宜小于3。

在钻孔过程中，成孔中心必须对准桩位中心，钻机（架）必须保持平稳，不发生位移，倾斜和沉陷。钻机（架）安装就位时，应详细测量，底座应用枕木垫实塞紧，顶端用缆风绳固定平稳，并在钻进过程中经常检查。

二、钻孔工艺

（一）钻孔方法

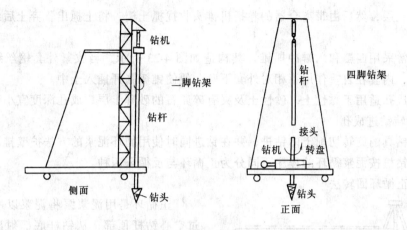

图 4-21 二脚与四脚钻架示意

各种成孔设备（方法）适用的土层、孔径、孔深、是否需要泥浆浮悬钻渣，与钻机的功率大小、施工管理好坏有关。目前钻孔均采用机械成孔，有冲击钻进成孔、冲抓锥钻进成孔和旋转钻进成孔。

1. 冲击钻进成孔

利用钻锥（重 10～35kN）不断地提锥、落锥反复冲击孔底土层，把土层中泥砂、石块挤向四壁或打破碎渣，钻渣悬浮于泥浆中，利用掏渣筒取出，重复上述过程冲击钻进成孔。

主要采用的机具有定型的冲击式钻机（包括钻架、动力、起重装置等）、冲击钻头、转向装置和掏渣筒等，也可用 30～35kN 带离合器的卷扬机配合钢木钻架及动力组成简易冲击钻机。

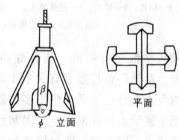

图 4-22 冲击钻锥

钻头一般是整体铸钢做成的实体钻锥，钻刃为十字形，采用高强度耐磨钢材做成，底刃最好不完全平直以加大单位长度上的压重，如图 4-22 所示（图中 $\beta = 70° \sim 90°$，$\phi = 160° \sim 170°$），冲击时钻头应有足够的重量，适当的冲程和冲击频率，以使它有足够的能量将岩块打碎。

冲锥每冲击一次旋转一个角度，才能得到圆形钻孔，因此，在锥头和提升钢丝绳连接处应有转向装置，常用的有合金套或转向环，以保证冲锥的转动，也避免了钢丝绳打结扭断。掏渣筒是用以掏取孔内钻渣的工具，用 3.0mm 厚钢板制作，下面碗形阀门应与渣筒密合以防止漏水漏浆。

冲击钻孔适用于各类土层。实心锥适用于漂、卵石、大块石的土层及岩层，空心锥（管锥）适用于其他土层，成孔深度一般不宜大于 50m。

2. 冲抓钻进成孔

用兼有冲击和抓土作用的抓土瓣，通过钻架，由带离合器的卷扬机操纵，靠冲锥自重（重为 10～20kN）冲下，使抓土瓣锥尖

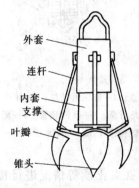

图 4-23 冲抓锥

张开插入土层，然后由带离合器的卷扬机锥头收拢抓土瓣，将土抓出，弃土后继续冲抓而成孔。

钻锥常采用四瓣和六瓣冲抓锥，其构造如图4-23所示，当收紧外套钢丝绳，松内套钢丝绳时，内套在自重作用下相对外套下坠，便使锥瓣张开插入土中。

冲抓成孔适用于黏性土，砂性土及夹有碎卵石的砂砾土层，成孔深度宜小于30m。

3．旋转钻进成孔

利用钻具的旋转切削土体钻进，并在钻进同时使用循环泥浆的方法护壁排渣，继续钻进成孔。钻机按泥浆循环的程序不同分为正循环与反循环两种。

（1）正循环回转法

正循环是用泥浆泵将泥浆以一定压力通过空心钻杆顶部，从钻杆底部射出。底部的钻锥在回转时将土搅松成为钻渣，被泥浆悬浮，随着泥浆上升而溢出流至孔外的泥浆池，经过沉淀池中沉淀净化，再循环使用，如图4-24所示。孔壁靠水头和泥浆保护。因钻渣需靠泥浆浮悬才能随泥浆上升，故对泥浆要求较高。

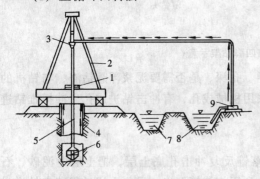

图 4-24A　正循环旋转钻孔

1—钻机；2—钻架；3—泥浆笼头；4—护筒；5—钻杆；6—钻头；7—沉淀池；8—泥浆池；9—泥浆泵

（2）反循环回转法

反循环与正循环程序相反，泥浆由孔外流入孔内，而用真空泵或空气吸泥机将钻渣通过钻杆中心从钻杆顶部吸出，或将吸浆泵随同钻锥一同钻进，从孔底将泥渣吸出孔外。反循环钻杆直径宜大于127mm，故钻杆内泥水上升较正循环快得多，就是清水也可把钻渣带上钻杆顶端流入泥浆池，净化后循环使用。因泥浆主要起护壁作用，其质量要求可降低，但如遇钻深孔或易坍塌土层，则仍需用高质量的泥浆。

（二）钻孔应注意事项

（1）钻孔过程中，始终保持孔内外既定的水位差和泥浆浓度，以起到护壁作用，防止坍孔。

（2）钻孔宜一气呵成，不宜中途停钻以避免坍孔。

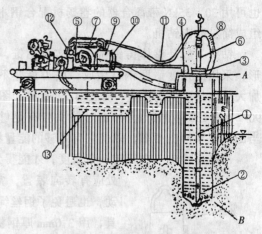

图 4-24B　反循环旋转钻孔

1—钻杆；2—钻锥；3—转盘；4—液压电动机；5—油压泵；6—方型传动杆；7—泥石泵；8—吸泥胶管；9—真空罐；10—真空泵；11—真空胶管；12—冷却水槽；13—泥浆沉淀池；A—井盖；B—井底

（3）在钻孔过程中，应根据土质等情况控制钻进速度，开钻时均应慢速钻进。

（4）钻孔过程中应加强对桩位、成孔情况的检查工作。终孔时应对桩位、孔径、形状、深度、倾斜度及孔底土质等情况进行检验，合格后立即清孔，吊放钢筋笼，灌注混凝土。

(三)钻孔事故的预防及处理

常见的钻孔(包括清孔)事故及其处理分述如下:

1. 坍孔

各种钻孔方法都可能发生坍孔事故,坍孔的表征是孔内水位突然下降,孔口冒细密水泡,出渣量明显增加而不见进尺,钻机负荷显著增加等。

(1) 坍孔原因

1)泥浆比重不够及其性能指标不符合要求,孔壁未形成坚实泥皮;

2)掏渣后未及时补充水或泥浆,或河水上涨,或孔内有承压水等造成孔内水头高度不够;

3)护筒埋置太浅,下端孔口漏水、坍漏或孔口附近地面受水浸泡,或钻机振动使孔口坍塌;

4)在松软砂层中钻进,进尺太快;

5)提住钻锥钻进,回转速度太快,空转太长;

6)冲击(抓)锥或掏渣筒倾倒,撞击孔壁,或炸孔内孤石、探头石时,炸药量过大,振动过大;

7)水头太大,使孔壁渗浆或护筒底形成穿孔;

8)清孔后泥浆比重、粘度等指标降低,用吸泥机清孔后,泥浆吸走未及时补水,孔内水位低于地下水位,清孔过久或清孔后停顿过久;

9)吊入钢筋骨架时碰着孔壁。

(2) 预防和处理

在松散粉砂土或细砂中钻进时,应控制进尺速度,选用较大比重、黏度、胶体率的泥浆,或投入黏土掺片、卵石,低锤冲击,使黏土膏、片、卵石挤入孔壁起护壁作用;汛期或潮汐地区水位变化过大时,应采取升高护筒,增加水头,或用虹吸管、连通管等措施保证水头相对稳定。

发生孔口坍塌时,可立即拆除护筒并回填黏土、重新埋设护筒再钻;如发生孔内坍塌,判别坍塌位置,回填砂和黏土(或砂砾和黄土)混合物到坍孔以上 1~2m 处,如坍孔严重时应全部回填,待回填物沉积密实后再行钻进。

2. 钻孔偏斜

(1) 偏斜原因

1)钻孔中遇到较大的孤石或探头石;

2)在有倾斜度的软硬地层交界处,岩面倾斜处钻进;或粒径大小悬殊的砂卵石层中钻进,钻头受力不均;

3)扩孔较大处,钻头摆动偏向一方;

4)钻机底座未安置水平或产生不均匀沉陷;

5)钻杆弯曲,接头不正。

(2) 预防和处理

1)安装钻孔时,使转盘、底座水平,起重滑轮、固定钻杆的卡孔和护筒中心三者在竖直线上,并经常检查校正;

2)由于主动钻杆较长,转动时上部摆动过大必须在钻架上增设导向架,控制钻杆上的提引水龙头，使其沿导向架向中钻进；

3）及时调正钻杆、接头，主动钻杆弯曲，要用千斤顶及时调直；

4）在有倾斜的软、硬地层钻进时，应吊着钻杆控制进尺，低速钻进。

3．糊钻

（1）糊钻原因

常出现于正反循环回转钻进和冲击锥钻进，在软塑黏土层旋转钻进时，因进尺快，钻渣量大，出浆口堵塞而造成糊钻。

（2）预防和处理

首先应对钻杆内径大小按设计要求确定，控制进尺，选用刮板齿小、出浆口大的钻锥，若已严重糊钻，应将钻锥提出孔口，清除钻锥残渣。冲击锥钻进行预防措施是减少冲程，降低泥浆稠度，在黏土层回填部分砂、砾石。

4．扩孔和缩孔

（1）扩孔　是孔壁坍塌而造成的结果，各种钻孔方法均可能发生，若仅孔内局部发生坍塌而扩孔，钻孔仍能达到设计深度则不必处理，只是混凝土灌注量大大增加；若因扩孔后继续坍塌而影响钻进，应按坍孔事故处理。

（2）缩孔　由于钻锥焊补不及时，严重磨耗的钻锥往往钻出较设计桩稍小的孔。地层中有软塑土（俗称橡皮土），遇水膨胀后使孔径缩小，各种钻孔方法均可能发生缩孔，可采用上下反复扫孔的方法以扩大孔径。

5．钻杆折断

在人力、机动推锥和正反循环回转钻进时常发生。

（1）折断原因

1）用地质或水文地质钻探的钻杆来作桥梁大孔径钻孔桩时，其强度、刚度太小，容易折断；

2）钻进中选用的转速不当，使钻杆扭转或弯曲折断；

3）钻杆使用过久，连接处损伤或接头磨损；

4）地层坚硬，进尺太快，超负荷引起。

（2）预防和处理

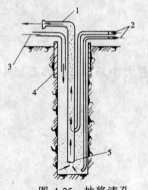

图 4-25　抽浆清孔
1—泥浆砂石渣喷出；2—通入压缩空气；3—注入清水；4—护筒；
5—孔底沉积物

1）选择钻杆直径和杆壁厚度尺寸时，按设计规定要求选择；

2）不使用弯曲严重的钻杆，要求连接处丝扣完好，以螺套连接的钻杆接头，要有防止反转松脱的固锁设施；

3）应控制进尺，遇坚硬、复杂地层要仔细操作；

4）经常检查钻具各部分的磨损情况，损坏的要及时更换；

5）如已发生钻杆折断事故，须将断落钻杆打捞上来，并检查原因，换用新的或大钻杆继续钻进。

6．钻孔漏浆

（1）漏浆原因　在透水性强或有地下水流动的地层中，稀泥浆会向孔外漏失；护筒埋设太浅，回填土不密实或护筒接缝不严密，会在护筒刃脚或接缝处漏浆；也可能由于水头过高使孔壁渗浆。

（2）预防与处理　为防止漏浆，可加稠泥浆或倒入黏土慢速转动，或用填土渗片、卵石，反复冲击增强护壁；在有护筒防护范围内，接缝处漏浆，可由潜水工用棉絮、快干水泥渗泥填塞，封闭接缝。

三、清孔

钻孔过程中必有一部分泥浆和钻渣沉于孔底，必须将这些沉积物清除干净，才能使灌注的混凝土与地层或岩层紧密结合，保证桩的设计承载能力。清孔方法有三种：

（一）抽浆清孔

用空气吸泥机吸出含钻渣的泥浆而达到清孔。由风管将压缩空气输进排泥管，使泥浆形成密度较小的泥浆空气混合物，在水柱压力下沿排泥管向外排出泥浆和孔底沉渣，同时用水泵向孔内注水，保持水位不变直至喷出清水或沉渣厚度达设计要求为止，适用孔壁不易坍塌各种钻孔后的柱桩和摩擦桩（图4-25）。

（二）掏渣清孔

用掏渣筒或大锅锥掏清孔内粗粒钻渣，适用于冲抓、冲击、简便旋转成孔的摩擦桩。

（三）换浆清孔

正反循环旋转钻机可在钻孔完成后不停钻、不进尺，继续循环换浆清渣直至达到清理泥浆的要求，适用于各类土的摩擦桩。

清孔时要注意避免发生坍孔事故，必须保证孔内的静水压力大于孔外的水头压力。

清孔的质量要求见表4-4。

清孔质量要求　　表4-4

	摩擦桩	柱桩
孔底沉淀土	中小桥：≤（0.4～0.6）d 大桥按设计文件规定	不大于设计规定
泥浆含砂率	<4%	<4%
泥浆比重	1.05～1.20	1.05～1.20
泥浆粘度	17～20s	17～20s

注：1. d 为设计桩径；
　　2. 检测的泥浆以孔口流出的泥浆为准。

四、安放钢筋笼

钢筋笼根据图纸设计尺寸和钻架允许起吊高度，可整节或分节制作，应在清孔前制成，并经检查合格后使用。安放钢筋笼前须测孔深与孔径，安放时，注意对准桩位中心，轻轻下落，并防止碰撞孔壁。为保证灌注混凝土时钢筋笼四周有足够的保护层，可沿护筒顶面四周悬挂几根钢管，其长度为钢筋笼长度的一半。如保护层为5cm，则可用 $\phi3.8 \sim \phi4$cm 的钢管，或用直径为10cm的混凝土块设置在钢筋笼的箍筋上，其间距竖向为2m，横向圆周不得少于4处。骨架顶端应设置吊环。钢筋骨架下到设计高程后，应在顶部采用相应措施反压，并固定在孔口，防止在混凝土灌注过程中产生上浮，立即灌注水下混凝土。

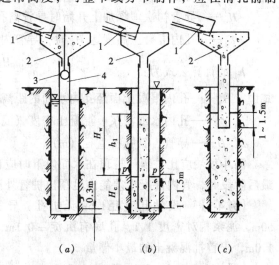

图4-26　灌注水下混凝土
1—通混凝土储料槽；2—漏斗；3—隔水球；4—导管

五、水下混凝土灌注

（一）灌注方法

导管法的施工过程如图 4-26 所示。

将导管居中插入到离孔底 0.30～0.40m（不能插入孔底沉积的泥浆中），导管上口接漏斗，在接口处设隔水球，以隔绝混凝土与管内水的接触。在漏斗中存备足够的混凝土，放开隔水球，存备的混凝土通过隔水球向孔底猛落，这时孔内水位骤张外溢，说明混凝土已灌入孔内。若落下有足够数量的混凝土则将导管内水全部压出，并使导管下口埋入孔内混凝土内 1m 深，保证钻孔内的水不可能重新流入导管。随着混凝土不断通过漏斗、导管灌入钻孔，钻孔内初期灌注的混凝土及其上面的水泥浆或泥浆不断被顶托升高，相应地不断提升导管和拆除导管，直到钻孔内混凝土灌注完毕。

导管的直径和壁厚可按表 4-5 和表 4-6 选用。导管的分节长度应便于拆装与搬运，一般为 1～2m，最下面一节导管应较长，一般为 3～4m。导管两端用法兰盘及螺栓连接，并垫橡皮圈以保证接头不漏水。为了首批灌注的混凝土数量能保证将导管内的水全部压出并满足导管初次埋入深度的需要，应计算漏斗应有的最小容量而确定漏斗的尺寸大小。漏斗和储料槽最小容量（m³）可参照图 4-26 和式（4-1）。

导管直径表　　　　　表 4-5

导管直径（mm）	通过混凝土数量（m³/h）	桩径（m）
200	10	0.6～0.9
250	17	1.0～1.5
300	25	>1.5
350	35	>1.5

导管壁厚度　　　　　表 4-6

| 导管长度（m） | 导管壁厚（mm） ||
	导管直径 200～250（mm）	导管直径 300～350（mm）
<30	3	4
30～50	4	5
50～100	5	6

$$V = h_1 \times \frac{\pi d^2}{4} + H_c \times \frac{\pi D^2}{4} \qquad (4-1)$$

式中　V——首批混凝土的最小储量或储料斗（m³）；

　　　H_c——导管初次埋深加上开始时导管离孔底的间距（m）；

　　　h_1——孔内混凝土高度达 H_c 时，导管内混凝土柱与导管外水压平衡所需高度（m）。

h_1 的计算公式为：

$$h_1 = \frac{H_w \gamma_w}{\gamma_c} \qquad (4-2)$$

式中　H_w——孔内混凝土面至孔内水面的距离（m）；

　　　γ_w、γ_c——孔内水或泥浆、混凝土密度（混凝土密度取 2.4t/m³）；

　　　d、D——导管、钻孔桩直径（m）。

漏斗顶端应比桩顶（桩顶在水面以下时应比水面）高出至少 3m，以保证灌注混凝土最后阶段时，管内混凝土须能满足顶出桩管外混凝土及其上的水或泥浆重量的需要。

【例 4-1】 设钻孔直径 1.5m 无扩孔，导管直径 0.25m，钻孔深度为孔内水面以下 50m，泥浆相对密度 1.1，孔底有沉淀 ±0.1m，导管底至孔底 0.4m，导管埋入混凝土中 1.0m，求首批混凝土的最小储量。

【解】　　$H_c = 1 + 0.1 + 0.4 = 1.5$m

　　　　　　$H_w = 50 - 1.5 = 48.5$m

$$h_1 = 48.5 \times \frac{1.1}{2.4} = 22.23\text{m}$$

$$V = 22.23 \times \frac{\pi \times 0.25^2}{4} + 1.5 \times \frac{\pi \times 1.5^2}{4}$$

$$= 3.74\text{m}^3 \ (8.9\text{t})$$

若采用 0.4m³ 的混凝土拌合机则需要拌合 10 拌混凝土，总重约 9t，需考虑 10t 以上的起吊设备。

（二）对混凝土材料的要求

水下混凝土常用的强度等级为 C20~C35。为了保证质量，混凝土的配合比应按设计强度的混凝土标号提高 10%~20% 进行设计，混凝土应有必要的流动性，塌落度宜在 18~22cm 范围内，水泥的强度等级不应低于 42.5，每立方米混凝土水泥用量不得少于 350kg，水灰比宜采用 0.5~0.6，含砂率宜采用 0.4~0.5，使混凝土有较好的和易性；为防卡管，石料尽可能采用卵石，适宜粒径为 5~30mm，最大粒径不应超过 40mm。

（三）灌注水下混凝土应注意的问题

（1）首批混凝土的数量应能满足导管埋置深度≥1.0m 和充填导管底部的需要。

（2）灌注应连续进行，一气呵成，严禁中途停工。水下混凝土严禁有夹层和松散层。

（3）后续混凝土要徐徐灌入，以免在导管内形成高压气囊，挤出管节间的橡皮垫，而使导管漏水。

（4）在灌注过程中应经常用测深锤或超声波法测深，导管的埋置深度宜控制在 2~6m。防止导管提升过猛、管底提离混凝土面或埋入过浅，而使导管内进水造成断桩夹泥，也要防止导管埋入过深，而造成导管内混凝土压不出或导管被混凝土埋住而不能提升，导致中止浇灌而断桩。

（5）提升导管时要保持其轴线竖直和位置居中，逐步提升，拆除导管的动作要快。

（6）为了防止钢筋骨架上浮，当灌注的混凝土顶面距钢筋骨架底部 1m 左右时，应降低混凝土的灌注速度。当混凝土上升到骨架底部 4m 以上时，提升导管，使其底口高于骨架底部 2m 以上再恢复正常的灌注速度。

（7）为了确保桩顶质量，灌注的桩顶标高应比设计高出 0.5~1.0m，待混凝土凝结前，挖除多余的桩头，但应保留 10~20cm，以待随后修凿，接筑承台。

（8）灌注混凝土将结束时，因导管内混凝土超压力降低，混凝土上升困难可加水稀释泥浆。在拔最后一节导管时，提升必须缓慢，以防止桩顶沉淀的泥浆挤入导管形成泥心。

（9）在灌注混凝土时，每根桩应制作不少于 2 组的混凝土试块。

（10）及时记录混凝土灌注的时间、混凝土面的深度、导管埋深等。灌注中如果发生故障，应及时查明原因，合理确定处理方案，及时进行处理。

（四）灌注事故的预防及处理

灌注水下混凝土是成桩的关键性工序，灌注过程中应明确分工，密切配合，统一指挥，做到快速，连续施工，防止发生质量事故。

如出现事故时，应分析原因，采取合理的技术措施，及时设法补救。对于确实存在缺点的钻孔桩，应尽可能设法补强、不宜轻易放弃，造成过多的损失。

经过补强、补救的桩，经认真的检验认为合格后，方可使用。对于质量极差，确实无法利用的桩，应与设计单位研究，采用补桩或其他措施。

1．导管进水

（1）主要原因：

1）首批混凝土储量不足或安置导管或混凝土储量已够但在提升导管准备开启栓阀时，导管底口距孔底的间距过大，混凝土下落后，不能埋设导管底口，以致泥水从底口进入；

2）导管接头不严，接头间橡皮垫被导管高压气囊挤开，或焊缝破裂，水从接头或焊缝中流入；

3）导管提升过猛或测深有误，导管底口超出原混凝土面，底口涌入泥水。

（2）预防和处理方法：查明事故原因，采取相应措施加以预防。

1）若是上述第一种原因引起的，应即将导管提出，将散落在孔底的混凝土拌合物用空气吸泥机或抓斗清出，然后重新下导管并准备足够储量的首批混凝土重新灌注。

2）若是第二、三种原因引起的，应视具体情况，拔换原管重下新管或用原导管插入续灌，但灌注前均应将进入导管内的水和沉淀土用吸泥和抽水的方法吸出。最后用潜水泵将管内的水抽干，继续灌注混凝土。为了防止抽水后导管外的泥水穿透原灌注的混凝土从导管底口翻入，导管插入混凝土内应有足够的深度，一般宜大于 0.5m。由于潜水泵不可能把导管内的水全部抽干，续灌的混凝土配合比应增加水泥量提高稠度再灌入导管内。以后的混凝土可恢复正常的配合比。

2．卡管

在灌注过程中，混凝土在导管中下不去称为卡管，有如下两种情况。

（1）初灌时隔水栓卡管。由于混凝土本身的原因，如坍落度过小，流动性差，夹有大卵石，拌和不均匀，运输途中产生离析，导管接缝处漏水，雨天运送混凝土未加遮盖，使混凝土中的水泥浆流失，粗骨料集中而造成导管堵塞。

处理办法可用长杆冲捣导管内混凝土，用吊绳抖动导管或在导管上安装附着式振捣器等使隔水栓下落。如仍不能下落时，则须将导管连同其内的混凝土提出钻孔，进行清理和修整，然后重新吊装导管，重新灌注。

提取导管时应注意导管上重下轻，防止翻倒伤人。

（2）当由于某种原因使混凝土在导管内停滞时间过久，增大了管内混凝土下落的阻力而堵管。预防方法是灌注前应仔细检修灌注机械，并准备备用机械，必要时可在首批混凝土中掺入缓凝剂，以延缓混凝土的初凝时间。

当灌注时间已久，导管内有堵塞的混凝土，此时处理方法是将导管拔出，用吸泥机将孔内表层混凝土和泥浆，渣土等吸出，重下新导管灌注，但灌注结束后，这根桩宜作断桩再予补强。

3．坍孔

在灌注过程中如发现孔内护筒水位（泥浆）突然上升溢出护筒，随即骤降冒出气泡，应怀疑是坍孔征象，可用探绳测孔深。

坍孔原因可能是护筒底脚周围漏水，孔内水位降低，或在潮汐河流中，当涨潮时，孔内水位差减小，不能保持原有静水压力，以及由于护筒周围堆放重物或机器振动等均可引起坍孔。

发生坍孔后，应查明原因，采取相应措施，如保持或加大水头，移开重物，排除振动等，防止继续坍孔，然后用吸泥机吸出坍入孔内的泥土，如不继续坍孔，可恢复正常灌注。

如坍孔仍不停止，坍塌部位较深，宜将导管拔出，保存孔位，以黏土回填，将坍塌稳定后，掏出或吸出回填土，重新下导管灌注混凝土。但这种桩也应按断桩采取补强处理。

4．埋管

导管无法拔出称为埋管。其原因是导管埋入混凝土过深，导管内外混凝土已初凝使导管与混凝土间摩阻力过大，或提管过猛将导管拉断。

预防方法应严格控制埋管深度不得超过6m，在导管上端装设附着式振捣器，每隔数分钟振动一次，使导管周围的混凝土不致过早初凝，首批混凝土掺入缓凝剂，加速灌注速度，导管接头螺栓应事先检查是否稳妥，提升导管时不可猛拔。

若埋管已经发生，初时可用滑车组、倒链（神仙葫芦）、千斤顶试拔。如仍拔不出，当桩孔较大，已灌注的表层混凝土尚未初凝时，可另下一根导管，按导管漏水事故处理；如表层混凝土已初凝，新管插不下去，则按断桩处理。

当已灌注的混凝土距桩顶不深时，可将原护筒向上接长（或外加一道钢护筒）加压或锤击使护筒底脚沉到已灌注的混凝土面以下，抽除孔内剩余的水或泥浆，除渣后，接灌普通混凝土。

（五）灌柱桩允许偏差应符合表4-7

灌 注 桩 允 许 偏 差   表4-7

序号	项目			允许偏差	检验频率		检验方法
					范围	点数	
1	△混凝土抗压强度			必须符合附录三的规定	每根桩	1	必须符合附录三的规定
2	△孔径			不小于设计规定		1	用探孔器检验
3	△孔深			$^{+500}_{\ \ 0}$ mm		1	用测绳测量
4	桩位	基础桩		100mm		1	用尺量
		排架桩	顺桥纵轴线方向	50mm		1	
			垂直桥纵轴线方向	100mm		1	
5	斜桩倾斜度			$\pm 15\% \tan\theta$		1	用垂线测量计算
6	垂直桩垂直度			$L/100$		1	
7	沉淀厚度	摩擦桩		$0.5d$，且不大于500mm		1	开始灌注混凝土前用测绳测量
		端承桩		50mm		1	

注：1．表中θ为斜桩纵轴线与铅垂线间的夹角，单位：度（°）；
2．表中L为桩的长度（mm）；
3．表中d为桩的直径（mm）。

第四节 沉 井 施 工

沉井是井筒状的结构物，它是以井内挖土，克服刃脚正面阻力及沉井内壁摩阻力后依靠沉井自重下沉至设计标高，经过混凝土封底，并填塞井孔，使其成为桥梁墩台的基础。沉井施工工艺流程如图4-27所示。

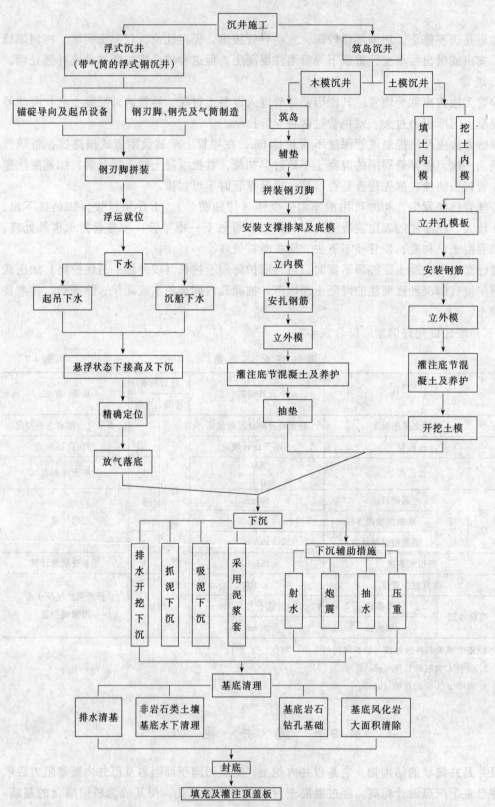

图 4-27 沉井施工工艺流程

沉井基础的特点是埋置深度大、整体性强、稳定性好、刚度大，能承受较大的荷载作用。沉井本身既是基础，又是施工时挡土和挡水围堰结构物，施工工艺不复杂。

当表层地基土的承载力低，地下深处有较好的持力层；水流冲刷大，水中有较大卵石不便于桩基施工；基岩表面较平坦，覆盖层较薄，河水较深，采用天然地基和桩基有困难时可采用沉井基础。

一、沉井构造

沉井主要由井壁、刃脚、隔墙、井孔、凹槽、封底及盖板等组成。

（一）井壁

井壁是沉井的主体部分。它在沉井下沉过程中起挡土、挡水及利用自重克服井壁摩擦力的作用，并将上部荷载传到地基上去。因此，井壁必须具有足够的强度和一定的厚度。井壁一般采用钢筋混凝土制作，其强度一般不应低于15号。

（二）刃脚

井壁下端形如楔状的部分称为刃脚。其作用是在沉井自重作用下易于切土下沉。刃脚底面宽度一般为100~200mm，用型钢加强。刃脚内侧斜面与水平面的夹角应大于45°。

（三）隔墙

沉井长宽尺寸较大，则应在沉井内设置隔墙，以加强沉井的整体刚度。

（四）井孔

井孔是挖土排水的工作场所和通道。

（五）凹槽

凹槽设在近刃脚处，其作用是使封底混凝土与井壁有较好的接合。凹槽的深度为0.15~0.25m，高约1.0m。

（六）封底和盖板

沉井下沉至设计标高进行清基后，便进行浇筑封底混凝土。如井孔中不填料则应在沉井顶面浇筑钢筋混凝土盖板。

二、沉井制作

（一）平整场地筑岛

在岸上制作底节沉井之前应先平整场地，使其具有一定的承载能力。若场地土质松软，应铺设一层30~50cm厚的砂或砂砾层并夯实，以免沉井在浇筑过程中和拆除承垫木时，由于发生不均匀的下沉而产生裂缝。

沉井可在基坑中浇筑，但应防止基坑被水淹没，坑底应高出地下水面0.5~1.0m，宜在枯水期施工。

若沉井下沉位置在水中，需在水中筑岛，再在岛上制作沉井。筑岛材料应选用透水性好、易于压实的砂土或碎石填土，应分层夯实，每层厚度不应大于0.3m。在沉井周围设置不小于2m宽的护道，临水面边坡不应大于1:2。

（二）沉井制作

1. 沉井分节

沉井分节制作高度，应能保证其稳定，又有适当重力便于顺利下沉。底节沉井的最小高度，应能抵抗拆除承垫木或挖除土模时的竖向挠曲强度。

2. 铺设垫木

当沉井制作高度较高，结构自重较大，而地基土质较差，为了将沉井自重扩散到砂垫层及地基土上应铺设承垫木。

铺设垫木时，应用水平仪进行抄平，要使刃脚踏面在同一水平面上。

承垫木在平面布置上，应均匀对称，每根承垫木的长度中心应与刃脚踏面中线相重合，以便于把沉井的重量能较均匀地传到砂垫层上。承垫木可以单根或几根编成一组铺设，但组与组之间最少需留出 20~30cm 的间隙，以便能顺利将承垫木抽出。

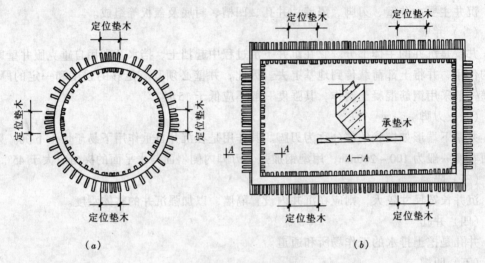

图 4-28 承垫木的平面位置

为便于抽除刃脚的承垫木，尚需设置一定数量的定位垫木，使沉井最后有对称的着力点，如图 4-28 所示。确定定位垫木的位置时，以沉井井壁在抽除承垫木时，所产生的正、负弯矩的绝对值接近相等为原则，对于圆形沉井的定位垫木，一般对称设置在互成 90°的四个支点上；对于矩形沉井的定位垫木，一般设置在两长边，每边两个，当沉井长边 L 与短边 b 之比，为 $2>L/b\geqslant1.5$ 时，两个定位支点之间的距离为 $0.7L$；当 $L/b\geqslant2$ 时，则为 $0.6L$。

3. 模板及其拆除

沉井模板与一般现浇混凝土结构的模板基本上相同，应具有足够的强度、刚度、整体稳定性等，并使缝隙严密不漏浆。

沉井的非承重侧模在混凝土强度达到设计强度的 50% 可拆除；刃脚下的侧模在混凝土强度达到设计强度的 75% 方可拆除；当混凝土强度达到设计强度的 100% 时，沉井方可下沉。

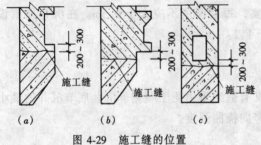

图 4-29 施工缝的位置

4. 钢筋与混凝土

可参阅第六章有关内容。

施工缝的处理：施工缝对于防水混凝土来说，是个薄弱环节，最易产生渗透现象，一般应尽量避免设置，但当沉井结构较高必须设置施工缝时，则须妥善处理，防止隐患。

(1) 施工缝的位置

沉井井壁的水平施工缝,不得留在底板凹槽或凸榫或沟、洞处,如图 4-29 所示,距离应不小于 20~30cm。同时,沉井井壁及框架均不宜设置竖向施工缝。

(2) 施工缝的型式

1) 平缝

其型式如图 4-30（a）所示,这种施工缝当井壁厚度较薄,防水要求不高时可采用。

2) 凸式或凹式施工缝

其型式如图 4-30（b）所示,这种施工缝适用于井壁厚度较大时。凸式施工缝易于凿毛和清洗,对防水质量易于保证,故较多采用,而凹式施工缝不易清洗干净,故少采用。

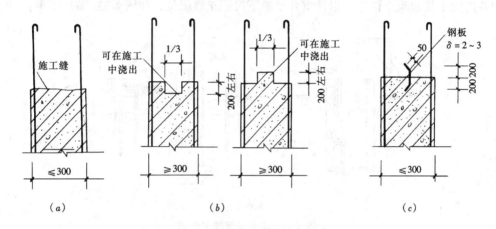

图 4-30　施工缝类型（单位：mm）
（a）平缝；（b）凹缝与凸缝；（c）钢板止水缝

3) 钢板止水施工缝

其型式如图 4-30（c）所示,镀锌钢板一般厚为 2~3mm,钢板宽度为 50cm 左右,这种施工缝适用于防水要求高,而井壁厚度较薄或者钢筋较密,设置凸式施工缝有困难时采用。但其缺点是耗用钢板数量较多。

以上三种施工缝,不论采用那种型式,在浇筑上层混凝土前,表面均应凿毛,清除浮粒,并冲洗干净,在浇筑混凝土时,先用水湿润后,在表面铺一层 1~1.5cm 厚水泥砂浆。

三、沉井下沉

(一) 抽除垫木

抽除垫木应分区、依次、对称、同步进行。以定位垫木为中心,由远到近,先短边后长边,最后撤四根定位垫木。抽出几组垫木后,应立即用砂或碎石分层回填夯实,如图 4-31 所示。

回填顺序：当开始拆除几组垫木时,可不回填,当抽出几组后,即进行回填,回填时分层,洒水夯实,每层厚 20~30cm,如图 4-32 所示。以定位垫木不压断为准,回填材料有碎石、砂砾石等。

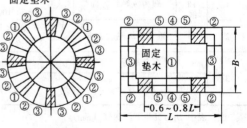

图 4-31　井壁下垫木撤除

在抽垫过程中应防止沉井偏斜,在沉井顶面上下及左右设置若干测点,支撑拆除前后各观测一次;刃脚支撑拆除前后各观测一次;每抽出一组垫木前后各观测一次。

(二)排水开挖下沉

排水开挖下沉适用于不透水或透水性差的土层,且土质稳定,排水时不产生流砂、涌水等。

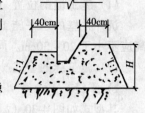

图 4-32 抽垫后空挡回填

排水开挖应从井中心向刃脚四周均匀对称除土,设计支承位置的土,应在分层除土中最后同时挖除。由数个井窗组成的沉井,应控制各井窗之间除土面的高差,控制在 50cm 以内,以利沉井均匀下沉。下沉至设计标高以上 2m 左右时,应控制井内除土量和除土位置,以使沉井平稳下沉,正确就位,如图 4-33(a)所示。

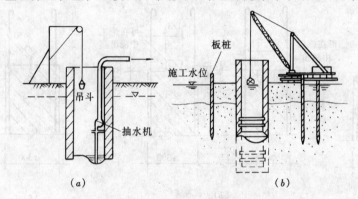

图 4-33 沉井下沉施工法
(a)排水施工;(b)不排水施工

(三)不排水开挖下沉

不排水开挖下沉适用于大量涌水、翻砂、土质不稳定的土层。

常用的挖土机械是抓斗、吸泥机等。开挖为防止产生流砂现象,应向井内灌水以保持井内水位高于井外水位 1.0~2.0m,如图 4-33(b)所示。

沉井在下沉过程中,应经常进行观测,若发现有倾斜或偏移及时纠正。

(四)沉井下沉允许偏差见表 4-8

沉井下沉允许偏差   表 4-8

序号	项目		允许偏差	检验频率		检验方法
				范围	点数	
1	轴线位移	顺桥纵轴线方向	1%H(H<10000mm 时,允许 100mm)	每根桩	2	用经纬仪测量
2		垂直桥纵轴线方向	1.5%H(H<10000mm 时,允许 150mm)		2	
3	沉井高程		±100mm		4	用水准仪测量
	垂直度		2%H		2	用垂线或经纬仪检验,纵、横向各计 1 点

注:表中 H 为沉井下沉深度(mm)。

(五)沉井接高

当底节沉井顶面下沉至离土面较近时，其上可接筑第二节沉井。接筑时应使底节竖直，上下两节沉井的轴线互相重合，各节井筒混凝土间隙紧密。接高的井筒一般不小于3m，当新接高的井筒具有足够的强度和稳定性后方可继续下沉。

四、沉井封底

当沉井刃脚下沉至设计标高后，应对基底按设计要求进行清理并封底。

（一）沉井基底清理

对于排水开挖下沉的沉井，施工人员可以下到沉井内进行基底清理。检查地基土质是否符合设计要求，必要时可钻探取样检查。

清基时，应将风化岩层全部凿除，清除陡坎、松土及污泥。必要时可在基底铺一层碎石，岩石不平的应凿成台阶形。

不排水下沉须潜水员进行基底检验。

（二）沉井封底

1. 排水封底

地基经检验及处理合乎要求后，应立即进行封底。刃脚四周用黏土或水泥砂浆封堵后，井内无渗水时，可在基底无水的情况下浇筑封底混凝土，浇筑时应尽可能将混凝土挤入刃脚下面。

2. 不排水封底

封底在不排水情况下进行，用导管法灌注水下混凝土，若灌注面积大，可用多根导管同时依次浇筑，一根导管的作用半径为2.5~4.0m，浇筑应先周围后中间，先低后高进行。

五、井孔填充和顶板浇筑

当封底混凝土养护达到所要求的强度后，才容许抽干水，进行井孔填充，填充前应清除封底混凝土面上的浮浆，若用砂夹卵石填充应分层夯实。

对于填充井孔的沉井，不需设置顶盖板，可直接在填充后的井顶浇筑承台或墩（台）身，对于不填充井孔的沉井，需设置钢筋混凝土顶盖板，以便作为浇筑承台的底模板，盖板可预制后安装于井顶，也可就地浇筑。

六、下沉时常见的问题及处理措施

沉井开始下沉阶段，容易产生偏移和倾斜事故。在这阶段，应严格控制挖土的程序和深度，以免出现偏斜现象。但沉井入土不深，出现偏斜后纠正尚比较容易。在下沉的中间阶段，可能开始出现下沉困难的现象，但待接高沉井后，重量增加，又可以下沉。在这一阶段中，仍可能发生偏斜事故，且纠正工作比较困难。当下沉到最后阶段，快达到设计标高时，一般情况下（除软土层外）主要的问题是下沉困难，由于土体对沉井土的约束能力增大，偏斜可能性较小。下面介绍下沉时常见的问题及处理措施。

（一）下沉辅助措施

1. 高压射水

当土层较坚硬，抓（吸）土难以形成深坑，可采用高压射水配合抓土斗或吸泥机将沉井周边土体冲塌后，再从井底抓（吸）出。

2. 抽水下沉

不排水下沉的沉井，在刃脚下已掏空仍不下沉时，可在井内抽水而减少浮力，使沉井下沉，但对于易引起翻砂涌水的地层，不宜采用。当采用空气吸泥机除土时，可利用空气吸泥机抽水。

3. 压重下沉

压重下沉根据不同情况，下沉高度多少，施工设备，施工方法采用压钢轨或型钢，迫使沉井重量增加而下沉。当搭设有施工土平台时，也可用尼龙袋装砂卵石作为压重，但压重必须均匀对称设置。

4. 炮震下沉

沉井下沉至最后阶段，一般下沉较困难，可在已掏空的刃脚前提下，在井孔中央放置 0.1~0.2kg 的炸药起爆，使刃脚已悬空的沉井受震下沉，药包宜用草袋等物覆盖。同一沉井一次只能起爆一处，同一沉井在同一地层中，炮震次数不宜多于 4 次。

5. 触变泥浆法下沉

在沉井井壁台阶以上的空隙中压入触变泥浆，将外壁包围起来形成为沉井的一个外套，使外壁周围与土层间设置泥浆隔离层以减少土与井壁的摩阻力，以利沉井下沉。当沉井达到设计标高后，另外压入水泥浆，将触变泥浆排除，使井壁与土恢复摩阻力。

6. 空气幕下沉

压缩空气通过预埋在沉井壁中管路上的小孔向外喷射以减少井壁下沉摩阻力，而使沉井顺利下沉。完毕后井壁摩阻力可以得到恢复。

（二）沉井下沉偏差产生的原因及预防措施，见表 4-9

沉井偏差原因及预防措施　　　　表 4-9

序号	产生原因	预防措施
1	筑岛被水流冲坏或沉井一侧的土被水流冲空	事先加强对筑岛的防护，对水流冲刷的一侧可抛卵石或片石防护
2	沉井刃脚下土层软硬不均	随时掌握地层情况，多挖土层较硬地段，对土质较软地段应少挖，多留台阶或适当回填和支垫
3	没有对称地抽出垫木或未及时回填夯实	认真制订和执行抽垫操作细则，注意及时回填夯实
4	除土不均匀，使井内土面高低相差过大	除土时严格控制井内泥面高差
5	刃脚下掏空过多，沉井突然下沉	严格控制刃脚下除土量
6	刃脚一角或一侧被障碍物搁住没有及时发觉和处理	及时发现和处理障碍物，对未被障碍物搁住的地段，应适当回填或支垫
7	井外弃土或河床高低相差过大，偏土压对沉井的水平推移	弃土应尽量远弃，或弃于水流冲刷作用较大的一侧，对河床较低的一侧可抛土（石）回填
8	排水开挖时，井内大量翻沙	刃脚处应留有适当土台，不宜挖通，以免在刃脚下形成翻沙涌水通道，引起沉井偏斜
9	土层或岩面倾斜较大，沉井沿倾斜面滑动	在倾斜面低的一侧填土挡脚，刃脚到达倾斜岩面后，应尽快使刃脚嵌入岩层一定深度，或对岩层钻孔，以桩（柱）锚固
10	在塑到流动状态的淤泥土中，沉井易于偏斜	可采用轻型沉井、踏面宽度宜适当加宽，以免沉井下沉过快而失去控制

（三）沉井下沉纠偏方法

1．侧除土

当沉井向一侧偏斜，可利用侧除土的方法使沉井在下沉过程中逐渐纠正偏差，方法简单，效果也好。

纠正偏斜时，可在刃脚较高的一侧除土，除土范围与深度酌情而定，在刃脚较低的一侧加撑支垫，随着沉井的下沉，倾斜即可纠正。

纠正位移时，可先有意侧除土使沉井向偏位的方向倾斜，然后沿倾斜的方向下沉，直至沉井底面中心与设计中心位置相合或接近时，再将倾斜纠正或纠至向相反方向倾斜一些，最后调正至倾斜和位移都在容许偏差范围内为止。

2．顶牵正

在井顶施加水平力，可用卷扬机或千斤顶并在刃脚低的一侧加设支垫纠偏。

3．偏压重

由于弃土偏堆在沉井一侧，或由于上游河床受冲而形成沉井两侧土压力差，能使沉井产生偏斜。同理，可在沉井偏斜的一侧抛石填土，使该侧土压力较彼侧为大或在刃脚较高的一侧的井壁或顶施加重物，也可纠正沉井的偏斜。

第五章 墩台和锥坡施工

桥梁墩台按使用材料之不同，可分为石砌、混凝土和钢筋混凝土三种。本章介绍石砌墩台的施工方法。混凝土和钢筋混凝土墩台施工的有关内容，则放在钢筋混凝土桥施工内容中介绍。

第一节 石砌圬工工程

一、砌体材料

（一）石料

墩台施工用的石料应符合设计规定的类别和强度，石质应均匀、不易风化、无裂缝。石料分片石、块石和料石三种。

（1）片石：用爆破或楔劈法开采的石块，厚度不应小于15cm。用作镶面的片石，应选择表面较平整、尺寸较大者，并稍加修整。

（2）块石：稍加修凿的石块，形状大致方正，上下面大致平整，厚度20~30cm，宽度约为厚度的1.0~1.5倍，长度约为厚度的1.5~3.0倍。

（3）料石：按一定尺寸修凿的石块，外形应方正，成六面体，厚度20~30cm，宽度为厚度的1.0~1.5倍，长度为厚度的2.5~4倍。

（二）砂浆

常用的砂浆强度有M20，M15，M10，M7.5，M5，M2.5六个等级。砂浆中所用砂宜采用中砂或粗砂。砂的最大粒径，片石砌筑不宜超过5mm；块料石砌筑不宜超过2.5mm。砂浆具有良好的和易性，其沉入度宜为50~70mm，以用手能将砂浆捏成小团，松手后既不松散、又不由灰铲上流下为度。

砂浆配制应采用质量比，砂浆应随拌随用。在运输过程或在贮存器中发生离析、泌水的砂浆，砌筑前应重新拌合；已凝结的砂浆，不得使用。

二、砌体强度

影响圬工砌体强度的主要因素是石料强度，其他因素是石料规格和砂浆强度。强度稍低的石料，如果形状方正平整，用较高强度等级的灰浆去砌，也可获得较高的砌体强度。如果形状不规则的石料（片石），则石料和砂浆强度都宜提高一些，否则砌体强度就较低。

三、砌体注意事项

为了使各个石块结合而成的砌体，结合紧密，能抵抗作用在其上的外力，砌筑时必须做到下列各点：

（1）石料在使用前应清除污泥、灰尘及其他杂质，以利石块与砂浆间的结合。在砌筑前应将石块充分润湿，以免石块吸收砂浆中的水分。

（2）浆砌片石的砌缝宽度不应大于4cm；浆砌块石不应大于3cm；浆砌料石不应大于

2cm。竖缝错开,不应贯通(图5-1),浆砌块石竖缝错开距离不小于8cm;浆砌粗料石不小于10cm。

(3)应将石块大面向下,使其有稳定的位置,不许在石块下面垫小石块。

(4)浆砌砌体中石块都应以砂浆隔开,砌体中的空隙应用石块和砂浆填满。

(5)在砂浆尚未凝固的砌层上,应避免受外力碰撞或扰动。砌筑中断后应洒水润湿,进行养护;重新开始砌筑时,应将原砌层表面清扫干净,适当润湿,再铺浆砌筑。

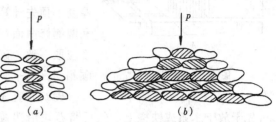

图5-1 砌体上集中力的传布

四、圬工砌体的砌筑方法

(一)浆砌片石

1. 灌浆法

砌筑时片石应水平分层铺放,每层高度15~20cm,空隙应用碎石填塞。再灌以流动性较大的砂浆,边灌边撬;对于基础工程可用平板振捣器振动片石砌体。所用砂浆的流动性应为2~3cm,平板振捣器应放置在石块上面的砂浆层上振动,并应全部振实,当砂浆不再渗入砌体后,方可结束。

2. 铺浆法

先铺一层座灰(砂浆的流动性为5~7cm),然后把片石铺上,用手使力推紧,每层高度视石料尺寸而定,一般不应超过40cm,并随时选择厚度适合的石块,用作砌平整理,空隙处先填满较稠的砂浆,用灰刀或捣固棒插实,再用适当的小石块卡紧填实,然后再铺上层座灰,以同样方法继续铺砌上层石块。

3. 挤浆法

应分层砌筑,每分层的高度宜在70~120cm之间(约3~4层片石)。分层与分层间的砌缝应大致砌成水平,即每层3~4层片石找平一次,分层内的每层石块,不必铺通层找平砂浆,而按石料高低不平形状,逐段铺好安砌上层石块的座灰。砂浆的流动性一般为5~7cm。

除基底为土质的第一层砌体之外,每砌一块片石,均应先铺座灰,再将石块安上,经左右轻轻揉动,再用手锤轻击石块,将灰缝砂浆挤压密实。在已砌好片石侧面继续安砌时,应在相邻侧面先抹砂浆,再砌片石,并向下面及抹浆的侧面用手挤压,用锤轻击,使下面和侧面的砂浆挤实。

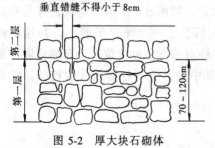

图5-2 厚大块石砌体

(二)浆砌块石

一般块石砌体,多采用挤浆法或铺浆法砌筑,砌体应分层平砌,石块大面向下,丁顺相间,上下层竖缝应错开,错缝不小于80mm 缝宽不大于30mm,分层厚度一般不小于20cm。对于厚大砌体,如不易按石料厚度砌成水平层时,可设法搭配,每隔70~120cm,砌成一个比较平整的水平层,如图5-2所示。

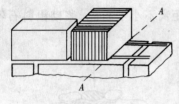

图 5-3 粗料石砌筑

(三) 浆砌粗料石

一般多采用挤浆法或铺浆法，砌筑前应按石料及灰缝厚度，预先计算层数，使其符合砌体竖向尺寸。石块上下和两侧修凿面都应和石料表面垂直，同一层石块和灰缝厚度应取一致。砌筑时严格控制平面位置和标高，镶面石丁顺相间，横平竖直，缝宽不大于20mm。

砌筑时宜先将已经修凿的石块试摆，为求水平缝一致，可先干放于木条或铁棍上。然后将石块沿边棱（图5-3）A-A 翻开，在石块砌筑地点的砌石上及侧缝处铺抹砂浆一层将其摊平，再将石块翻回放于原位上，以木槌轻击，使石块接合严密，垂直缝中砂浆若有不满，应补填插捣至溢出为止。石块下垫放的木条或铁棍，在砂浆捣实后即行取出，空隙处再以砂浆填补压实。

第二节 基础及墩台施工

一、墩台砌筑的定位放样

墩台放样是根据桥位施工测量定出的墩台中心线，放出砌筑基础与墩台的轮廓线，并根据墩台的轮廓线进行砌筑。砌筑过程的石料定位可采用下列两种方法进行：

（一）垂线法

当墩台身和基础较低时，可依平面轮廓线砌筑圬工。对于直坡墩台可用吊垂球的方法来控制定位石的位置，为了吊垂球的方便，吊点与轮廓线间留 1~2cm 的距离，如图 5-4 (a) 所示。对于斜坡墩台可用规板控制定位石的位置，如图 5-4 (b) 所示。规板构造如图 5-5 所示，使用时以斜边靠近墩台面，悬垂线若与所划墨线重合，则表示所砌墩台斜度符合要求。

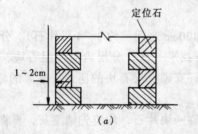
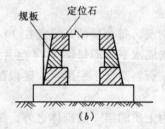

图 5-4 垂线定位法

（二）瞄准法

当墩台身较高时，可采用瞄准法控制定位石的位置，如图5-6所示。当墩台身每升高1.5~2.0m时，沿墩台平面棱角埋设铁钉，使上下铁钉位于一个垂直平面上，并挂以铅丝。砌筑时，拉直铅丝，使与下段铅丝瞄成一直线，即可依此安砌定位石于正确位置。采用这种方法定位时，每砌高 2~3m 时，应用仪器测量中线，进行各部尺寸的校核，以确保各部尺寸的正确。

二、基础及墩台的砌筑

（一）基础砌筑

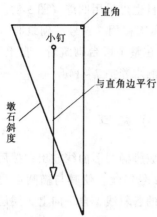

图 5-5　规板

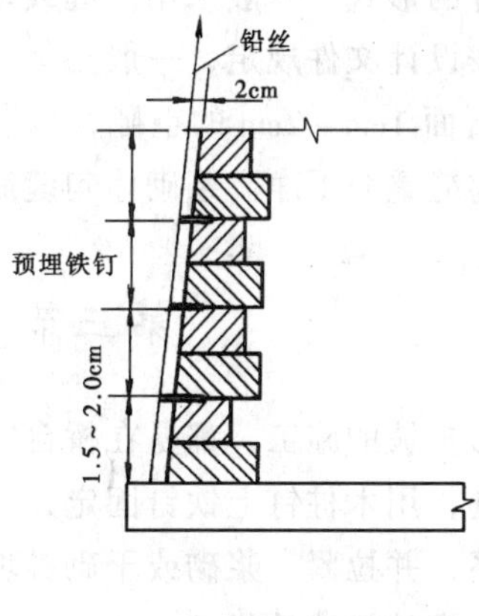

图 5-6　瞄准定位法

当基础开挖完毕并处理后，即可砌筑基础。砌筑时，应自最外边缘开始（定位行列），砌好外圈后填砌腹部（图 5-7）。

基础一般采用片石砌筑。当基底为土质时，基础底层石块直接干铺于基土上；当基底为岩石时，则应铺座灰再砌石块。第一层砌筑的石块应尽可能挑选大块的，平放铺砌，且交替丁放和顺放，并用小石块将空隙填塞，灌以砂浆，然后开始一层一层平砌。每砌 2~3 层就要大致找平后再砌。

基础平面位置误差不应超过 ±5cm。

（二）墩台身砌筑

当基础砌筑完毕，并检查平面位置和标高均符合设计要求后，即可砌筑墩台。砌筑前应将基础顶洗刷干净。砌筑时，桥墩先砌上下游圆头石或分水尖；桥台先砌四角转角石，然后在已砌石料上挂线，砌筑边部外露部分，最后填砌腹部。砌筑方法常采用挤浆法。

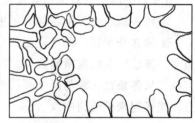

图 5-7　片石砌体定位行列和填腹

墩台身可采用浆砌片石、块石或粗料石砌筑（内部均用片石填腹）。表面石料一般采用一丁一顺的排列方法，使之连接牢固。墩台砌筑时应均匀升高，高低不应相差过大，每砌 2~3 层应大致找平。

墩台平面尺寸误差：片、块石砌体不超过 ±3cm；粗料石砌体不超过 ±1.5cm。

为了美观和更好地防水，墩台表面砌缝，靠外露面需另外勾缝，靠隐蔽面随砌随刮平。

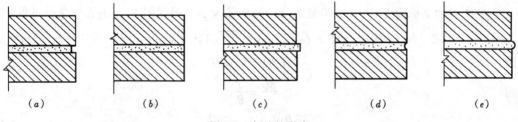

图 5-8　勾缝的形式

（a）方形凹缝；（b）方形平缝；（c）方形凸缝；（d）圆形凹缝；（e）圆形凸缝

勾缝的形式，一般采用凸缝或平缝，浆砌规则块材也可采用凹缝（图5-8）。勾缝砂浆标号应按设计文件规定，一般主体工程用10号，附属工程用7.5号。砌筑时，外层砂浆留出距石面1cm～2cm的空隙，以备勾缝。勾缝最好在整个墩台砌筑后，自上而下进行，以保证勾缝整齐干净。浆砌体勾缝后应在砂浆初凝后洒水养护7～14d。

第三节 锥坡放样与施工

锥形护坡的施工，都是在桥台完工后进行。先将坡脚椭圆形曲线放出，然后在锥坡顶的交点处，用木桩钉上铁钉固定，系上一组麻线或22号铅丝，使其与椭圆形曲线上的各点相联系，并拉紧。浆砌或干砌锥坡石料时，沿拉紧的各斜线，自下向上，层层砌筑。

一、锥坡施工放样

先根据锥体的高度 H，桥头道路边坡率 M 和桥台河坡边坡率 N，计算出锥坡底面椭圆的长轴 A 和短轴 B，以此作为锥坡底椭圆曲线的平面坐标轴。

（一）图解法（双圆垂直投影）

当桥头锥坡处无堆积物，可用图解法作出椭圆曲线。

A 和 B 作半径，画出同心四分之一圆，如图5-9所示。将圆周分成若干等分点（等分愈多，连成的曲线愈精确），由等分点1、2、3、4……分别和圆心相连，得到若干条径向直线。从各条径向线与两个圆周的交点互作垂线交于Ⅰ、Ⅱ、Ⅲ……等点，即为椭圆上的点，连接起来成椭圆曲线。

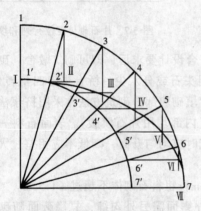 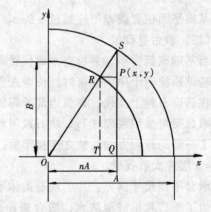

图5-9 双圆垂直投影图解法　　　　图5-10 直角坐标法

（二）直角坐标法

设 P 点的坐标为 X、Y，长半轴为 A，短半轴为 B，根据图5-10的几何条件可得：

$$SQ = \sqrt{OS^2 - OQ^2} = \sqrt{A^2 - (nA)^2} = A\sqrt{1-n^2} \tag{5-1}$$

因　　　　　　　　　　　　$\triangle OSQ \sim \triangle ORT$

则　　　　　　　　　　　　$\dfrac{SQ}{A} = \dfrac{Y}{B}$

$$y = \dfrac{B}{A}SQ = B\sqrt{1-n^2} \tag{5-2}$$

当锥坡内侧堆有弃土，量距有困难时，可在椭圆形曲线外侧，按直角坐标值量距定点。其数值见表 5-1 所列。

式中：
$$n = x/A$$

令 $n = 0.1、0.2\cdots0.9、0.95、1.0$，代入式（5-2），即可得到纵坐标 $y_1、y_2、\cdots$（表 5-1）。

直角坐标值 表 5-1

n	0.1	0.2	0.3	0.4	0.5	0.6	0.7	0.8	0.9	0.95	1.0
x	0.1A	0.2A	0.3A	0.4A	0.5A	0.6A	0.7A	0.8A	0.9A	0.95A	A
y	0.995B	0.980B	0.954B	0.917B	0.866B	0.800B	0.714B	0.600B	0.436B	0.312B	0
y'	0.005B	0.020B	0.046B	0.083B	0.134B	0.200B	0.286B	0.400B	0.564B	0.688B	B

（三）斜桥锥坡放样

斜桥锥坡放样仍可采用直角坐标法，但需将表 5-1 所列的横标值根据桥梁与河道的交角大小予以修正，修正后的长半轴长 $OF = A\sec\alpha$，所以横坐标值 x 也应乘以 $\sec\alpha$。纵坐标值则与表 5-1 中的数值相同（图 5-11）。

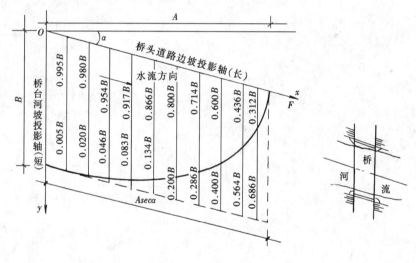

图 5-11 斜桥锥坡底曲线（桥的右上角锥坡）

二、锥坡施工

锥坡施工主要包括填土和坡脚与坡面的石块砌筑。锥坡填土应与台背填土同时进行。

（一）锥坡填土

先放出锥坡底脚椭圆曲线，再根据坡脚的设计高度与宽度，用片石或块石砌筑锥坡坡脚，坡脚底层应用碎石或卵砾石作反滤层，防止锥坡内土方被水冲流失。石块缝隙须用砂浆填满，可不必勾缝。

坡脚砌筑完毕后，在锥坡内填土宜采用透水性土，每层厚度不得超过 0.3m，必须分层填筑和夯实，达到最佳密实度的 90% 以上。砌砾石土类，可以洒水夯填。采用不易风化的块石填料，应注意层次均匀，铺填密实，不可自由堆砌。有坡面防护的锥坡，在锥坡填土时，应留出坡面防护的砌筑位置。

（二）坡面砌筑

锥坡坡面一般用干砌或浆砌片石或块石，并以碎石或砂作垫层，随砌随垫，保证垫层厚度。含砂量不超过 40% 的砂砾做垫层；砌筑时，应经常用坡面长尺或铁丝纠正坡面石块的平整度与坡度，根据土质情况，应在坡面设置泄水孔，砌筑时应注意石料轴线必须垂直于坡面，砌筑的石块应相互咬接，其空隙以小片石楔紧塞实。坡面石块缝隙须用砂浆嵌实并应勾缝，一般可采用凸缝或平缝，且宜待坡体土方稳定后进行。浆砌砌体，应在砂浆初凝后，覆盖养护 7~14d。

第六章 钢筋混凝土桥施工

钢筋混凝土结构是由钢筋和混凝土两种物理—力学性能不同的材料所组成，目的是使它们在共同工作中，能尽显各自的优点。用这种材料做成的结构称为钢筋混凝土结构。

混凝土是一种很好的人工石材，它和天然石材一样具有很高的抗压强度，但抗拉强度相当低，仅只是抗压强度的十分之一。而钢筋是一种抗拉强度很高的结构材料，利用它的抗拉强度的特点，与混凝土结合在一起，发挥各自的特长来做成构件，即在构件的受压部分用混凝土，在构件的受拉部分用钢筋，这种构件叫做钢筋混凝土构件，从而大大提高了构件的承载力。图6-1（a）为纯混凝土构件，在受力后容易折断；而6-1（b）在其下部配置钢筋后，则可以承受较大的荷载而不折断。

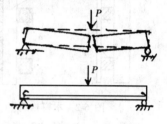

图 6-1 构件受力情况
（a）纯混凝土；（b）配钢筋后

钢筋与混凝土共同承受外加的荷载主要是因为钢筋与混凝土之间存在着足够的粘结力（亦称握裹力）。这种粘结力能保持到构件破坏时仍然存在。例如在做钢筋与混凝土的粘结试验时，如埋在混凝土中的钢筋有足够的锚固长度，把外露的钢筋拉拔断时，而埋在混凝土中的钢筋仍然与混凝土粘结良好。

钢筋混凝土桥施工方法可分为就地浇筑（简称现浇）和预制安装两大类。预制安装法具有上下部结构可平行施工，工期短，混凝土收缩徐变的影响下，质量易于控制，有利于组织文明生产，对于中、小跨径的简支梁桥普遍采用预制安装法。现浇法施工无需预制场地，不需要大型吊运设备，梁体的主筋也不中断。对于大、中跨径的悬臂和连续体系梁桥采用悬臂施工法。本章主要介绍钢筋混凝土桥施工的基本工序——制造（包括模板、钢筋和混凝土）、运输和安装。

第一节 模板与支架

模板和支架都是浇筑混凝土施工中的临时性结构，对构件的制作十分重要，不仅控制构件尺寸的精度，直接影响施工进度和混凝土的浇筑质量，而且还影响到施工安全。

一、模板与支架应符合下列要求：

（1）保证结构物设计形状、尺寸及各部分相互位置的正确性；

（2）具有足够的强度、刚度和稳定性，能可靠地承受在施工过程中可能产生的各项荷载；

（3）构造和制作力求简单，装拆方便，周转率高；

（4）模板接缝紧密，以保证混凝土在振捣器强烈振动下不致漏浆，支架连接件牢靠、不松动，能承受支架以上的各项荷载。

二、模板的种类

(一) 木模

在桥梁建筑中常用的模板是木模,它由模板、肋木、立柱或由模板、直枋、横枋组成(图 6-2)。模板厚度通常为 3~5cm,板宽为 15~20cm,不得过宽,以免翘曲。肋木、立柱、直枋和横枋尺寸应通过计算确定。木模的优点是制作容易。

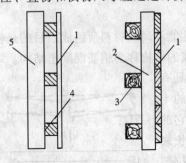

图 6-2 木模构造
1—模板;2—直枋;3—横枋;
4—肋木;5—立柱

(二) 钢模

钢模是用钢板代替木模板,用角钢代替肋木和立柱。钢板厚度一般为 4mm,角钢尺寸应通过计算确定。大型钢模块件之间用螺栓或销连接。钢模的优点是周转次数多,成本低,且结实耐用,接缝严密,能经受强烈振捣,浇筑的构件表面光滑,所以目前钢模的采用日益增多。

(三) 钢木结合模

用角钢作支架,木模板用平头开槽螺栓连接于角钢上,表面钉以黑铁皮。这种模板节约钢材,成本较低,同时具有较大的刚度和稳定性。

(四) 土模

土模按其位置高低可分为地下式、半地下式和地上式三种,目前已很少采用。

(五) 其他模

近几年来桥梁建筑有采用胶合板模、竹胶板模、塑料壳模及玻璃钢模等。

三、常用模板构造

(一) 上部构造模板

1. 实心板模板

图 6-3 为装配式钢筋混凝土实心板的模板构造。设置模板的地基应夯实整平,在地基较软的情况下应采用小木桩基础。

2. 空心板模板

图 6-4 为装配式钢筋混凝土空心板的模板构造。图 6-5 为心模构造,它采用四合式活动模板,按桥长分为两节,每节由四块单元体组成,每隔 70cm 左右设木骨架一道,且以扁铁条相联结,中间设活动支承板,支承板除一个角用铰链联结外,其余三个角均以活榫支撑。支撑板中间开孔,用来适应拉条在立心模和拆心模时的活动范围。心模在底板浇筑后架立,顶上用临时支架固定,

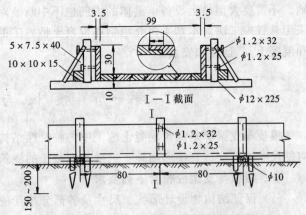

图 6-3 实心板模板构造(横截面)
(尺寸单位:cm)

在两侧混凝土浇筑高度达心模的 2/3 时,将顶上的临时支架拆除。亦可用充气胶囊或钢管作空心板的内心模。

采用充气胶囊在使用前应经过检查不得漏气,并进行充气试验。为防止胶囊上浮和偏

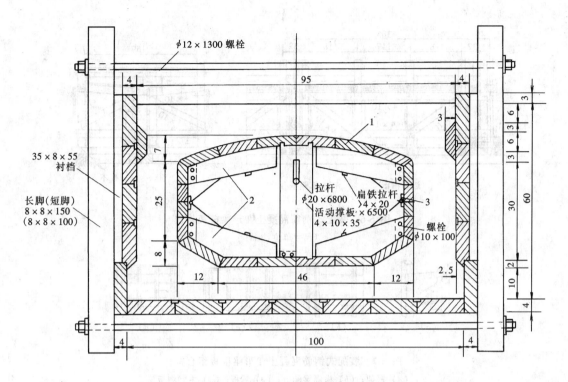

图 6-4 空心板模板构造（横截面）
1—心模板；2—骨架；3—铁铰链
（尺寸单位：铁件为 mm；其他为 cm）

位，应用定位箍筋、压力等措施固定就位。钢丝头应弯向内侧，胶囊涂刷隔离剂。浇筑混凝土应对称平衡进行。胶囊放气时间应经试验确定，以混凝土强度达到能保持构件不变形为宜，太早脱模会使混凝土开裂，太晚脱模又易使胶管和混凝土粘结而不易拔出。

木心模拆除应根据施工条件通过试验确定，一般在 20℃ 条件下约经 20h，即可拆除心模。

钢管心模待混凝土初凝后，即可将心模轻轻转动，然后边转动边拔出。

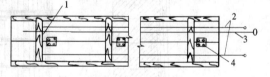

图 6-5 心模构造
1—活动支承板；2—扁铁条；3—拉条；4—铁铰

3. T 形梁模板

装配式 T 形梁的模板常做成箱形结构，即在横隔板之间及其与主梁之间，形成一个柜箱，柜箱本身用横档及斜撑联结。图 6-6 为装配式钢筋混凝土 T 形梁的模板构造，图 6-7 为 T 形梁模板组合构件示意图。施工时先将组合构件拼装成箱框，然后再拼装成整片 T 形梁模板，拆模时只要将每个箱框下落外移即可。枕木下的地基必须夯实整平，必要时可打小木桩。

4. 箱形梁模板

在支架上就地浇筑的箱梁模板，一般由底模、侧模及内模组成，并预先分别制作成组体，在使用时组装。模板采用厚 12mm 胶合板。模板的内模框架由设置在底模板上的混凝土预制块支撑。因箱梁分三次浇筑，模板的外模需先后分三层拼装。

（二）下部构造模板

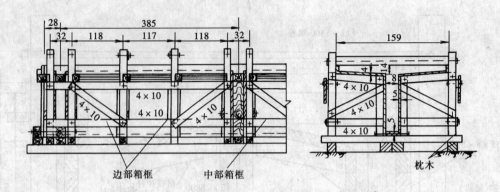

图 6-6 装配式钢筋混凝土 T 形梁模板构造

(尺寸单位：cm)

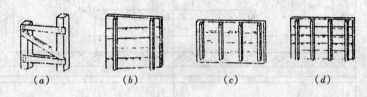

图 6-7 装配式钢筋混凝土 T 形梁模板组合构件

(a) 框架；(b) 横隔梁侧板；(c) 翼板；(d) 主梁侧板

1. 固定式桥墩模板

图 6-8 为圆端桥墩模板构造，图 6-9 为桥墩模板骨架。这种模板的位置是固定的，整个桥墩模板由壳板、肋木、立柱、撑木、拉条、枕梁和铁件组成。肋木间距 L_1 取决于壳

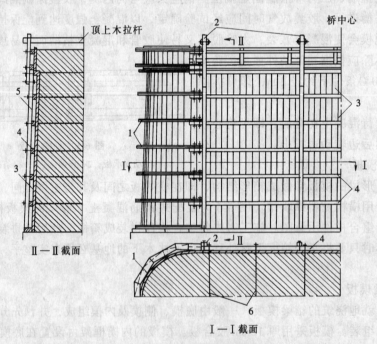

图 6-8 圆端形桥墩模板

1—拱肋木；2—立柱；3—壳板；4—水平肋木；5—立柱；6—拉杆

板厚度及混凝土侧压力的大小,肋木跨径 L_2 等于立柱间的距离,可根据计算确定。如果水平肋木与立柱的每个交点处都设置拉杆,则立柱不受弯曲。

立柱与底框可采用圆木,肋木一般采用方木。圆形部分的拱肋木,里面做成与墩面相配合的曲线形状。墩端圆头部分混凝土的压力,假定垂直作用于模板表面,有使拱肋木从相接的直肋木上拉开的趋势,因此,连接拱肋木的螺栓或钉子应根据计算设置。拉杆用 $\phi 12 \sim \phi 20$ 的圆钢制作,两端附有螺纹、螺帽及垫圈。

为了保证模板在风压力作用下的稳定,安装好的模板外部用拉索、内部用临时联结杆固定。

2. 镶板式模板

镶板式模板也称装配式模板,是把桥墩模板划分为若干块,划分时力求减少规格,而且尽量用同一类型,以便运输和安装。在建造若干同类型的桥墩时,宜采用可拆移的镶板式模板。

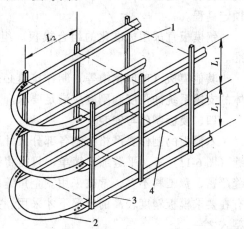

图 6-9 桥墩模板骨架
1—立柱;2—拱肋木;3—肋木;4—拉杆

3. 滑动式模板

图 6-10 为滑动式模板构造,它由顶架、模板、围圈、千斤顶、工作平台等部分组成。

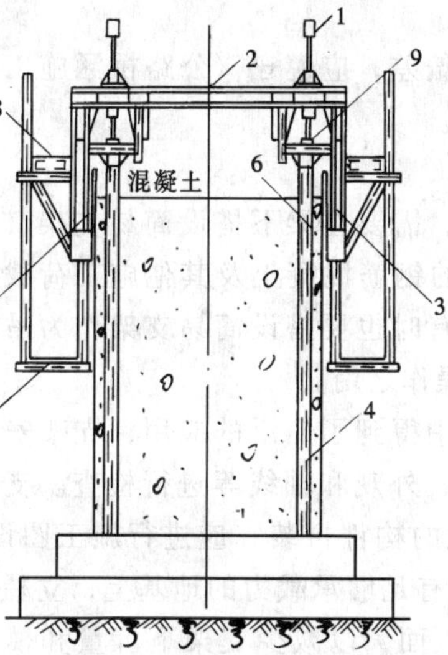

顶架是用一根横梁和两根立柱构成"冂"形,它承受模板的所有荷载,可用角钢制成。

模板可用 3.5cm 厚的木板或 3mm 厚的钢板加焊角钢制成,高度为 1.1~1.3m。为易于滑升,模板的上口小,下口大,其锥度为 0.5%~1%H(H 为模板高度)。

围圈起连接、箍紧、固定模板的作用,一般用角钢制成。

顶杆是千斤顶的爬升杆,又是操作平台上所有荷载的支承杆,一般用 $\phi 25mm$ 的圆钢筋制成。按连接形式,可分为工具式和非工具式两种。当采用工具式顶杆时,为了在墩身混凝土中形成孔道,需设置导管(用钢管制成),管径比顶杆大 3mm 左右。

图 6-10 滑升模板构造
1—人工螺杆千斤顶;2—顶架;3—围圈;4—套筒;5—模板;6—顶杆;7—外下吊架;8—脚手架;9—支承座

工作平台是供浇筑混凝土和提升模板的作业平台。

支承座是用圆钢车成,上面成凹球面,下面与顶杆丝连接,供传递千斤顶压力于顶杆的工具。

滑升原理如下:当手柄旋转时,螺杆即沿螺母旋转向下,由于千斤顶凸球面端是支承在一端与顶杆连接的带凹球面的支承座上,而顶杆下端是支承在已浇筑好的基础顶面上,当千斤顶向支承座施加压力,顶杆的反力作用于顶架,就带动整个模板作提升滑动。当混凝土浇筑一定量后,千斤顶提升模板向上滑动,不断浇筑混凝土,不断提升模板,直至到预定高程。

钢模板宜采用标准化的组合模板。组合钢模板与各种螺栓连接件应符合现行国家标准。

其他模板(玻璃钢模等)制作接缝必须严密,边肋及加筋肋安装牢固,与模板成一整体的支撑系统的强度和刚度应满足要求。

四、模板制作与安装

木模板的制作要严格控制各部分尺寸和形状。常用的接缝型式有平缝、搭接缝和企口缝(图6-11)等。平缝加工简单,只需将缝刨平即可,但易漏浆。嵌入硬木块的平缝,拼缝严密,费工料不多,常被采用。企口缝结合严密,但制作较困难,且耗用木料较多,只有在要求模板精度较高的情况下才采用。搭接缝具有平缝和企口缝的优点,也是常用接缝型式之一。

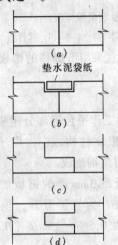

图6-11 木模板的接缝形式
(a)双接平缝;(b)嵌入硬木块的对接平缝;(c)搭接缝;(d)企口缝

模板在安装前应做好测量、定位工作,要考虑钢筋的安装和混凝土的浇筑以确定安装顺序,钢筋混凝土梁、板的底模应设预拱度;模板在安装过程中,必须设置防倾覆的设施;模板安装完毕后,混凝土浇筑前,应对模板平面位置、顶部标高、节点连接以及纵横向稳定性进行检查,并检查模板有无变形、裂缝,在模板表面涂以废机油等隔离剂。安装后的裂缝可用油灰填塞。

模板制作和安装的允许偏差,应遵守《公路桥涵施工技术规范》(JTJ 041—89)的要求。

五、支架制作与安装

就地浇作混凝土梁桥时,需要在梁下搭设简易支架(或称脚手架)来支承模板、浇捣的钢筋混凝土及其他施工荷载的重量。对于装配式桥的施工,有时也要搭设简易支架作为吊装过程中的临时支承结构和施工操作之用。

目前组合钢支架在施工中得到了广泛的应用,支架安装前应对各种杆件的质量、尺寸、外观和轴线等进行检查。支架的支承面应抄平。支架宜采用标准化、系列化、通用化的构件拼装,应进行施工图设计,并验算其强度、刚度和稳定性。支架立柱必须安装在有足够承载力的地基上,立柱底端应设垫木来分布和传递压力,扩大上下支承点的承压面,以减少支架下沉量和模板变形,保证浇筑混凝土后不发生超过允许的沉降量。为加强支架纵、横向的刚度和稳定性,立柱在两个互相垂直的方向要设水平撑杆和斜撑,斜撑与水平交角不大于45°。一般立柱高度在5m左右水平横撑不得少于两道,并应在横撑间加双向剪刀撑(十字撑)。在支架的转角、端头和纵向每30m左右均应设剪刀撑。剪刀撑要从顶到底连续布设,最后一对必须落地。

在小型桥梁施工中也有采用木支架,立柱在顺桥向的间距不超过3m,靠墩台的立柱可设在墩台基础的襟边上;在横桥向立柱一般设在梁肋下。制作木制架时,长杆件接头尽量减少，两相邻立柱的连接接头应尽量分设在不同的水平面上。主要压力杆的纵向连接，应使用对接法，并用木夹板或铁夹板夹紧。支架安装完后，应对其平面位置、顶部标高、节点连接以及纵横向稳定性进行检查。

目前已较普遍采用工具式钢管脚手架。这种脚手架的主要构件是外径为51mm的钢管，每延米重3.55kg并备有各种连接扣件，操作方便，施工质量有保证。

第二节 钢筋工程

钢筋加工工序多，包括钢筋调直、切断、除锈、弯制、焊接或绑扎成型等，而且钢筋的规格和型号尺寸也比较多。并鉴于保证钢筋的加工质量和布置需要，在浇作混凝土后再也无法检查和纠正，故必须仔细认真严格地控制钢筋加工的质量。

一、钢筋加工前的准备工作

（一）钢筋的检查与保存

钢筋进场后，应检查出厂试验证明书。若无证明文件或对钢筋质量有疑问时应做抗拉试验、冷弯试验和可焊性试验，试验应符合下列规定：

（1）钢筋试验应分批进行，每批重量不超过200kN，不能采用已经整直后的钢筋；

（2）每批钢筋中取试件9根，3根做冷弯试验，3根做拉力试验，3根做电弧焊接的工艺试验，做试验的钢筋，不论是冷弯、冷拉或工艺试验，若试件的断口为塑断（即有颈缩状态），则认为该试件合格，脆断则认为该试件不合格；

（3）做拉力试验时应同时测定抗拉强度、屈服点和伸长率3个指示，在第一次拉力试验时，如有1个指标不符规定，即作为拉力试验项目不合格，应再取双倍试件做拉力试验，重新测定三个指标，第二次试验中，如仍有1个指标不合格，不论这个指标在第一次试验中是否合格，拉力试验项目即为不合格；

（4）做冷弯试验时，应要求将试件绕一定直径的芯棒弯曲至规定角度，其弯心的外侧不发生裂纹、鳞落、断裂等现象为合格。

钢筋进场后，应注意妥善保管，宜堆放在仓库（棚）内。有顶无墙的料棚内，钢筋下面要放垫块，离地不少于0.2m；应按不同等级、牌号、直径等分别堆放，并标明数量；不要和酸、盐、油一类物品一起存放，以免锈蚀和污染。

（二）钢筋的整直

直径10mm以下Ⅰ级钢筋常卷成盘形，粗钢筋常弯成"发卡"形或出厂时截成8~10m长，便于运输和储存。因此，运到工地的钢筋应先予以整直，然后再加工弯制。

盘形钢筋应先放开，把它截成30~40m的长度，然后用人力或电动绞车拉直，图6-12所示的是人工绞磨拉直钢筋。拉直时对拉力要注意控制，使任一段的伸长率不超过1%。也可用钢筋调直机调直。

粗钢筋可放在工作台上用手锤敲直，亦可用手工扳子或自动机床矫直。整直后的粗钢筋，应挺直、无曲折，钢筋中心线的偏差不超过其全长的1/100。

（三）除锈去污

钢筋应有清洁的表面，使钢筋与混凝土间有可靠的粘结力。油渍、漆皮、鳞锈均应在使用前清除干净。除锈的方法可采用钢丝刷、砂盘或喷砂枪喷砂等工具除锈污，也可将钢

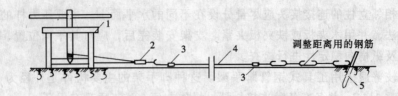

图 6-12 人工绞磨调直钢筋
1—绞架；2—滑轮；3—夹具；4—钢筋；5—固定桩

筋在砂堆中来回抽动以除锈去污。

（四）钢筋的划线配料

为了使成型的钢筋，较正确地符合设计要求，下料前应进行用料的设计工作称为配料。配料应以施工图纸和库存料规格及每一根钢筋的下料长度为依据。将不同直径与不同长度的各号钢筋顺序填制配料单（表 6-1），按表列各种长度及数量进行配料，然后按型号规格分别切断弯制。

钢 筋 配 料 单　　　　　　　　　　　　　　　表 6-1

构件号	图号	钢号	钢筋编号	直径	形状	设计长度	下料长度	根数	总重

1. 钢筋下料长度计算

（1）弯钩增加长度计算

钢筋的弯制和末端的弯钩应符合设计要求，如设计无规定时，应符合表 6-2 规定。

受力主钢筋制作和末端弯钩形状　　　　表 6-2

弯曲部位	弯曲角度	形状图	钢筋种类	弯曲直径 d	平直部分长度	备注
末端弯钩	180°		I	$\geq 2.5d$ $\geq 5d$ ($\phi 20 \sim 28$)	$\geq 3d$	
	135°		II	$\geq 4d$	按设计要求（一般 $\geq 5d$）	
			III IV	$\geq 5d$		
	90°		II	$\geq 4d$	按设计要求（一般 $\geq 10d$）	d 为钢筋直径
			III IV	$\geq 5d$		
中间弯制	90°以下		各一类	$\geq 15d$		

1) 180°弯钩（图6-13a）。

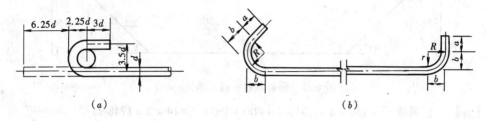

图 6-13 弯钩
(a) 半圆弯钩；(b) 90°及135°弯钩

如 Φ20 以下Ⅰ级钢筋末端弯钩表状为 180°，按弯心直径不小于钢筋直径 d 的 2.5 倍，作 180°的圆弧弯曲，其平直部分的长度等于钢筋直径的 3 倍。

钢筋弯曲时，内皮缩短，外皮伸长，中轴不变。弯钩长度计算公式为

半圆弯钩全长 $3d + \dfrac{3.5\pi d}{2} = 8.5d$

半圆弯钩增加长度 $8.5d - 2.25d = 6.25d$

2) 90°及135°弯钩（如图6-13b）。

弯钩增长值的计算方法与半圆弯钩相同。90°、135°的弯钩增加长度为 $3.5d$、$4.9d$。

用Ⅰ级钢筋制作的箍筋，其末端应做弯钩，弯钩的弯曲直径应大于受力主钢筋直径，且不小于箍筋直径的 2.5 倍。弯钩平直部分长度，一般结构不宜小于箍筋直径 5 倍，有抗震要求的结构，不应小于箍筋直径的 10 倍。

箍筋弯钩的形式，如设计无要求时，可按图6-14（a）、（b）加工，有抗震要求的结构，应按图6-14（c）加工。

(2) 弯曲伸长计算

钢筋弯曲后有所伸长，通常有 30°、45°、60°、90°、135°和180°等几种，在钢筋

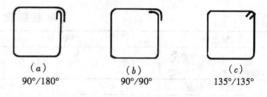

图 6-14 箍筋弯钩形式图

剪断时应将延伸部分扣除，一般可做若干次试验，以求得实际的切断长度。不同弯起角的钢筋弯曲伸长值可参照表6-3计算。

不同弯起角的钢筋弯曲伸长值计算 表 6-3

弯起角度	30°	45°	60°	90°	135°	180°
弯曲伸长值	0.35d	0.5d	0.85d	1.0d	1.25d	1.5d

(3) 下料长度计算

1) 当不用搭接时：

下料长度 = 钢筋原长 + 弯钩增长量 − 弯曲伸长量。

2) 当需要搭接时（搭接焊或绑扎接头）：

下料长度 = 钢筋原长 + 弯钩增长量 − 弯曲伸长量 + 搭接长度。

【例6-1】 直径 Φ10mm 的光圆钢筋，弯曲形状如图6-15所示，试计算钢筋下料长度。

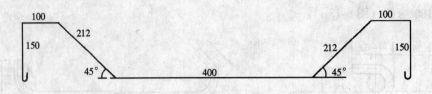

图 6-15 钢筋弯曲示意（单位：cm）

【解】 钢筋原长 $= 150 \times 2 + 100 \times 2 + 400 + 150 \times 1.414 \times 2 = 1748$cm

2 个半圆弯钩增长量 $= 6.25 \times 2 \times 1 = 12.5$cm

2 个 180°弯曲伸长量 $= 1.5 \times 2 \times 1 = 3$cm

2 个 90°弯曲伸长量 $= 1.0 \times 2 \times 1 = 2$cm

4 个 45°弯曲伸长量 $= 0.5 \times 4 \times 1 = 2$cm

若无搭接则钢筋下料长度为：

$$L = 1748 + 12.5 - 3 - 2 - 2 = 1753.5\text{cm}$$

2．钢筋配料注意事项

(1) 对于有接头的钢筋，配料时应注意使接头位置设在内力较小处，并错开布置。

(2) 对于焊接接头，受拉钢筋接头的截面积在同一截面内不得超过钢筋总截面积的 50%。上述同一截面是指钢筋长度方向为 $30d$ 长度范围内，但不得小于 50cm。

(3) 对于绑扎搭接接头，其截面积在同一截面内受拉区不得超过钢筋总截面积的 25%；受压区不得超过钢筋总截面积的 50%。上述同一截面是指钢筋搭接长度范围内，绑扎接头的最少搭接长度见表 6-4。

钢 筋 搭 接 长 度 表　　　　　表 6-4

混凝土标号 受力情况 钢筋种类	15 号		≥20 号	
	受 拉	受 压	受 拉	受 压
Ⅰ级 5 号钢筋	$35d$	$25d$	$30d$	$20d$
Ⅱ级钢筋	$40d$	$30d$	$35d$	$25d$
Ⅲ级钢筋	$45d$	$35d$	$40d$	$30d$

注：1. 位于受拉区的搭接长度不应小于 250mm，位于受压区的搭接长度不应小于 200mm；
　　2. d 为钢筋直径。

(4) 所有接头与钢筋弯曲处应不小于 $10d$，也不宜位于构件的最大弯矩处。

(5) 受力钢筋同一截面内，同一根钢筋，只准有一个接头。

(五) 钢筋的代换

当施工图中采用的钢筋品种或规格与库存材料不一致时，可参考下列原则，进行钢筋代换：

1．等强度代换（不同钢号代换）

结构构件多系按强度控制时；钢筋按强度相等原则进行代换，代换后的钢筋强度，一般应不小于原有钢筋强度。若设计图中所用的钢筋强度为 f_y，钢筋总面积为 A_s，代换后钢筋强度为 f'_y，钢筋总面积为 A'_s，则应使 $f'_y A'_s \geq f_y A_s$。

2．等面积代换（同钢号代换）

结构构件系受最小含筋率控制时，钢筋则可按相等面积原则进行代换。

3.结构构件系受裂缝宽度或抗裂性要求控制时,钢筋代换需进行裂缝和抗裂性验算

钢筋代换时,还应注意:代换后的钢筋直径、根数尚须满足某些构造和规范要求(如钢筋的间距、直径、根数、锚固长度、对称性等)及设计中提出的特殊要求(如冲击韧性、抗腐蚀性等)。

【例6-2】 某主梁主筋设计为3Φ20,现工地无此钢筋,拟用φ25钢筋代换,试计算代换后的钢筋根数。

【解】 $n_2 \geqslant \dfrac{n_1 d_1^2 \cdot f_y}{d_2^2 \cdot f_y'} = \dfrac{3 \times 20^2 \times 310}{25^2 \times 210} = 2.8$ 取3根 φ25

(六)钢筋切断

钢筋切断可依其直径的大小,用不同的人工或机械方法进行。

截切直径25mm以上的钢筋,可用钢锯锯断;10~22mm的钢筋可用上下搭口及铁锤割断(图6-16a);10mm以下的钢筋可用电动剪切机,也可用剪筋刀剪断(图6-16b)。电动剪切机,可以截切直径40mm以下的钢筋可一次切断数根。

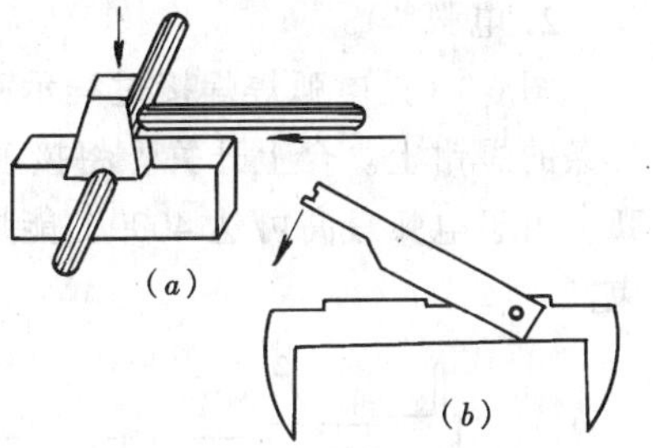

二、钢筋加工

(一)钢筋接长

钢筋接长的方式有闪光接触对焊、电弧焊(搭接焊、帮条焊、熔槽焊等)和绑扎搭接三种。一般多应用电焊接头,只有在没有焊接条件时,才可用绑扎接头。

图6-16 用人工方法切断钢筋
(a)以上下搭口切断钢筋;(b)用剪刀剪钢筋

1.闪光接触对焊

用闪光接触对焊接长钢筋,其优点是使钢筋传力性能好、省钢料、能电焊各种钢筋,避免了钢筋的拥挤,便于混凝土浇筑。故一般焊接均以采用闪光对焊为宜。

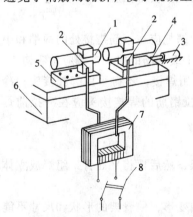

图6-17 接触对焊示意图
1—钢筋;2—电极;3—压力构件;4—活动平板;5—固定平板;6—机身;7—变压器;8—闸刀

闪光接触对焊可分为不加预热的连续闪光和加预热的闪光两种方法。一般常用不加预热的连续闪光焊。对强度较大、直径较粗的钢筋,可采用加预热的闪光焊。

采用不加预热的连续闪光焊接时,系将夹紧于对焊机钳口内的钢筋,在接通电流时,以不大的压力移近钢筋两头,使轻微接触;在移近过程中,钢筋端隙向四面喷射火花,钢筋熔融到既定的长度值后,便将钢筋进行快速的顶锻,至此焊接过程结束。

采用预热闪光焊接时,系将钢筋移拢,使两端面轻微接触,以便立刻激发瞬时的闪光过程,然后移开钢筋。这样不断地移拢或移开使钢筋端部逐渐加热。(移近次数视钢筋直径、对焊机功率和钢号而定。一般在3~20次范围内变动)最后对钢筋进行快速顶锻。图6-17为接触对焊示意图。

钢筋对焊完毕,应对全部接头进行外观检查,并按批切取部分接头进行机械性能试验。

外观检查应满足下列要求:
(1) 接头具有适当的镦粗和均匀的金属毛刺;
(2) 钢筋表面没有裂纹和明显的烧伤;
(3) 接头如有弯折,其角度不得大于4°;
(4) 轴线如有偏移,其偏移值不得大于钢筋直径的0.1倍,亦不得大于2mm。

机械性能试验,其质量要符合下列要求:
(1) 做抗拉试验时,最小极限强度不能小于该种钢筋抗拉极限强度;
(2) 绕一定直径的心棒做90°冷弯试验时,不得出现裂纹,亦不得沿焊接部破坏。

2. 电弧焊

图6-18是电弧焊焊接过程示意图。一根导线接在被焊钢筋上,另一根导线接在夹有焊条的焊钳上。合上开关,将接触焊件接通电流,此时立即将焊条提起2~3mm,产生电弧。由于电弧最高可达4000℃能熔化焊条和钢筋,并汇合成一条焊缝,至此焊接过程结束。

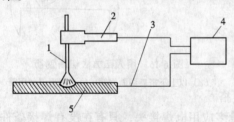

图6-18 电弧焊接示意图
1—焊条;2—焊钳;3—导线;4—电源;
5—被焊金属

钢筋焊接完毕,同样应对接头进行外观检查,并进行机械性能试验。

外观检查应满足下列要求:
(1) 焊缝表面平顺、没有缺口、裂缝和较大的金属焊瘤;
(2) 接头处钢筋轴线的曲折,其角度不得大于4°;
(3) 接头处钢筋轴线的偏移不得大于钢筋直径的0.1倍,亦不得大于3mm。

机械性能试验,其抗拉极限强度不能小于该种钢筋的抗拉极限强度。

3. 铁丝绑扎搭接

当没有条件采用焊接时,接头可采用铁丝绑扎搭接,绑扎应在钢筋搭接处的两端和中间至少三处用铁丝扎紧。其搭接长度见表6-4。受拉区内I级钢筋的接头末端应做弯钩。

对轴心受拉构件的接头及直径大于25mm的钢筋均应用焊接,不得采用绑扎接头;冷拔钢丝的接头,只能采用绑扎,不得采用焊接接头;冷拉钢筋的焊接接头应在冷拉前焊接。

(二) 钢架骨架的焊接

钢筋骨架的焊接应采用电弧焊,先焊成单片平面骨架,然后再将平面骨架组焊成立体骨架,使骨架有足够刚性和不弯形性,以便吊运。

钢筋在焊接过程中由于温度变化,骨架将会发生翘曲变形,使骨架的形状和尺寸不能符合设计要求,同时会在焊缝内产生收缩应力而使焊缝开裂。因此,为了防止施焊过程中骨架的变形,在施工工艺上要采取一定的措施。一般常在电焊工作台上用先点焊后跳焊(即错开焊接的次序)的方法。另外,宜采用双面焊缝使骨架的变形尽可能均匀对称。

工作台(图6-19)的型式很多。台高一般为30~40cm,钢筋按照骨架的外框尺寸用角钢固定在台面上，每根斜筋两侧也用角钢固定。

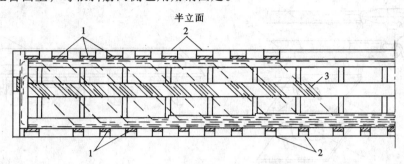

图 6-19　T形梁钢筋单片骨架拼焊台
1—焊缝长度（用红漆标出）；2—焊缝编号；3—木条

钢筋按设计图布置就绪后，各钢筋用点焊固定相对位置，使钢筋骨架各部位不致因施焊时加热膨胀及冷却收缩而变形。

无论是点焊或电弧焊，骨架相邻部位的钢筋不能连续施焊，而应该错开焊接顺序（跳焊），如图 6-20 所示，钢筋骨架焊接顺序宜由中到边对称地向两端进行，先下排钢筋跳焊，再焊上排钢筋。同一部位有多层钢筋时，

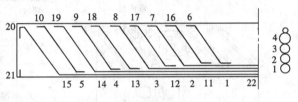

图 6-20　钢筋骨架焊接顺序

各条焊缝也不能一次焊好，而要错开施焊。当多层钢筋直径不同时，可先焊两直径相同的，再焊直径不同的。

在电焊 T 形梁骨架时，还应考虑焊接变形和梁的预拱度对骨架尺寸的影响，在电焊工作台上预留拱度，其值可参考表 6-5 的规定。

焊接骨架预留拱度值　　　　　　　　　　　　　　　表 6-5

T形梁跨径（m）	10	16	20
工作台上预拱度（cm）	3~5	4~5	5~7

（三）钢筋弯制成形

钢筋应按设计尺寸和形状用冷弯的方法弯制成型。当弯制的钢筋较少时，可用人工弯筋器在成型台上弯制。人工弯筋器由板子与度盘组成，如图 6-21 所示。底盘固定于成型台两端，其上安有粗圆钢制成的板柱，板柱间净距（图 6-21）应较弯曲的最大直径大 2mm。当弯制较细钢筋时，应加以适当厚度的钢套，以防弯制时钢筋滑动。板子的板口应较钢筋大 2mm。弯制直径 12~16mm 的钢筋，使用图 6-21（a）所示的深口横口板子，可一次弯制 2~3 根钢筋。

弯制大量钢筋时，宜采用电动弯筋机，图 6-22 为目前采用的电动弯筋机，能弯制直径 6~40mm 的钢筋，并可弯成各种角度。

弯制各种钢筋的第一根时，应反复修正，使其与设计尺寸和形状相符，并以此样件作标准，用以检查以后弯起的钢筋。对成型后的钢筋，其偏差不大于表 6-6 的规定。钢筋弯曲成型后，表面不得有裂纹、鳞落或断裂等现象。

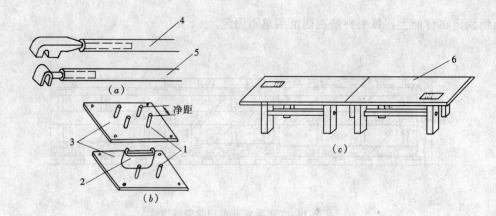

图 6-21 人工弯筋设备及成型台
1—板柱；2—钢套；3—底盘；4—横口板子；5—深口横口板子；6—成型台

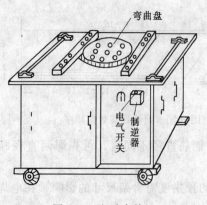

图 6-22 电动弯筋机

加工钢筋的允许偏差（mm） 表 6-6

项次	偏差名称	允许偏差
1	受力钢筋顺长度方向加工后的全长	+5 -10
2	弯起钢筋各部分尺寸	±20
3	箍筋螺旋各部分尺寸	±5

三、钢筋的安装

在模板内安装钢筋之前，必须详细检查模板各部分的尺寸，检查模板有无歪斜、裂缝及变形等现象。所有变形尺寸不符之处和各板之间的松动都应在安装钢筋之前予以处理好。

焊接成型的钢筋骨架，安装用一般起重设备吊入模板内即可。

对于绑扎钢筋的安装，应拟定安装顺序。一般的梁肋钢筋，先放箍筋，再安下排主筋，后装上排钢筋。在钢筋安装工作中为了保证达到设计及构造要求，应注意下列几点：

(1) 钢筋的接头应按规定要求错开布置；

(2) 钢筋的交叉点，应用钢丝绑扎结实，必要时可用点焊焊牢；

(3) 除设计有特殊要求外，梁中箍筋应于主筋垂直，箍筋弯钩的叠合处，在梁中应沿梁长方向置于上面并交错布置，在柱中应沿柱高方向交错布置；

(4) 为保证混凝土保护层厚度，应在钢筋与混凝土间错开（0.7~1.0m）设水泥浆垫块，不应贯通截面全长；

(5) 为保证与固定钢筋间的横向净距，两排钢筋间可用混凝土分隔块或用短钢筋扎结固定。

钢筋安装顺序可根据钢筋混凝土构件的形状、钢筋配置情况、混凝土浇筑的先后而定，一般可依下列次序进行：

(一) 基础钢筋的安装

先在模板侧壁上以粉笔标明主筋位置，然后将主筋置于基坑底上，其次把分布钢筋每隔3~4根安置1根，并用铁丝把分布钢筋与主筋紧密绑扎以固定主筋位置，再安置其余的分布钢筋，最后进行全部绑扎工作。如有伸入躯体的直立钢筋应予绑扎固定。

（二）墩台钢筋的安装

宜预先制成钢筋骨架，然后整个安装。对于大型桥墩，桥台有时采用边安装钢筋边浇筑混凝土的方法。

（三）上部构造钢筋的安装

应由下而上进行安装，其顺序是：主梁、横梁、副纵梁和桥面板。

梁上的上部钢筋和侧壁的钢筋，可按图6-23所示的方法固定。

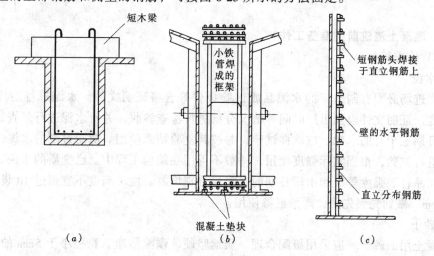

图 6-23 钢筋安置法

（a）把钢筋吊在短木梁上；（b）用框梁安置上部钢筋；（c）在分布钢筋上附加短钢筋头安置肋壁水平钢筋

桥面板钢筋的安装，其步骤与基础钢筋相同。

（四）桩、立柱和装配式钢筋混凝土构件的钢筋安装

通常都是先做好钢筋骨架，然后安装于模板内，同时应用混凝土垫块支承。以保证保护层的厚度。

为了加速钢筋安装工作和保证安装质量，可根据结构形状、起重和运输条件，尽可能预先制成立体骨架式平面网，再放入模板内进行绑扎或焊接。制成的骨架应注意有足够的刚性和不变形性，以便运输和吊装，在钢筋的交叉点最好采用焊接。

安装钢筋时，其位置偏差不应大于表6-7的规定。

钢筋位置允许偏差 表6-7

项次	项 目		允许偏差（mm）
1	两排以上受力钢筋的钢筋排距		±5
2	同一排受力钢筋的钢筋间距	梁、板、拱肋	±10
		基础、墩、台、柱	±20
3	钢筋弯起点位置、箍筋、横向钢筋间距		±20
4	焊接预埋件	中心线位置	5
		水平高差	+3
5	保护层厚度	墩、台、基础	±10
		柱、梁、拱肋	±5
		板	±3

第三节 混凝土工程

混凝土是指用水泥浆、沥青或合成树脂等作胶凝材料固结而成的材料总称。而平常所说的混凝土主要指用水泥浆作为胶凝材料而形成的，其材料用水泥、砂、石料、水和外加剂经合理混合硬化而成。

混凝土工作包括拌制、运输、灌注、振捣、养护与拆模等工序。混凝土工程质量的好坏，直接影响结构的承载能力、耐久性与整体性。因此施工中必须保证每一个工序的施工质量。

一、混凝土浇筑前的准备工作

(一) 检查原材料

1. 水泥

水泥进场必须有制造厂的水泥品质试验报告等合格证明文件。水泥进场后应按其品种、强度、证明文件以及出厂时间等情况分批进行检查验收，并对水泥进行复查试验。超过出厂日期三个月的水泥，应取样试验，并按其复验结果使用。对受过潮的水泥，硬块应筛除并进行试验，根据实际强度使用，一般不得用在结构工程中。已变质的水泥，不得使用。不同品种、强度等级和出厂日期的水泥应分别堆放。堆垛高度不宜超过10袋，离地、离墙30cm。做到先到先用，严禁混掺使用。

2. 砂子

混凝土用的砂子，应采用级配合理、质地坚硬、颗粒洁净、粒径小于5mm的天然砂，砂中有害杂质含量不得超过规范规定（一般以江砂或山砂为好）。

3. 石子

混凝土用的石子，有碎石和卵石两种，要求质地坚硬、有足够强度、表面洁净，针状、片状颗粒以及泥土、杂物等含量不得超过规范规定。粗骨料的最大粒径不得超过结构最小边尺寸的1/4和最小钢筋净距的3/4；在两层或多层密布钢筋结构中，不得超过钢筋最小净距的1/2；同时最大粒径不得超过100mm。

4. 水

水中不得含有妨碍水泥正常硬化的有害杂质，不得含有油脂、糖类和游离酸等。pH值小于5的酸性水及含硫酸盐量按SO_4^{2-}计，超过$0.27kg/cm^3$的水不得使用，海水不得用于钢筋混凝土和预应力混凝土结构中。饮用水均可拌制混凝土。

(二) 检查混凝土配合比

混凝土配合比设计必须满足强度、和易性、耐久性和经济的要求。根据设计的配合比及施工所采用的原材料，在与施工条件相同的情况下，拌合少量混凝土做试块试验，验证混凝土的强度及和易性。

上面所述的配合比均为理论配合比，其中砂、石均为干料，但在施工现场所用的材料均包含一定量的水。因此，在混凝土搅拌前，均需测定砂石的含水率，调整施工配合比。

(三) 检查模板与支架

检查模板的尺寸和形状是否正确，接缝是否紧密，支架接头、螺栓、拉杆、撑木等是否牢固，卸落设备是否符合要求；清除模板内的灰屑，并用水冲洗干净，模板内侧需涂刷隔离剂,以利脱模,若是木模还应洒水润湿。

(四) 检查钢筋

检查钢筋的数量、尺寸、间距及保护层厚度是否符合设计要求;钢筋骨架绑扎是否牢固;预埋件和预留孔是否齐全,位置是否正确。

二、混凝土拌合

(一) 人工拌合

人工拌合混凝土是在铁板或在不渗水的拌合板上进行。拌合时先将两次拌合所需的砂料堆正中耙成浅沟,然后将水泥倒入沟中,干拌至颜色一致,再将石子倒入里面加水拌合,反复湿拌若干次到全部颜色一致,石子和水泥砂浆无分离和无不均匀现象为止。

(二) 机械拌合

机械拌合混凝土是在搅拌机内进行。混凝土拌合前,应先测定砂石料的含水率,调整配合比,计算配料单,水泥以包为单位。

假设实验室配合比为水泥:砂:石子 $= 1:x:y$

水灰比:$\dfrac{W}{C}$

现场测得砂含水率 W_x、石子含水率 W_y

则施工配合比为:水泥:砂:石子 $= 1:x(1+W_x):y(1+W_y)$

水灰比 $\dfrac{W}{C}$ 不变(但用水量要减去砂石中的含水量)

【例 6-3】 混凝土实验室配合比为 $1:2.28:4.47$,水灰比 $\dfrac{W}{C} = 0.63$,每立方米混凝土水泥用量 $C = 285\text{kg}$,现场实测含水率 3%,石子含水率 1%,求施工配合比及每立方米混凝土各种材料用量。

【解】 施工配合比 $1:x(1+W_x):y(1+W_y) = 1:2.28(1+0.03):4.47(1+0.01)$
$= 1:2.35:4.51$

按施工配合比每立方米混凝土各组成材料用量:

水泥　　$C' = C = 285\text{kg}$

砂　　　$G'_砂 = 285 \times 2.35 = 669.75\text{kg}$

石　　　$G'_石 = 285 \times 4.51 = 1285.35\text{kg}$

用水量　$W' = W - G_砂 \cdot W_x - G_石 \cdot W_y$

$\qquad = 0.63 \times 285 - 2.28 \times 285 \times 3\% - 4.47 \times 285 \times 1\%$

$\qquad = 179.55 - 19.49 - 12.74 = 147.32\text{kg}$

混凝土混合料中的砂、石必须过磅,配料数量的允许偏差(以质量计)见表 6-8。

配料数量允许偏差　　　　　　表 6-8

材料类别	允许偏差(%)	
	现场拌制	预制场或集中搅拌站拌制
水泥、混合材料	±2	±1
粗、细骨料	±3	±2
水、外加剂	±2	±1

混凝土拌合时,应先向鼓筒内注入用水量的 2/3,然后按先石子,次水泥,后砂子的

上料顺序全部混合料倒入鼓筒,随着将余下的1/3水量注入。投入搅拌机的第一盘混凝土材料应适量增加水泥、砂和水或减少石子,以覆盖搅拌筒的内壁而不降低拌和物所需的含浆量。拌和时间一般为3min左右,以石子表面包满砂浆,混凝土颜色均匀为标准,不得有离析和泌水现象。

在整个施工过程中,应注意搅拌机的搅拌速度与混凝土浇筑速度的密切配合,注意随时检查与校正混凝土的坍落度,严格控制水灰比,不得任意变更配合比。

三、混凝土运输

（一）基本要求

（1）混凝土运输路线应尽量缩短,尽可能减少转运次数。道路应平坦,以保证车辆行驰平稳。

（2）混凝土运输过程中不应发生离析、泌水和水泥浆流失现象,坍落度前后相差不得超过30%,如有离析现象,必须在浇筑前进行两次搅拌。二次搅拌时不得任意加水,可同时加水和水泥以保持原水灰比不变。如二次搅拌仍不符合要求,则不得使用。

（3）运输盛器应严密坚实,要求不漏浆、不吸水,并便于装卸拌和料。

（4）混凝土从拌和机内卸出,经运输、浇筑直至振捣完毕所需的运输时间不宜超过表6-9中的规定。

混凝土拌合物运输时间限制（min）　　　　　　　　　　表6-9

气温（℃）	无搅拌设施运输	有搅拌设施运输
20~30	30	60
10~19	45	75
5~9	60	90

（二）运输工具

一般采用独轮手推车、双轮手推车、窄轨倾斗车、自动倾卸卡车、井字架起吊设备、悬臂起重机、缆索起重机、搅拌运输车和混凝土泵车（扬程高度100m、输送水平距离1000m）等。

四、混凝土的浇筑

浇筑前仔细检查模板和钢筋的尺寸,预埋件的位置是否正确,并检查模板的清洁、润滑和紧密程度。

（一）允许间隙时间

混凝土浇筑应依照次序,逐层连续浇完,不得任意中断,并应在前层混凝土开始初凝前即将次层混凝土拌合物浇捣完毕。其允许间隙时间以混凝土还未初凝或振捣器尚能顺利插入为准。

（二）工作缝的处理

当间歇时间超过表6-10所规定的数值时,应按工作缝处理,其方法如下:

浇筑混凝土允许间歇时间　　　　　　　　　　表6-10

混凝土入模温度（℃）		20~30	10~19	5~9
允许间歇时间（h）	普通水泥	1.5	2.0	2.5
	矿渣、火山灰质水泥	2.0	2.5	3.0

（1）需待下层混凝土强度达到1.2MPa(钢筋混凝土为2.5MPa)后方可浇筑上层混凝土。

（2）在浇筑混凝土前应凿除施工缝处下层混凝土表面的水泥砂浆和松弱层，使坚实混凝土层外露并凿成毛面。

（3）旧混凝土经清理干净后，用水清洗干净并排除积水。垂直接缝应刷一层净水泥浆；水平接缝应铺一层厚为1~2cm的1:2水泥砂浆。斜缝可把斜面凿毛呈台阶状，按前处理。

（4）无筋构件的工作缝应加锚固钢筋或石榫。

（5）对施工接缝处的混凝土，振捣器应离先浇混凝土5~10cm，应仔细地加强振捣，使新旧混凝土紧密结合。

施工缝的位置宜留置在结构受剪力和弯矩较小且便于施工的部位。

（三）混凝土浇筑时的分层厚度

每层混凝土的浇筑厚度，应根据拌合能力、运输距离、浇筑速度、气温及振捣器工作能力来决定，一般为15~25cm。

（四）混凝土的自由倾落高度

为保证混凝土在垂直浇筑过程中不发生离析现象，应遵守下列规定：

（1）浇筑无筋或少筋混凝土时，混凝土拌和物的自由倾落高度不宜超过2m。当倾落高度超过2m时，应用滑槽或串筒输送；当倾落高度超过10m时，串筒内应附设减速设备。

（2）浇筑钢筋较密的混凝土时，自由倾落高度最好不超过30cm。

（3）在溜槽串筒的出料口下面，混凝土堆积高度不宜超过1m。

（五）混凝土浇筑的最小进度

分层浇筑混凝土时，为了保证其整体性，后浇层应在先浇层开始初硬之前浇筑完毕。根据这一条件，混凝土浇筑的最小进度为：

$$h = \frac{H}{t} \tag{6-1}$$

每小时混凝土的最小浇筑量为：

$$V = hA \tag{6-2}$$

式中 h——混凝土浇筑的最小进度（m/h）；

H——混凝土浇筑层的厚度（m）；

t——混凝土开始初硬之前的时间（h）；

V——混凝土的最小浇筑量（m³/h）；

A——浇筑层的面积（m²）。

（六）斜层浇筑混凝土的方法

对于大型构造物，每小时的混凝土浇筑量相当大，使混凝土的生产能力很难适应，采用斜层浇筑混凝土的方法，可以减少浇筑层的面积，从而减少每小时的混凝土浇筑量。如一块板的长度为l，高度为h，则斜层长度$l' = h/\sin\alpha$（图6-24）。

（七）分成几个单元浇筑混凝土的方法

对于大型构造物如桥梁墩台，当其截面积超过100~150m²时，为减少混凝土每小时的需要量，可把整体混凝土分成几个单元来浇筑。每个单元面积最好不小于50m²，其高度不超过2m，上下两个单元间的垂直缝应彼此相间、互相错开约1~1.5m。

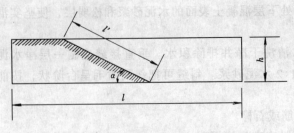

图 6-24 斜层浇筑大面积的混凝土板

单元相互间应很好结合，以求得整体性，结合处应按工作缝予以处理。

把厚大的混凝土体分成单元，还可防止墩台表面发生裂缝。当混凝土体硬化时，由于水泥放出大量热量，促使它内部温度显著增高，此时，与空气接触的外层混凝土则较快地冷却下来。因而混凝土外层体积的缩小，比其内部体积的缩小要快，于是产生相当大的拉应力而使混凝土表面发生裂缝。此外，混凝土的收缩亦促成裂缝的发生。当分单元浇筑混凝土墩台时，因每个单元与相邻单元接合前已经历了一定时间，收缩的影响显著减少，大体积混凝土的浇筑应在一天中气温较低时进行。很少再会出现表面裂缝。

（八）片石混凝土的浇筑（混凝土墩台及基础）

为了节约水泥，可在混凝土中加片石，但加入的数量不宜超过混凝土结构体积的25%。片石在混凝土中应均匀分布，两石块间的净距不小于10cm，石块距模板的净距不小于15cm。石块的最小尺寸为15cm，石块不得接触钢筋和预埋件。石块的抗压强度不应低于30MPa。

（九）上部构造混凝土的浇筑

1. 简支梁混凝土的浇筑

浇筑上部构造混凝土可以采用水平分层浇筑法或斜层浇筑法。

整体式简支板梁混凝土的浇筑，宜不间断地一次浇筑完毕。务使整个上部构造浇筑完毕时，其最初浇筑的混凝土强度还不大，并仍有随同支架的沉陷而变形的可塑性。一般采用斜层浇筑法，从两端同时开始，向跨中将梁和行车道板一次浇筑完毕。

简支梁式上部构造混凝土的浇筑也可用水平层浇筑法，在所有钢筋绑扎安装之后，把上部构造分层一次浇筑完毕，浇筑时通过上部钢筋间的缝隙，从上面把混凝土浇入模板内并进行捣实。

2. 悬臂梁、连续梁混凝土的浇筑

混凝土浇筑顺序从跨中向两端墩台进行，在桥墩处（刚性支点）设接缝，待支架稳定后，浇接缝混凝土。

跨径较大的，并且在满布式支架上浇筑简支梁式上部构造，以及在基底刚性不同的支架上浇筑悬臂梁式和连续梁式上部构造，其浇筑方法要选用适当，应不使浇筑的混凝土因支架沉陷不均匀，而发生裂缝。因此，必须按下列方法之一进行浇筑。

（1）尽可能加速混凝土的浇筑速度，务使全梁的混凝土浇筑完毕时，其最初浇筑的混凝土的强度还不大，仍有随同支架的沉陷而变形的可塑性。

（2）浇筑前预先在支架上加以相当于全部混凝土重量的砂袋等，使其充分变形，浇筑时将预加的荷重逐渐撤去。

（3）将梁分成数段，按照适当的顺序分段浇筑。

（十）混凝土中外加剂的掺加

根据混凝土的特殊要求，可在浇筑过程中掺入外加剂。外加剂可采用以下几类：

(1) 普通减水剂 以木质磺酸盐或腐殖酸盐等为主要成分，可改善混凝土的和易性，节约水泥，适用于普通混凝土、大流动性混凝土、泵送混凝土和防水混凝土。

(2) 高效能减水剂 以萘磺酸甲醛合物、β-萘磺酸盐或芳香族树脂等为主要成分，可显著改善混凝土的和易性，节约水泥，适用于高强度混凝土、大流动性混凝土、泵送混凝土和预应力混凝土。

(3) 早强减水剂 以木钙和硫酸钠、萘磺酸盐和硫酸钠等为主要成分，适用于有减水和早强要求的混凝土。

(4) 缓凝减水剂 以糖蜜、蔗糖化钙或木钙衍生物为主要成分，适用于大体积混凝土、水下混凝土和泵送混凝土。

(5) 引气减水剂 以松香热聚物、松脂皂等为主要成分，适用于防冻、抗渗混凝土。

(6) 抗冻剂 以明矾石、石膏等为主要成分，适用于有抗冻要求的混凝土。

(7) 膨胀剂 以明矾石、石膏等为主要成分，适用于地下防水混凝土、混凝土构件接头。

(8) 早强剂 有早强要求的混凝土可采用氯化钙（适用于无筋混凝土）、三乙醇胺等早强剂。

(9) 阻锈剂 有阻锈要求钢筋混凝土可采用亚硝酸钠等阻锈剂。

(10) 防水剂 氯化铁、硅酸钠、引气剂、三乙醇胺等外加剂可用于有防水、抗冻要求的混凝土。

在混凝土中掺外加剂时，应符合下列要求：

(1) 如果使用一种以上的外加剂时，必须经过配合比设计，并按要求加入到混凝土拌合物中。

(2) 在钢筋混凝土中不得掺用氯化钠、氯化钙等氯盐。

(3) 无筋混凝土的氯化钠或氯化钙掺量，以干物质计不得超过水泥用量的3%。

(4) 掺入加气剂的混凝土的含气量宜为3.5%~5.5%。

(5) 混凝土的总碱含量不宜大于$3kg/m^3$。

（十一）混凝土的振捣

为了使混凝土具有所需要的密实度，从而提高混凝土的强度与耐久性，应采用振捣器进行捣实，仅在缺乏或不能采用振捣器时，方可采用人工捣固。

1. 人工振捣

采用人工振捣的混凝土，适用于坍落度大、混凝土数量少或布筋较密的场合，且应按规定分层浇筑。为使混凝土密实，且表面平整、无蜂窝麻面等现象，每层须以捣钎捣实，并须沿模板边缘捣边，捣边时要用手锤或木锤轻敲模板外侧，使之抖动。振捣时应注意均匀，大力振捣不如用小力而加快振捣更有效。

2. 机械振捣

(1) 插入式振捣 用插入式振捣器插入混凝土内部振捣，适用于非薄壁构件的振捣，如实心板、墩台基础和墩台身，捣实效果比较好。振动捧插入混凝土时要垂直，不可触及模板和钢筋。振捣时快插慢拔、插点要均匀，可按行列式或交错式进行，两点间距离以1.5倍作用半径为宜，如图6-25所示。作用半径一般为40~50cm。振捣上一层的混凝土时振捣器应略插入下层混凝土5~10cm以消除两层之间的接触面。与侧模应保持5~10cm的距离，以避免振动棒碰撞模板。

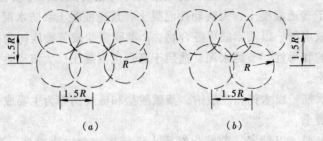

图 6-25　插入式振捣器移位示意

振捣时间以混凝土不再下沉、气泡不再发生、水泥砂浆开始上浮、表面平整为止。插入式振捣器约为 15~30s。

延长振捣时间，并不能提高混凝土的质量；相反，过久地振捣，可能使混凝土产生离析，使混凝土发生石子下沉，灰浆上升，过多地振捣所造成的危害比振捣不足更大，尤其对塑性的、稠度较稀的混凝土更为显著。

(2) 平板式振捣　系用平板式振捣器放在混凝土浇筑层的表面振捣，适用于混凝土面积较大的振捣，如实心板、空心板的底板和顶板、桥面和基础等。平板式振捣器移位间距，应以使振捣器平板能覆盖已振实部分 10cm 左右，振捣时间约为 20~40s。

(3) 附着式振捣　系用附着式振捣器安装在模板外部振捣，适用于薄壁构件的振捣，如 T 形梁等。振捣器的布置与构件厚度有关，当厚度小于 15cm 时，可两面交错布置；当厚度大于 15cm 时，应两面对称布置。振捣器布置的间距不应大于它的作用半径。附着式振捣器振捣时间约为 40~60s。这种方法因系借助振动模板以捣实混凝土，效果并不理想，且对模板要求很高，故一般只有在钢筋过密而无法采用插入式振捣器时方可采用。

五、混凝土的养护

混凝土中水泥的水化作用过程，就是混凝土凝固、硬化和强度发育过程，为了保证已浇筑的混凝土有适当的硬化条件，并防止天气干燥使混凝土表面产生收缩裂缝，应对新浇筑的混凝土加以润湿养护。

(一) 在自然温度条件下（高于 +5℃），对塑性混凝土应在浇筑后 12h 以内，对干硬性混凝土应在浇筑后 1~2h 内，用湿草袋覆盖和洒水养护保持混凝土表面处于湿润状态。

(二) 混凝土的浇水养护日期，随环境气温而异，在常温下，用普通水泥拌制时，不得少于 7 昼夜；用矾土水泥拌制时，不得少于 3 昼夜；用矿渣水泥、火山灰质水泥或在施工中掺用塑化剂时，不得少于 14 昼夜。干燥炎热天气应适当延长，气温低于 5℃ 时，不得浇水，但须加以覆盖。

六、模板与支架的拆除程序、方法和期限

模板拆除应遵循先支后拆、先拆非承重、后拆承重的顺序，自上而下进行。

非承重侧模板应在混凝土强度保证其表面及棱角不致因拆模而受损坏方可拆除，一般在抗压强度达到 2.5MPa。

芯模和预留孔道的内模，应在混凝土强度能保证其表面不发生塌陷和裂缝现象时方可抽除。

预应力混凝土结构的承重底模，应在施加预应力后拆除。

拆除立杆（拉杆）时，要特别注意防止失稳，一般最后一道水平横撑杆要与立杆（拉杆）同时拆下。卸落支架时要设专人用仪器观测梁、拱的变形情况并做详细记录。

现浇钢筋混凝土桥落架工作，应从挠度最大处的支架上的落架设备开始向两支点进行。卸落量是开始宜小以后逐渐增大，并要纵向对称、横向一致同时卸落。简支梁、连续梁宜从跨中向支座依次循环卸落；悬臂梁应先卸挂梁及悬臂的支架，再卸无铰跨内的支架。

在拆除模板及其支架以前，应将混凝土立方体进行试压，以确定所达到的强度。混凝土立方体应取自浇筑承重结构的混凝土中，并且应与承重结构处于相同的条件下进行养护。

模板及其支架的拆除期限与混凝土硬化的速度、气温及结构性质等有关。拆除模板及其支架的最短期限可参阅表 6-11。

拆除模板及其支架的最短期限（昼夜） 表 6-11

混凝土强度达到设计强度的百分数	拆 除 项 目	昼夜平均温度（℃）			
		20～30	15～20	10～15	5～10
25%	横梁、柱的侧面模板，以及不承受混凝土重量的模板	2	3	4	5
50%	跨径小于3m的板的底面模板，墩台直立横板，主梁侧面模板	6	7	8	10
75%	跨径大于3m的板的底面模板，跨径小于12m的主梁的底面模板及其支架	12	14	18	24
100%	跨径不小于12m的主梁底面模板及其支架，拱桥模板，拱架及其支架	21	25	28	35

模板拆除时，应尽量避免对混凝土的震动，已拆除模板的结构，应在混凝土达到设计强度的100%，才允许承受全部计算荷载。

七、混凝土质量的控制与检查

混凝土浇筑自始至终都要严格控制与检查其质量，首先要注意材料的现状，运到时间及堆放情况，具体应注意下列各点：

（1）砂石材料有显著变化时，应进行级配调整。

（2）每日开工前，应检查一次砂石含水量，雨天或天气干燥等情况则应随时检查并根据砂石实际含水率，调整施工配合比。

（3）检查所用水泥质量是否合乎要求。

（4）检查拌合地点和浇筑地点混凝土的坍落度，每班至少两次。

（5）混凝土的拌合、运输、浇筑和养护方法是否正确。

（6）制作混凝土试件。

1）不同标号及不同配合比的混凝土应分别制取试件，试件宜在拌合地或浇筑地随机制取。

2）浇筑墩台时，每一单元结构物应制试件2组。

3）浇筑大体积混凝土时，每 80～200m^3 或每班应制试件2组。

4）每片梁长 16m 以下应制试件1组，16～30m 应制试件2组，31～50m 应制试件3组，50m 以上不少于5组。

5）就地浇筑的小桥涵，每一座或每班应制试件2组。如配合比相同，可几座合并制试件2组。

八、混凝土的冬季、夏季和雨期施工

（一）混凝土的冬季施工

混凝土的强度发育，与周围的温度有关，当温度低于15℃时，它的硬化速度减慢，当温度至0℃以下时，硬化基本停止，虽然在温度回升后，仍能重新进行硬化，但最终强度却被削弱了。所以在冬季条件下进行混凝土施工，要求混凝土强度未达到设计强度的40%～50%时不得受冻，需要采取保温措施。

经验证明，当混凝土强度达到设计强度的70%时，再受冻就没有影响了，当天气转暖后，混凝土仍可发展到正常的强度。当室外气温降到等于或低于-3℃及室外昼夜平均气温低于+5℃时，应按冬季施工法浇筑混凝土。

1．一般措施

减少用水量和增加混凝土拌合时间。改进运输工具，在其周围设置保温装置，减少热量损失。

2．原材料加热

一般情况是将水加热，在严寒情况下，也可将骨料加热。拌合时先将水和砂石材料拌合一定时间，再加入水泥一起拌合，避免水泥和热水接触，产生"假凝现象"，拌和时间应延长50%。

为防止拌合时水泥产生"假凝现象"，原材料加热的温度还应限制，其极限温度不应超过表6-12的规定。

冬季施工拌和水及骨料加热最高允许温度　　　表6-12

项　　目	骨料（℃）	拌和水（℃）
强度等级小于52.5的普通硅酸盐水泥、矿渣硅酸盐水泥	60	80
强度等级不小于52.5的普通硅酸盐水泥、矿渣硅酸盐水泥	40	60

3．掺早强剂

在混凝土中掺入一定数量的早强剂，既可加快提高混凝土的早期强度，又可降低混凝土中水的冰点，从而防止混凝土的早期冻结。

对无筋或少筋的混凝土结构可加入2%的氯化钙，对钢筋混凝土结构可加入亚硝酸钠复合剂0～1.0%。

4．提高养护温度

（1）蓄热法（暖瓶法）

在混凝土表面上覆盖稻草、锯末等保温材料，延迟混凝土热量的散失。此法宜用于不甚寒冷的气候，成本最低，使用简便。

（2）暖棚法

把结构物用棚子盖起来，在棚内生火炉，使温度保持在10℃左右。暖棚内应保持一定的湿度，湿度不足时，应向混凝土面及模板上洒水。

（3）电热法

在混凝土内埋入钢筋或铅丝，然后通电，使电能变为热能。在养护中控制温度并观测混凝土表面的湿度，出现干燥现象时应停电，并用温水润湿表面。

（4）蒸汽加热法

把构件放在密闭的养护室内，通以湿热蒸汽加以养护。蒸汽养生以混凝土浇筑后2h开始加温，升温速度不得超过15℃/h，养护时间为8~12h，最高温度不宜超过80℃，降温速度不得超过10℃/h。

（二）混凝土夏季施工

混凝土热期施工是指浇筑混凝土时的气温高于32℃。

1．控制原材料温度

降低水温能有效地降低混凝土的温度。试验证明，若水温降低2℃，则能使混凝土降低0.5℃，拌制混凝土用水可采用地下水，水泥、砂、石料应遮荫防晒，以降低骨料温度。

2．掺减水剂

掺加减水剂以减少水泥用量和提高混凝土的早期强度。减水剂的用量为水泥用量的3%。

3．控制操作时间

施工宜在凌晨或夜间进行，运输时尽量缩短时间，运输距离力求最短，减少拌和时间。

4．注意养护

混凝土浇筑完毕后，及时进行表面泌水，并覆盖塑料膜、湿草袋或湿麻袋，采取遮光和挡风措施，洒水养护保持湿润最少7d。

（三）混凝土雨期施工

混凝土雨期施工是指在降雨量集中的季节且易对混凝土的质量造成影响时进行的施工。

（1）避开大风大雨天浇筑混凝土。

（2）雨季施工的工作面不宜过大，应逐段、逐片分期施工。

（3）基础施工防止雨水浸泡基坑，基坑设挡水梗，基坑内设集水井，用水泵将水排出坑外。

（4）减少混凝土用水量。

（5）在浇筑点加盖雨棚防水。

（6）混凝土浇筑完毕后，及时覆盖塑料布。

（7）雷区应设置防雷措施，高耸结构应有防雷设施。露天使用的电器设备要有可靠的防漏电措施。

第四节　装配式构件的起吊、运输与安装

一、构件的起吊

构件的起吊，是把构件从预制的底座上移出来。当混凝土强度达到设计强度的70%，即可进行起吊工作。构件的吊环应顺直，吊绳与起吊构件的交角小于60°时，应设置吊架或扁担，尽可能使吊环垂直受力；吊移板式构件时，不得吊错上、下面，以免构件折断。

（一）吊点位置的选择

钢筋混凝土构件制作时，一般都在设计图纸上规定好吊点位置，预留吊孔或预埋吊环。当设计无规定时，应根据构件配筋情况、外形特征等慎重确定。

1. 细长构件

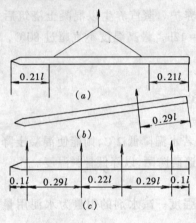

图 6-26 桩的吊点

钢筋混凝土方桩等细长构件中所放的钢筋，一般钢筋对称放于四周，选择吊点时，当正、负弯矩相等时，桩所受弯矩最小。否则吊点选择不当会使方桩产生裂缝以至断裂。根据桩长的不同，一般会有三种情况：

(1) 桩长在 10m 以下时，用单点吊（图 6-26b）；

(2) 桩长在 11～16m 时，用双点吊或单点吊（图 6-26a、b）；

(3) 桩长在 17m 以上时，用双点吊或四点吊（图 6-26a、c）。

2. 一般构件

如钢筋混凝土简支梁、板等，多采用两点吊。但因钢筋配置并非同方桩一样上下对称，而是上边缘稀少，下边缘密集，所以吊点位置一般均在距支点不远处，以减少起吊时构件吊点处的负弯矩。

3. 厚大构件

尤其是平面尺寸较大的板块（如涵洞盖板），为增大吊运过程中的稳定性，防止翻身，常采用四点吊，吊点沿对角线设于交点处，如图 6-27 所示。

（二）构件绑扎

为了节约钢材及起吊方便，构件预制时常在吊点处预留吊孔以代替预埋吊环。构件起吊时，必须用千斤绳来绑扎，此时应注意：

(1) 绑扎方式应符合绑扎迅速、起吊安全、脱钩方便的要求；

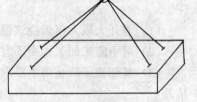

图 6-27 木块板件的吊点

(2) 绑扎处必须位于构件重心之上，防止头重脚轻；

(3) 千斤绳与构件棱角接触处，须用橡胶、麻袋或木块隔开，以防止构件棱角损伤和减少千斤绳的磨损。

（三）起吊方法

1. 三角扒杆偏吊法

将手拉葫芦斜挂在三脚扒杆上，偏吊一次，移动一次三脚扒杆，把构件逐步移出后搁在滚移设备上，便可将构件拖移至安装处。图 6-28 为预制梁起吊横移情形。

三脚扒杆偏吊法，设备简单，取材容易，操作方便，对于重量不大的构件如小跨径的 T 形梁，用这种方法起吊较为适宜。

2. 横向滚移法

把构件从预制底座上抬高后，在构件底面两端装置横向滚移设备，用手拉葫芦牵引，把构件移出底座，如图 6-29 所示。

在装置横向滚移设备时，从底座上抬高构件的办法有吊高法和顶高法。吊高法是用小型门架配神仙葫芦把构件从底座吊起（图 6-30），顶高法是用特别的凹形托架配千斤顶把构件从底座顶起。

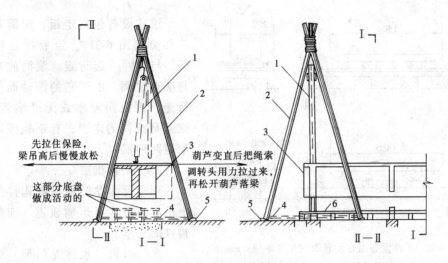

图 6-28 三脚扒杆偏吊示意
1—手拉葫芦；2—三脚扒杆；3—预制梁；4—绊脚绳；5—木楔；6—底座

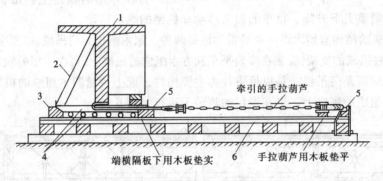

图 6-29 T形梁横向滚移法
1—预制梁；2—临时支撑；3—保险三角木；4—走板和滚筒；5—千斤索；6—滚道

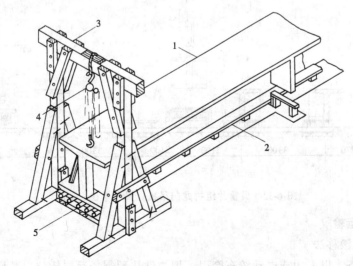

图 6-30 小型门架吊梁
1—预制梁；2—预制梁底座；3—小型门架；4—手拉葫芦；5—滚移设备

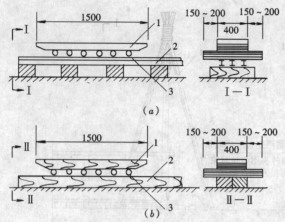

滚移设备包括走板、滚筒和滚道三部分（图 6-31）。走板托在构件底面，与构件一起行走。滚筒放在走板与滚道之间，由于它的滚动而使构件行走。滚筒用硬木或无缝钢管制成。滚道是滚筒的走道，有钢轨滚道和木滚道两种。

3. 龙门吊机法

用专设的龙门吊机把构件从底座上吊起，横移至运输轨道，卸落在运构件的平车上。

龙门吊机（也称龙门架）是由底座、机架和起重行车三部分组成，运行在专用的轨道上。吊机的运动方向有三个，即荷重上下升降、行车的横向移动和机架的纵向运动。

图 6-31 滚移设备组合示意图（尺寸单位：mm）
(a) 钢轨滚道组合；(b) 木滚道组合
1—走板；2—滚道；3—滚筒

龙门吊机的结构有钢木组拼和贝雷片组拼两种。钢木组拼龙门吊机，以工字梁为行车梁，以圆木为支柱组成的支架，安装在窄轨平车和方木组成的底座上，可在专用的轨道上运行。

贝雷片组拼龙门吊机，是以贝雷片为主要构件，配上少量圆木组成的机架，安装在由平车和方木组成的底座上，也在专用的轨道上运行（图 6-32）。

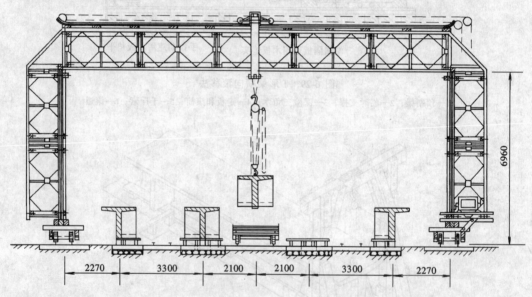

图 6-32 贝雷片组拼龙门吊机（尺寸单位：mm）

二、构件运输

（一）纵向滚移法

用滚移设备，以人力或电动绞车牵引，把构件从预制场运往桥位。其设备和操作方法同横向滚移基本相同，不过走板的宽度要适当加宽，以便在走板上装置斜撑，使 T 形梁具

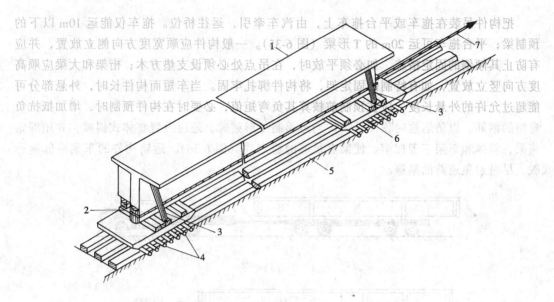

图 6-33 纵向滚移法运梁布置
1—预制梁；2—保护混凝土的垫木；3—临时支撑；4—后走板及滚筒；5—方木滚道；
6—前走板及滚筒；7—牵引钢丝绳

有足够的稳定性（图 6-33）。

（二）轨道平车运输

把构件吊装在轨道平车上，用电动绞车牵引，运往桥位。轨道平车设有转盘装置，以便装上构件后能在曲线轨道上运行，同时装设制动设备，以便在运行过程中发生情况时刹车。运构件时，牵引的钢丝绳必须挂在后面一辆平车上，或从整根构件的下部缠绕一周后再引向导向轮至绞车。对 T 形梁应加设斜撑（图 6-34）。

（三）汽车运输

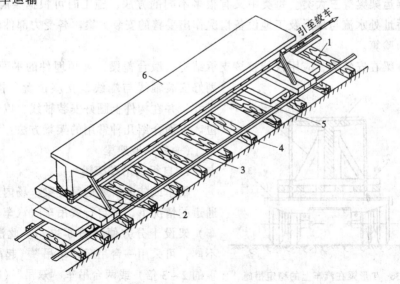

图 6-34 轨道平车运梁布置
1—平车；2—边梁临时斜撑；3—钢轨；4—枕木；5—钢丝绳；6—T 形梁

把构件吊装在拖车或平台拖车上,由汽车牵引,运往桥位。拖车仅能运10m以下的预制梁;平台拖车可运20m的T形梁(图6-35)。一般构件应顺宽度方向侧立放置,并应有防止其倾倒的固定措施,如必须平放时,在吊点处必须设支垫方木;桁架和大梁应顺高度方向竖立放置,如有特制的固定架,将构件绑扎牢固。当车短而构件长时,外悬部分可能超过允许的外悬长度,应在预制前核算其负弯矩值,必要时在构件预制时,增加抵抗负弯矩的钢筋,以防运输时顶面开裂。当运预制T形梁时,还应设置整体式斜撑,并用绳索将梁、斜撑和车架三者捆牢,使梁有足够的稳定性(图6-36)。运输构件的车辆应低速行驶,尽量避免道路的颠簸。

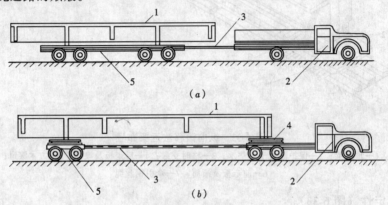

图 6-35 汽车运梁

(a)拖车;(b)平台拖车

1—预制梁;2—主车;3—连接杆;4—转盘装置;5—拖车

三、构件安装

桥梁构件的安装是一项复杂的高空作业,方法很多,归纳起来可分为人工架梁、机械架梁和浮运架梁等三大类。每类中又有很多不同的方法,施工时可根据梁的种类、重量、长度、桥址处水流与地形及工地设备情况作出妥善的安装方案。各受力部件的设备、杆体应经内力验算。

桥、梁在安装前,应用仪器校核支承结构(墩台盖梁)和预埋件的平面位置和标高,划好安装轴线与端线,支座位置,检查构件外形尺寸,并在构件上画好安装轴线,以便构件安装就位。下面介绍几种常用的架梁方法:

(一)旱地架梁

1. 自行式吊车架梁

临岸或陆上桥墩的简支梁,场内又可设置行车通道的情况下,用自行式吊车(汽车吊车或履带吊车)架设十分方便(图6-37a)。此法视吊装重量不同,可采用一台吊车"单吊"(起吊能力为荷载重的2~3倍)或两台吊车"双吊"(每台吊车的起吊能力为荷载重的0.85~1.5倍),其特点是机动性好,架梁速度快。一般吊装能力为50~3500kN。

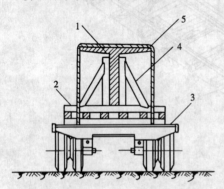

图 6-36 T形梁在汽车上的稳定措施

1—T形梁;2—支点木垛;3—汽车;4—木支架;
5—捆绑绳索

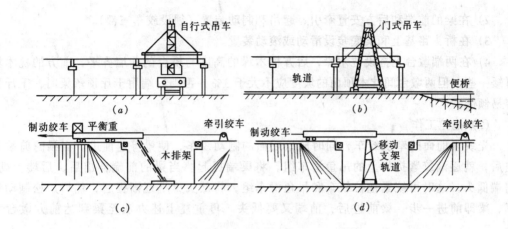

图 6-37 旱地架梁法

2．门式吊车架梁

在水深不超过 5m，水流平稳，不通航的中小河流上，也可以搭设便桥用门式吊车架梁（图 6-37b）。

3．摆动排架架梁

用木排架或钢排架作为承力的摆动支点，由牵引绞车和制动绞车控制摆动速度。当预制梁就位后，再用千斤顶落梁就位。此法适用于小跨径桥梁（图 6-37c）。

4．移动支架架梁

对于高度不大的中小跨径桥梁，当桥下地基良好能设置简易轨道时，可采用木制或钢制的移动支架来架梁（图 6-37d）。

（二）水中架梁

由于水流较急、河较深或通航等原因不能采用上述方法时，还可采用下述一些方法架梁。

1．吊鱼法

适用于重量小于 50kN，小跨径的钢筋混凝土桥（图 6-38）。

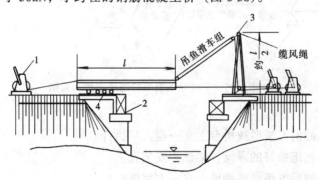

图 6-38 吊鱼法
1—制动绞车；2—临时木垛；3—扒杆；4—滚筒

（1）准备工作

1）在前方墩台上竖一副人字扒杆，扒杆高约为梁长之半，在扒杆顶部设一吊鱼滑车组。

2) 在梁的前端和后方安置牵引、起吊和制动装置（须设绞车三部）。
3) 在桥头路基上和梁底装设滑动或滚动装置。
4) 在两端墩台上搭设枕木垛，后方枕木垛的高度与桥台的前墙齐平，前方的枕木垛可矮一些，但两墩台间枕木顶面的坡度应不大于3%，否则后端用千斤顶落梁时，千斤顶容易倾倒。

(2) 拖拉工作

先绞紧前面的牵引绞车，同时放松后面的制动绞车，使梁等速前进。当梁的前端悬空后，就逐渐绞紧扒杆上的吊鱼滑车组，将梁端提起。当梁的前端伸出后，后端上翘，前端低头，这时可绞紧拖拉绞车和吊鱼滑车组，将低头梁端逐渐提起，然后放松制动绞车，梁即前进一步。梁前进后，前端又要低头。再重复上述办法至梁到达前方墩台为止。

(3) 落梁就位

用千斤顶将梁后端顶起，拆除木垛。前端用扒杆落梁，后端用千斤顶落梁。前后两端不能同时进行，两端高差亦不宜相差太多，最后将梁落在设计位置上。

如果不用千斤顶落梁，可在后端安一台人字扒杆。采用这种方法，墩台不需搭枕木垛，落梁速度比较快。

2. 扒杆导梁法

扒杆导梁安装是以扒杆、导梁为主体，配合运梁平车和横移设备使预制梁从导梁上通过桥孔，由扒杆装吊就位。起重量一般为50～150kN，其施工布置如图6-39所示。

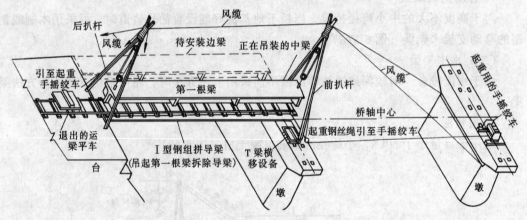

图6-39 扒杆导梁安装的施工布置示意图

(1) 准备工作

1) 在安装孔的前方桥墩或桥台上立一副人字扒杆；
2) 用吊鱼法把组拼好的导梁，架设于安装孔上；
3) 在安装孔的后方桥台或桥墩上立一人字扒杆；
4) 在导梁上铺设运输轨道及人行便道。

其中所用的导梁，其组拼材料及构件型式应根据跨径大小而定。对于跨径在20m以内的导梁，一般采用工字钢组拼，跨径大于20m时，则采用钢桁架或贝雷架组拼。

(2) 落梁就位 用运梁设备把预制梁从人字扒杆中间穿过，在导梁上运过桥孔，吊起梁后，即可拆去导梁，将梁放下，以后的梁可参照吊鱼法施工的梁纵移与横移方法，最后用人字扒杆进行安放支座。

3．穿式导梁悬吊安装法

穿式导梁悬吊安装，就是在左右两组导梁上安置起重行车，用卷扬机将梁悬吊穿过桥孔，再行落梁、横移、就位。起重量一般为600kN左右，施工布置如图6-40所示。

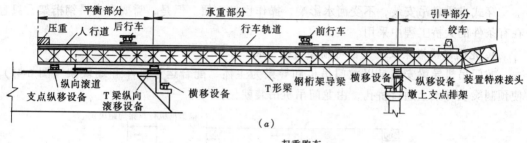

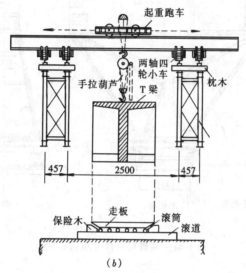

图6-40 穿式导梁悬吊安装
(a) 穿式导梁的构造及施工布置；(b) 导梁的横断面
(尺寸单位：mm)

(1) 准备工作

1) 架设导梁，穿式导梁悬吊安装中所用的导梁，一般采用钢桁架组拼，横向用框架连接。导梁架设采用在陆上拼装后拖过桥孔，组拼长度约为安装孔梁长的2.5倍，在平衡部分的尾部适当加压，则组拼长度稍可缩减。

2) 在导梁的承重部分铺设轨道，在其平衡、引导两部分铺设人行便道。

3) 安装起重行车，起重行车安装在导梁上，它在绞车牵引下，沿轨道纵向运行。

(2) 安装工作

1) 用纵向滚移法把预制梁运来，穿过导梁的平衡部分，使梁前端进入前行车的吊点下。

2) 用行车上手拉葫芦，把梁前端吊浮。

3) 由绞车牵引前行车前进至梁的后端，进入后行车的吊点下，再用行车上手拉葫芦，把梁后端亦吊离滚移设备，继续牵引梁前进。

4) 梁前进到规定位置后，随即松开手拉葫芦，把梁落在横向梁移设备上。

5) 将预制梁和导梁都横移到规定位置（横移导梁时，后边两个支点处应临时用花篮螺钉将左右两组导梁的下缘横向连接起来，使左右两走板的滚速一致），然后吊梁就位。

6) 全孔安装完毕后，即在端横隔板节点上加焊连接钢板，至此全孔安装完毕，导梁即可推向前进。

穿式导梁悬吊安装，不受河水影响，操作也较方便。但是，需要有大量钢桁架，只宜在有条件的大桥工程中采用。

4. 龙门吊机导梁安装（也可用架桥机安装）

龙门吊机导梁安装是以龙门吊机和导梁为主体，配合运梁平车和蝴蝶架（图6-41），使预制梁从导梁上通过桥孔，由龙门吊机吊装就位。

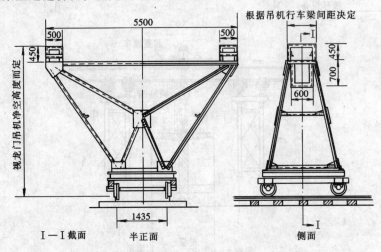

图 6-41 蝴蝶架（尺寸单位：mm）

(1) 准备工作

1) 台背填土分两次填，先填至墩顶支承垫块的高度。

2) 在台后用钢桁架组拼成双孔连续钢梁，拼成的导梁通过桥台胸墙中的缺口，滑移到第一孔与第二孔去，梁在墩台顶上的滚子上滑移，滑移工作是用设在对岸的手摇绞车来完成（图6-42a）。

3) 修好胸墙的缺口，再填筑台背路堤至设计标高，并在路堤中间铺设轨道，此轨道与导梁上的轨道相衔接。

4) 装设龙门吊机（当T形梁桥面比墩台宽时，为适应这一情况，吊机的直脚常在下端改为捌脚），用蝴蝶架把吊机运送至墩台上（图6-42b、c），再用蝴蝶架上的千斤顶将它们降落到墩顶支承垫块上（图6-42c），并用螺栓锚固之。

(2) 架设就位

1) 用平车将预制梁沿轨道运到龙门架下面（图6-42c）。

2) 用龙门架将预制梁起吊、横移与下落就位。由于最后安装的两根梁的位置为导梁所占据，所以须先由龙门架将其暂时放在已经安好的梁上，待导梁移往下一跨后，再由龙门架将最后两根梁安放在原放置导梁的位置上就位。

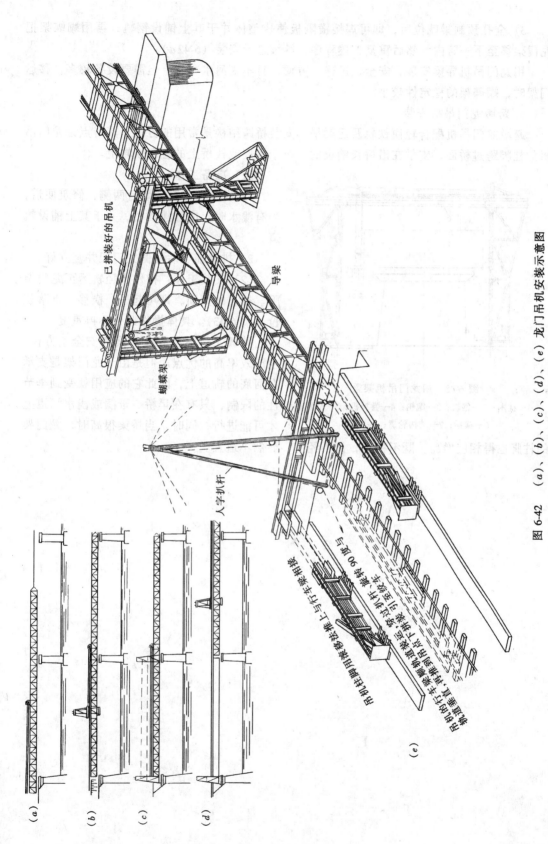

图 6-42 (a)、(b)、(c)、(d)、(e) 龙门吊机安装示意图

3) 全孔预制梁就位后,即可焊接横隔板使成整体并于其上铺设钢轨,再用蝴蝶架把龙门架移至下一跨内,然后重复上述程序,继续进行安装（6-42d）。

用龙门吊机导梁安装,安全、迅速、方便,且不受河水影响。但需要设备较多,移运门架时,蝴碟架的稳定性较小。

5. 跨墩龙门吊机安装

跨墩龙门吊机配合轻便铁轨及运梁平车安装桥跨结构是常用的方法,其特点是龙门吊机的柱脚跨过桥面,支承在沿桥长铺设的、筑于河底或栈桥上的轻便铁轨上。

(1) 准备工作

1) 在顺桥方向的墩台两侧,修筑便道,当有浅水时,应修建栈桥,并于其上铺设轨道;

2) 拼装前、后两侧龙门架并竖立好。

(2) 安装工作:构件用轻轨运至龙门架下、桥孔的侧面,即可起吊、横移、下落就位（图 6-43）。具体操作此处不再重复。

跨墩龙门吊机安装,具有安全、方便、生产效率高的优点。但是由于龙门架是支承在河底的轨道上,因此它的应用就受到季节性的限制,只有在旱桥、干涸或浅水河道上才可能进行,同时,当桥梁很高时,龙门架的柱脚也得相应增高,既不稳定,又不经济,显然不适宜。

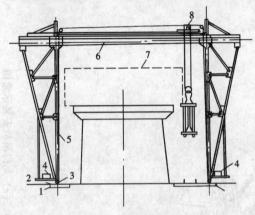

图 6-43 用龙门吊机架梁
1—枕木；2—钢轨；3—跑轮；4—卷扬机；5—立柱；
6—横梁；7—结构轮廓；8—吊车

第七章　预应力混凝土桥施工

第一节　预应力的基本概念

预应力混凝土是预应力钢筋混凝土的简称，此项技术在桥梁工程中得到普遍应用，其推广使用范围和数量，已成为衡量一个国家桥梁技术水平的重要标志之一。

图 7-1 是普通钢筋混凝土梁，在受荷载时，发生弯曲；当再加荷时，发生裂缝直至破坏。而预应力的钢筋混凝土梁则不一样，如图 7-2 所示。先在没有荷载时在受拉区加一个压力，这预先加的压力叫预应力。先加的压力使梁产生反拱，当梁受荷载时，梁回复到平直状态，再增加荷载，则梁发生弯曲，当再增加荷载时梁才产生裂缝直到破坏。这就是预应力和非预应力混凝土构件的不同。前者构件早出现裂缝破坏，而后者构件不出现裂缝或推迟出现裂缝。

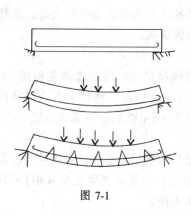

图 7-1

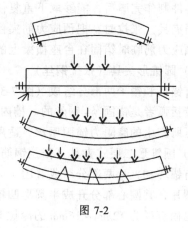

图 7-2

预应力钢筋混凝土与普通钢筋混凝土相比，有以下优点：
（1）提高构件的抗裂度和刚度；
（2）增加了结构及构件的耐久性；
（3）结构自重轻，能用于大跨度结构；
（4）节约大量钢材，降低成本。

施加混凝土预加应力的方法有先张法和后张法。

一、先张法

先张法是先将预应力筋在台座上按设计要求的张拉控制应力张拉，然后立模浇筑混凝土，待混凝土强度达到设计标号 75% 后，放松预应力筋，由于钢筋的回缩，通过其与混凝土之间的粘结力，使混凝土得到预压应力。

先张法的优点：是只需夹具，可重复使用，它的锚固是依靠预应力筋与混凝土的粘结力自锚于混凝土中。工艺构造简单，施工方便，成本低。

先张法的缺点，需要专门的张拉台座，一次性投资大，构件中的预应力筋只能直线配筋，适用于长 25m 内的预制构件。

二、后张法

后张法是先制作留有预应力筋孔道的梁体，待混凝土达到设计强度的 75% 后，将预应力筋穿入孔道，并利用构件本身作为张拉台座张拉预应力筋并锚固，然后进行孔道压浆并浇筑封闭锚具的混凝土，混凝土因有锚具传递压力而得到预压应力。

后张法的优点是：预应力筋直接在梁体上张拉，不需要专门台座；预应力筋可按设计要求配合弯矩和剪力变化布置成直线形或曲线形；适合于预制或现浇的大型构件。

后张法的缺点是：每一根预应力筋或每一束两头都需要加设锚具，在施工中还增加留孔、穿筋、灌浆和封锚等工序，工艺较复杂，成本高。

第二节 夹具和锚具

夹具与锚具都是锚固预应力筋的工具。夹具与锚具的种类很多，下面介绍几种目前桥梁结构中常用的锚夹具型式。

一、夹具

在构件制作完毕后，能够取下重复使用的，通常称为夹具。夹具根据用途分为张拉夹具与锚固夹具。张拉时，把预应力筋夹住并与测力器相连的夹具称为张拉夹具；张拉完毕后，将预应力筋临时锚固在台座横梁上的夹具称为锚固夹具。

（一）圆锥形夹具（张拉钢丝）

它有锚环和销子两部分组成（图 7-3）。销子上的线槽尺寸，带括弧者是锚固 $\phi 5$ 钢丝的；不带括弧者是锚固 $\phi 4$ 钢丝的。槽内需凿倒毛，张拉完毕后，将销子击入锚环内，借锥体挤压所产生的摩阻力锚固钢丝，适用于张拉直径为 4mm 和 5mm 碳素钢丝或冷拉钢丝。

（二）圆锥形二层式夹具（张拉钢筋）

它有锚环和夹片两部分组成（图 7-4）。锚环内壁是圆锥形，与夹片锥度吻合。夹片为两个半圆片，其圆心部分开成半圆形凹槽，并刻有细齿，钢筋就夹紧在夹片中的凹槽内。适用于锚固直径为 12mm～16mm 的冷拉 Ⅱ、Ⅲ、Ⅳ 级钢筋。

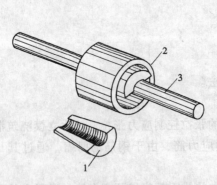

图 7-3 圆锥形钢筋夹具
1—夹片；2—锚环；3—钢筋

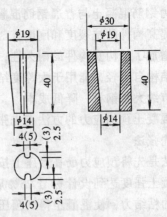

图 7-4 圆锥形钢丝夹具
（尺寸单位：mm）

（三）圆锥形三片式夹具（张拉钢绞线）

张拉钢绞线用的圆锥形夹具与钢筋用的圆锥形夹具相仿，圆片的圆心部分开成凹槽，并刻有细齿。适用于一般7支直径为4mm的钢绞线（图7-5）。

二、锚具

锚固在构件两端与构件连成一起共同受力的通常称为锚具。

（一）锥形锚具（弗氏锚）

锥形锚具（图7-6）由锚环和锚塞两部分组成。锚环内壁与锚塞锥度相吻合，且锚塞上刻有细齿槽。

锚固时，将锚塞塞入锚环，顶紧，钢丝就夹紧在锚塞周围，适用于锚固钢丝束由12～24根直径为5mm的碳素钢丝。

（二）环销锚具

环销锚具是由锚套、环销和锥销三部分组成，均用细石子混凝土配以螺旋筋制成，钢丝锚固在环销外围及锥销外围（图7-7）。适用于锚固钢丝束由37～50根直径为5mm的碳素钢丝。

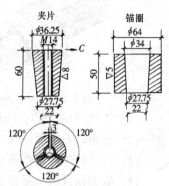

图7-5　三片式锥形夹具

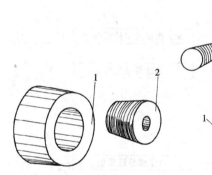

图7-6　锥形锚具
1—锚环；2—锚塞

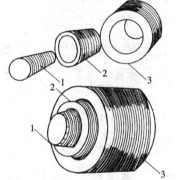

图7-7　环销锚具
1—锥销；2—环销；3—锚套

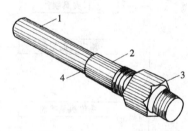

图7-8　螺丝端杆锚具
1—钢筋；2—螺丝端杆；3—螺帽；
4—焊接接头

（三）螺丝端杆锚具

它由螺丝端杆和螺帽组成（图7-8）。这种锚具是将螺丝端杆和预应力钢筋焊接成一个整体（在预应力钢筋冷拉以前进行），用张拉设备张拉螺丝端杆，用螺帽锚固预应力钢筋。适用于锚固直径为12～40mm的冷拉Ⅲ、Ⅳ级钢筋。

（四）JM12型锚具

它由锚环和夹片组成（图7-9）。锚环和夹片的锥度要吻合。适用于锚固6根直径为12mm的冷拉Ⅳ级钢筋组成的钢丝束或5根7支4mm钢绞线组成的钢绞线束。

（五）星形锚具

它由星形锚圈和锥形锚塞两部分组成（图7-10）。锚圈中间呈星形孔，星内壁有嵌线槽，锚塞呈圆锥形。适用于锚固每束5根7支4mm的钢绞线束。

夹具与锚具应符合如下要求

（1）材料性能符合规定指标，加工尺寸精确，锚固力筋的可靠性好，不致滑脱；

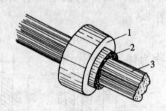

图 7-9 JM-12 型锚具
1—锚环；2—夹片；3—钢筋束

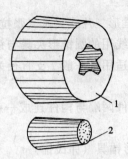

图 7-10 星形锚具
1—锚圈；2—塞

(2) 使用时不变形锈蚀，装拆容易；
(3) 构造简单，制作容易，成本低廉；
(4) 能与张拉机具配套使用。

第三节 先张法施工工艺

先张法制作预应力混凝土构件的基本工艺流程如图 7-11 所示。

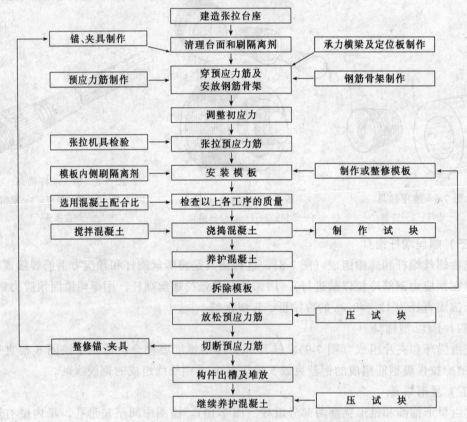

图 7-11 预应力混凝土先张法工艺流程

一、张拉台座

张拉台座由承力支架、横梁、定位钢板和台面等组成（图 7-12），要求有足够强度与稳定性；台座长度一般在 50～100m。

（一）承力支架

承力支架是台座的重要组成部分，要承担全部张拉力，在设计和建造时应保证不变形、不位移、经济、安全和操作方便。目前在桥梁施工中所采用的承力支架多用槽式（图7-13），这种支架一般能承受 1000kN 以上的张拉力。

（二）台面

台面是制作构件的底模，要求坚固平整、光滑，一般可在夯实平整的地基上，浇铺一层素混凝土，并按规定留出伸缩缝。

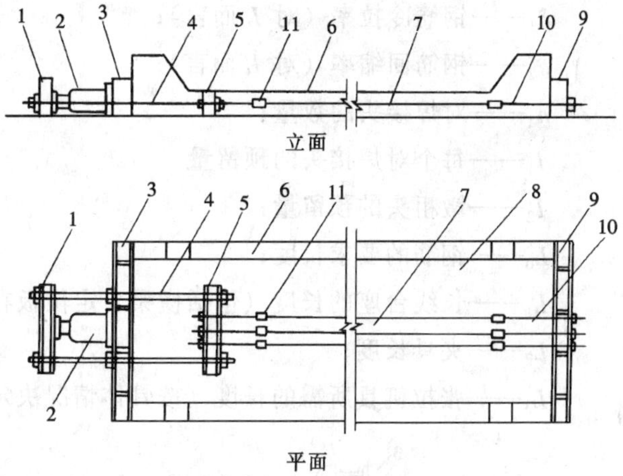

（三）横梁

横梁是将预应力筋的全部张拉力传给承力支架的两端横向构件，可用型钢或钢筋混凝土制作，并要根据横梁的跨度、张拉力的大小。通过计算确定其断面，以保证其强度、刚度和稳定性，避免受力后产生变形或翘曲。

（四）定位板

图 7-12 槽式台座示意图
1—活动前横梁；2—千斤顶；3—固定前横梁；4—大螺丝杆；5—活动后横梁；6—传力柱；7—预应力筋；8—台面；9—固定后横梁；10—工具式螺丝杆；11—夹具

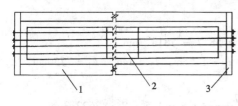

图 7-13 槽式承力支架
1—压杆；2—钢筋；3—横梁

定位板是用来固定预应力钢筋位置的，一般都用钢板制作。其厚度必须承受张拉力后，具有足够的刚度。圆孔位置按照梁体预应力钢筋的设计位置。孔径的大小应略比预应力钢筋大 2～4mm，以便穿筋。

二、预应力钢筋的制作

预应力混凝土构件所用的预应力钢筋，种类很多，有直径为 3～5mm 的高强钢丝、钢绞线、冷拉Ⅲ、Ⅳ级钢筋等。本节仅介绍预应力钢筋的制作，它包括下料、对焊、镦粗、冷拉等工序。

（一）钢筋的下料

预应力钢筋的下料长度，应通过计算。计算时应考虑构件或台座长度、锚夹具长度、千斤顶长度、焊接接头或墩头预留量、冷拉伸长值、弹性回缩值、张拉伸长值和外露长度等因素。

如图7-14所示，其计算公式（按一端张拉）为：

$$L = \frac{L_0}{1 + \delta_1 - \delta_2} + n_1 l_1 + l_2 \tag{7-1}$$

$$L_0 = L_1 + L_2 + L_3$$

式中 L——下料长度；

δ_1——钢筋冷拉率（对 L 而言）；

δ_2——钢筋回缩率（对 L 而言）；

n_1——对焊接头的数量；

l_1——每个对焊接头的预留量；

l_2——墩粗头的预留量；

L_0——钢筋的要求长度；

L_1——长线台座的长度（包括横梁、定位板在内）；

L_2——夹具长度；

L_3——张拉机具所需的长度（按具体情况决定）。

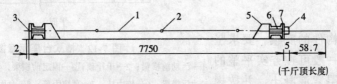

图 7-14 长线台座预应力钢筋下料长度示意图

1—预应力筋；2—对焊接头；3—墩粗头；4—夹具；5—台座承力支座；6—横梁；7—定位板

（尺寸单位：cm）

【例 7-1】 采用先张法制作预应力桥面空心板，长线台座长 77.5m，预应力钢筋直径为 12mm 的 44Mn$_2$Si 直条钢筋，每根长 9m，锚固端用墩粗头，一端张拉。试计算预应力钢筋的下料长度。

【解】：按式（7-1）计算

$$L_0 = L_1 + L_2 + L_3 = 7750 + 5 + 58.7 = 7813.7 \text{cm}$$

根据测定结果 $\delta_1 = 3\%$，$\delta_2 = 0.3\%$，$n_1 = 8$，$l_1 = 1.5$cm，$l_2 = 2$cm，$L_1 = 7750$cm，$L_2 = 5$cm，$L_3 = 58.7$cm

$$L = \frac{L_0}{1 + \delta_1 - \delta_2} + n_1 l_1 + l_2 = \frac{7813.7}{1 + 0.03 - 0.003} + 8 \times 1.5 + 2 = 7622.3 \text{cm}$$

实际下料长为 8 根 9m 钢筋和 1 根 4.223m 钢筋。

(二) 钢筋的对焊

预应力钢筋的接头必须在冷拉前采用对焊，以免冷拉钢筋高温回火后失去冷拉所提高的强度。

普通低合金钢筋的对焊工艺，多采用闪光对焊接。一般闪光对焊工艺有：闪光—预热—闪光焊，和闪光—预热—闪光焊加通电热处理。对焊后应进行热处理，以提高焊接质量。预应力筋有对焊接头时，宜将接头设置在受力较小处，在结构受拉区及在相当于预应力筋 $30d$ 长度（不小于 50cm）范围内，对焊接头的预应力筋截面面积不得超过钢筋总截面积的 25%。

(三) 墩粗

制作预应力混凝土构件时，要用夹具和锚具，需耗费一定的优质钢材。因此，为了节约钢材，简化锚固方法，可将预应力钢筋端部做一个大头（即墩粗头），加上开孔的垫板，以代替夹具和锚具（图 7-15）。钢筋的墩粗头可以采用电热墩粗；高强钢丝可以采用液压冷镦；冷拔低碳钢丝可以采用冷冲镦粗。冷拉钢筋端头的镦粗及热处理工作应在钢筋冷拉前进行。

钢筋或钢丝的镦粗头制成后，要经过拉力试验，当钢筋或钢丝本身拉断，而镦粗头仍不破坏时，则认为合格；同时外观检查，不得有烧伤、歪斜和裂缝。

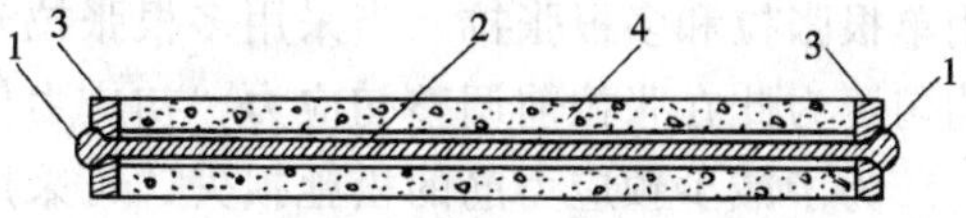

图 7-15 预应力钢筋（或钢丝）镦粗头
1—镦粗头；2—预应力钢筋；3—开孔垫板；4—构件

（四）钢筋的冷拉

为了提高钢筋的强度和节约钢筋，预应力粗钢筋在使用前一般需要进行冷拉（即在常温下用超过钢筋屈服强度的拉力拉伸钢筋）。

钢筋冷拉按照控制方法可分为"单控"（即控制冷拉伸长率）和"双控"（同时控制应力和冷拉伸长率）两种。目前由于材质不良，即使同一规格钢筋采用相同冷拉伸长率冷拉后建立的屈服强度并不一致；或在同一控制应力下，伸长率又不一致。因此，单按哪一种控制都不能保证质量，最好采用"双控"冷拉，既可保证质量，又可在设计上充分利用钢材强度。采用"双控"冷拉时，应以应力控制为主，伸长率控制为辅。只有在没有测力设备的情况下，采用"单控冷拉"。

关于钢筋的冷拉和冷拉率不应超过表 7-1 的规定。

对预应力钢筋进行冷拉，具有下列好处：

（1）钢筋冷拉后，可以提高屈服点，并能使它伸长。如预应力钢筋采用Ⅳ级钢筋，可使它的屈服点由原来 588000kPa（6000kg/cm^2），提高到 735000kPa（7500kg/cm^2），加上它的伸长，可以节省钢筋 30% 左右。

（2）由于有些钢筋不够匀质，冷拉后，可以把强度高低不齐的钢筋达到强度比较一致，就不会因个别段钢筋的屈服点较低而影响构件的质量。

（3）钢筋冷拉后，其韧性和塑性有所降低，可以减少变形，使钢筋与混凝土的变形比较接近，可以减少构件受拉部分混凝土的裂缝出现。

冷拉钢筋的控制
应力和冷拉率　　　表 7-1

钢筋种类	双控		单控
	控制应力（MPa）	冷拉率（%）不大于	
Ⅱ级钢筋	450	5.5	3.5～5.5
Ⅲ级钢筋	530	5.0	3.5～5.0
Ⅳ级钢筋	750	4.0	2.5～4.0

（4）可以考验对焊接头的质量（钢筋要求先对焊再冷拉）。

（5）盘元钢筋的冷拉过程，又是调直过程，减少了整直这一工序。

（6）钢筋在冷拉过程中，由于钢筋拉长，表面锈蚀自动脱落，可以减轻除锈工作。

关于钢筋的冷拉应力和冷拉率不应超过表 7-1 规定。

（五）时效

冷拉后的钢筋，在一定的温度下给予适当的时间"休息"，而不立即加载，从而使钢筋的屈服强度比冷拉完成时有所提高，钢材的这种性质称为"冷拉时效"。

"时效"有自然时效和人工时效两种。自然时效就是将冷拉后的钢筋在 25～30℃下放置 1～2d；人工时效就是将冷拉后的钢筋在 100℃的恒温下保持 2h。

三、预应力筋的张拉

先张法预应力钢筋、钢丝和钢绞线的张拉按预应力筋数量、间距和张拉力的大小，采用单根张拉和多根张拉。当采用多根张拉时，必须使它们的初始长度一致，张拉后应力才均匀。为此在张拉前调整初应力，初应力值一般为张拉控制应力值的10%（即10%σ_k）。

为了减少预应力筋的松弛损失，可采用超张拉的方法进行张拉。超张拉值为张拉控制应力值的105%（即105%σ_k）。先张法的张拉程序按表7-2进行。

先张法预应力筋张拉程序　　　　　表7-2

预应力筋种类	张　拉　程　序
钢筋	$0 \to 初应力 \to 105\%\sigma_k \xrightarrow{持荷\ 2min} 90\%\sigma_k \to \sigma_k$（锚固）
钢丝、钢绞线	$0 \to 初应力 \to 105\%\sigma_k \xrightarrow{持荷\ 2min} 0 \to \sigma_k$（锚固）

四、混凝土工作

预应力混凝土梁的混凝土工作，除了要选用标号较高而在配料、制备、浇筑、振捣和养护等方面更应严格要求外，基本操作与钢筋混凝土构件中相仿。混凝土可掺入适量的外加剂，但不得掺入氯化钙、氯化钠等氯盐。混凝土的水泥用量不宜超过500kg/m³。此外，在台座内每条生产线上的构件，其混凝土必须一次性浇筑完毕；振捣时，应避免碰击预应力筋。

五、预应力筋的放松

当混凝土强度达到设计规定的可放松强度后（当无设计规定，一般应不少于设计标号的75%），可逐渐放松受拉的预应力筋，然后再切割每个梁的端部预应力筋。

预应力筋的放松速度不宜过快。当采用单根放松时，每根预应力筋严禁一次放完，以免最后放松的预应力筋自行崩断。常用的放松方法有以下两种。

（一）千斤顶放松

在台座固定端的承力支架和横梁之间，张拉前预先安放千斤顶（图7-16）。待混凝土达到规定的放松强度后，两个千斤顶同时回程，使拉紧的预应力筋徐徐回缩，张拉力被放松。

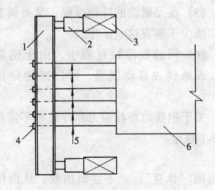

图7-16　千斤顶放松张拉力的布置
1—横梁；2—千斤顶；3—承力支架；4—夹具；
5—钢筋；6—构件

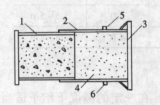

图7-17　砂箱
1—活塞；2—套箱；3—套箱底板；4—砂子；
5—进砂口；6—出砂口

（二）砂箱放松

以砂箱代替千斤顶（图7-17）。使用时从进砂口罐满烘干的砂子，加上压力压紧。待混凝土达到规定的放松强度后，打开出砂口，砂子即慢慢流出，放砂速度应均匀一致，预应力筋随之徐徐回缩，张拉力即被放松。当单根钢筋采用拧松螺母的方法放松时，宜先两侧后中间，分阶段、对称地进行。

第四节 后张法施工工艺

后张法制作预应力混凝土构件，一般在施工现场进行，适用于大于25m的简支梁或现场浇筑的桥梁上部结构。预应力混凝土后张法工艺流程如图7-18所示。

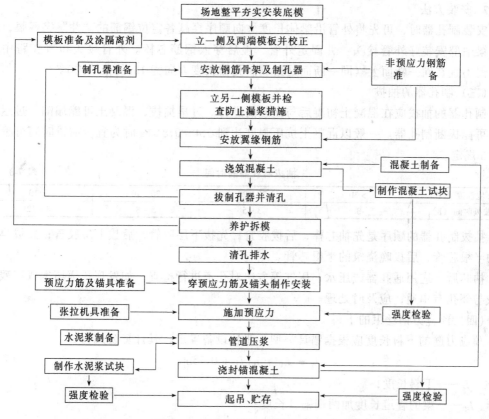

图7-18 预应力混凝土后张法工艺流程

一、预留孔道

（一）制孔器种类

为了在梁体混凝土内形成钢束的管道，应在浇筑混凝土前预先安放制孔器。按制孔的方式可分为预埋式制孔器和抽拔式制孔器两类。

预埋式制孔器有预埋铁皮波纹管，管道用薄铁皮卷制而成，经向接头可采用咬口，轴向接头则用点焊，按设计位置，在浇筑混凝土前，直接固定在钢筋骨架上。多用于曲线形的孔道。

抽拔式制孔器有橡胶管制孔器，金属伸缩管制孔器和钢管制孔器。橡胶管制孔器是用橡胶夹两层钢丝编织而成，在管内插入钢筋芯棒，也可在管内充以压力水增加刚度。在直线和曲线孔道中均适用。金属伸缩管制孔器是用金属丝编织成的软管套，内用橡胶封管和钢筋芯棒加劲，并用铁皮管做伸缩管接头。钢管制孔器仅适用于直线形孔道，钢管必须平直，表面光滑，预埋前除锈刷油，两根钢管连接处可用2mm铁皮做成两道长约40cm套管连接。

（二）制孔器安装

1．安装要求

（1）保证预留孔道位置正确。

（2）保证预留孔道畅通，芯管的连接处不漏浆。

（3）注意孔道应留出灌浆孔和在最高点设排气孔。

（4）采用定位钢筋固定安装管道。

2．安装方法

安装制孔器时，可先将外管沿梁体长度方向顺序穿越各定位钢筋的"井"字网眼，然后在梁中部安装好外管接头，并固定外管，最后穿入钢筋芯棒。外管接头布置在跨中附近，但不宜在同一断面上（同一断面是指顺制孔器长度方向为1m的范围内）。

（三）制孔器的抽拔

制孔器的抽拔应在混凝土初凝后与终凝前进行。过早抽拔，混凝土可能塌陷；过迟抽拔，可能拔断制孔器。一般以混凝土抗压强度达到0.4~0.8MPa时为宜。抽拔时间可参照表7-3规定。

抽拔制孔器的时间　　　　　　　　　表7-3

环境温度（℃）	>30	30~20	20~10	<10
抽拔时间（h）	3	3~5	5~8	8~12

抽拔制孔器的顺序是先抽芯棒，后拔胶管；先拔下层胶管，后拔上层胶管；先拔早浇筑的半根芯管，后拔晚浇筑的半根芯管。

抽芯后，应用通孔器或压水、压气等方法对孔道进行检查，如发现孔道堵塞或有残留物或与邻孔有串通，应及时处理。

（四）预应力钢丝束的下料

预应力筋的下料长度应根据锚具类型、张拉设备确定，其计算公式为：

$$L = L_0 + n(l_1 + 0.15\text{m}) \tag{7-2}$$

式中　L——下料长度；

L_0——梁的管道长度加两端锚具长度；

l_1——千斤顶支承端到夹具外缘距离；

n——张拉端个数。

二、预应力筋的张拉

当构件的混凝土强度达到设计强度的75%时，便可对构件的预应力筋进行张拉。

（一）张拉原则

（1）对曲线预应力筋或长度大于等于25m的直线预应力筋，宜在两端同时张拉；对长度小于25m的直线预应力筋，可在一端张拉。

（2）张拉时应避免构件呈过大的偏心状态，因此，应对称于构件截面进行张拉，或先张拉靠近截面重心处的预应力筋，后张拉距截面重心较远处的预应力筋。

（二）张拉程序

后张法预应力筋的张拉程序按表7-4进行。

后张法的张拉程序　　　　表7-4

预应力钢筋种类		张 拉 程 序
钢筋、钢筋束、钢绞线束		$0 \rightarrow$ 初应力 $\rightarrow 105\% \sigma_k \xrightarrow{\text{持荷 5min}} \sigma_k$（锚固）
钢丝束	夹片式锚具、推销式锚具	$0 \rightarrow$ 初应力 $\rightarrow 105\% \sigma_k \xrightarrow{\text{持荷 5min}} \sigma_k$（锚固）
	其他锚具	$0 \rightarrow$ 初应力 $\rightarrow 105\% \sigma_k \xrightarrow{\text{持荷 5min}} 0 \rightarrow \sigma_k$（锚固）

（三）操作方法

预应力筋的张拉操作方法与配用的锚具和千斤顶的类型有关。如张拉钢丝束可配用锥形锚具、锥锚式千斤顶（图7-19）；张拉粗钢筋可配用螺丝端杆锚具、拉杆式千斤顶（图7-20）；张拉精轧螺纹钢筋可配用特制螺帽、穿心式千斤顶（图7-21）；张拉钢绞线束可配OVM锚、穿心式千斤顶。现以锥形锚具配锥锚式千斤顶为例，介绍张拉操作方法。

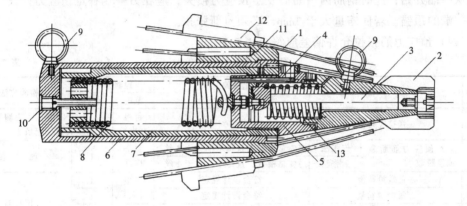

图7-19　锥锚式千斤顶

1—钢丝；2—顶头；3—小缸活塞；4—小缸油嘴；5—小缸；6—大缸；7—大缸活塞；8—拉力弹簧；9—吊环；10—大缸油嘴；11—锥形卡环；12—锲块；13—复位弹簧

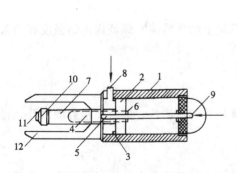

图7-20　拉杆式千斤顶

1—大缸；2—大缸油塞；3—大缸油封圈；4—小缸；5—小缸活塞；6—小缸油封圈；7—活塞杆；8—前油嘴；9—后油嘴；10—套碗；11—拉头；12—顶脚

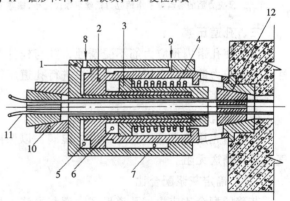

图7-21　穿心式千斤顶

1—大缸；2—小缸；3—顶压活塞；4—弹簧；5—张拉工作油室；6—顶压工作油室；7—张拉回程油室；8—后油嘴；9—前油嘴；10—工具式锚具；11—钢绞线；12—锚具

1) 张拉前的准备工作 把钢丝穿过锚环，随着放入锚塞将钢丝均匀分布在锚塞周围，用手锤轻敲锚塞，装上对中套，并将钢丝用楔块楔紧在千斤顶夹盘内（先不要夹太紧）。

2) 初始张拉 两端同时张拉至钢丝达到初应力（约为 $10\sigma_k\%$）。由于钢丝在夹盘上未楔紧，此时钢丝发生滑移，从而调整钢丝长度。当钢丝滑移停止后，可打紧楔块，使钢丝牢牢地固定在夹盘上。打紧楔块时，应分两次进行，第一次均匀地将每只楔块敲击两锤，第二次则重击每只楔块使钢丝卡紧，在两端补足张拉的初应力。在分丝盘沟槽处的钢丝上标出测量伸长量的起点标记，在夹盘前端的钢丝上也标出用以辨认是否滑丝的标记。

3) 正式张拉 两端轮流分级加载张拉，每级加载值为油压表读数 5000kPa 的倍数，直至超张拉值。持荷 5min，以消除预应力筋的部分松弛损失。减载至控制张拉应力，测量钢丝伸长量。

4) 顶锚 当张拉到控制张拉应力后，此时钢丝伸长量若与计算伸长量相符合（理论伸长值 $\Delta L = \overline{N}_k L / A_y E_y$），即可进行顶锚（顶锚力约为控制张拉力的 50%～55%）。顶锚时先从一端开始，此时钢筋因内缩而发生预应力损失，应在另一端补足预应力损失，再进行另一端的顶锚。若回缩量大于 3mm，必须重新张拉。

（四）预应力筋张拉允许偏差应符合表 7-5

预应力筋张拉允许偏差 表 7-5

序号	项目		允许偏差（mm）	检验频率		检验方法
				范围	点数	
1	△张拉应力值		±5%	每根（束）	1	用压力表测量或查张拉记录
2	△预应力筋断裂或滑脱数	先张法	5%总根数，且每米不大于2丝	每个构件	1	观察
		后张法	3%总根数，且每米不大于2丝			
3	△每端滑移量		符合设计规定	每根（束）	1	用尺量
4	△每端滑丝量		符合设计规定			
5	先张法预应力筋中心位移		5mm	每个构件	1	

注：1. 预应力筋的滑移量系指预应力钢丝束张拉完毕，锚塞顶紧后，松张时锚塞向锚环内滑移的距离；
2. 预应力筋的滑丝量系指预应力钢丝束张拉完毕，锚塞顶紧后，固定张拉力时个别钢丝向孔道内滑移的距离。

三、孔道压浆

为了使孔道内预应力筋不受锈蚀，并与构件混凝土结成整体，保证构件的强度和耐久性，当预应力筋张拉完毕后，应尽快进行孔道压浆。

孔道压浆的操作要点如下：

（一）冲洗孔道

压浆前先用清水冲洗孔道，使之湿润，以保持灰浆的流动性，同时要检查灌浆孔，排气孔是否畅通无阻。

（二）确定灰浆配合比

灰浆的配合比应根据孔道形式、灌浆方法、材料性能及设备条件由试验决定；孔道压浆一般宜采用水泥浆，孔道较大时，可在水泥浆中掺入适量的细砂。压浆所用水泥宜采用普通硅酸盐水泥，强度等级不宜低于 42.5。水灰比应控制在 0.4～0.45 之间。掺入减水剂时，水灰比可减少到 0.35。水泥浆的泌水率最大不超过 3%，拌和后 3h 泌水率宜控制在 2%，泌水应在 24h 内重新全部被浆吸收。水泥浆自调制至压入孔道的间隔时间不得超过

30~45min，水泥浆在使用前和压注过程中应连续搅拌。

（三）压浆方法

压浆时，对曲线孔道和竖向孔道应以最低点的压浆孔压入，由最高点的排气孔排气和泌水。压浆顺序宜先压注下层孔道，后压注上层孔道。压浆应缓慢、均匀、连续进行，不得中断，如中间因故停顿时，应立即将已灌入孔道的灰浆用水冲洗干净后重新压浆。水泥浆的强度应符合设计规定，设计无具体规定时，应不低于30MPa。压浆时，每一工作班应留取不少于3组的70.7mm×70.7mm×70.7mm的立方体试件，标准养护28d，检查其抗压强度。压浆过程中及压浆后48h内结构混凝土温度不得低于+5℃，否则应采取保温措施。当温度高于35℃时，压浆宜在夜间进行。

四、封锚锚固

孔道压浆后应立即将锚固端水泥浆冲洗干净，并将端面混凝土凿毛。在绑扎端部钢筋网和安装封锚模板时，要妥善固定，以免浇筑封锚混凝土时，模板走样。封锚混凝土标号应符合设计规定，一般不宜低于构件混凝土标号的80%。封锚混凝土必须严格控制梁体长度。浇筑后1~2h带模养护，脱模后继续洒水养护不少于7d。对于长期外露的锚具，应采取可靠的防锈措施。

第五节 悬臂和顶推法施工

在桥梁施工中，桥梁架设不用支架施工方法的出现，乃是大跨径预应力混凝土连续梁和悬臂梁桥迅速发展的重要原因。本节简要介绍其中最常用的悬臂施工法和顶推施工法。

一、悬臂施工法

悬臂施工法也称为分段施工法。悬臂施工法是以桥墩为中心向两岸对称地逐节悬臂接长的施工方法。

悬臂施工法，充分利用了预应力混凝土能抗拉和承受负弯矩的特性，将设计和施工的要求密切配合在一起而出现的新方法。即它把跨中的最大施工困难移至支点，又用支点的扩大截面来承受施工期间和通车之后的最大弯矩，所以能用较低的造价来修建大跨度的桥梁。

（一）适用范围

悬臂施工法应用范围很广，能建造大跨度的悬臂梁、连续梁、刚架桥、斜拉桥等体系的桥梁。为了增加梁体的刚度，它们的横截面几乎都是箱形（单箱或多箱）

（二）施工方法

1. 悬臂浇筑法

悬臂浇筑采用移动式挂篮作为主要施工设备，以桥墩为中心，对称向两岸利用挂篮浇筑梁段混凝土，每段长2~5m。每浇筑完一对梁段，待混凝土达到规定强度后，张拉预应力束并锚固，再向前移动挂篮，进行下一节段的施工。

挂篮是由底模板、悬挂系统、钢桁架、行走系统、平衡重力及锚固系统、工作平台等组成，构造如图7-22所示。挂篮能沿轨道行走，能悬挂在已经完成悬浇施工的悬臂梁段上进行下一梁段施工。由于梁段的模板架设、钢筋绑扎、制孔器安装、混凝土浇筑、预加应力和管道压浆均在挂篮上进行，所以挂篮除具备足够的强度外，还应满足变形小、行走

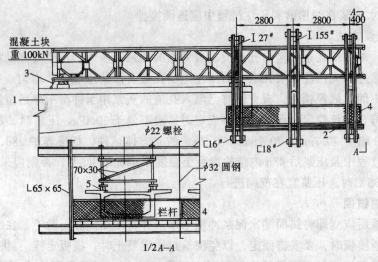

图 7-22 挂篮构造　尺寸单位：mm
1—已浇箱梁；2—纵梁；3—地锚；4—栏杆；5—垫木

方便、锚固、拆装容易以及各项施工作业的操作要求，并须注意安全设施。

当挂篮就位后，即可在上面进行梁段悬臂浇筑施工的各项作业，其施工工艺流程如图 7-23 所示。

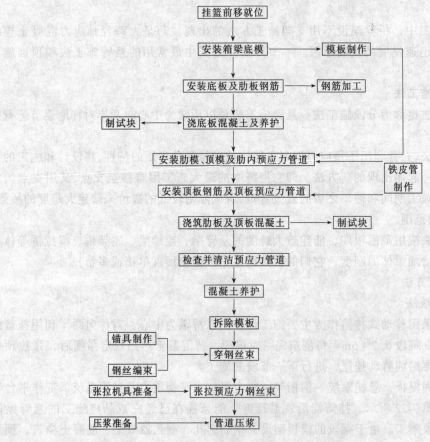

图 7-23　悬臂浇筑施工工艺流程图

当桥墩宽度较小时，浇筑桥墩两侧的 1 号梁段，因挂篮拼装场地不足，往往采用托架支撑（图 7-24），然后再在其上安装脚手钢桁架（图 7-25a），供吊设挂篮和浇筑 2 号悬臂梁段。待左右两侧的 2 号梁段浇好后，再延伸钢桁架，并移动挂篮位置至外端，供 3 号梁段浇筑（图 7-25）。浇筑几段后，将钢桁架分成两半浇筑，后端锚固或压重，以防止倾覆。

悬臂施工时，最重要的问题是悬臂的平衡。保持悬臂在桥墩两侧绝对平衡是不可能的，因此，常采用下列临时措施：

1) 用预应力临时固结，完工后解除之，以恢复原来的支承条件（图 7-26a）。

2) 在桥墩两侧加设临时支墩（图 7-26b）。

3) 在墩顶设扇形托架，以达到梁与墩的临时固结（图 7-26c）。

每段混凝土经养护达到设计强度的 70% 后，再经过孔道检查和修理孔口等工作，即可进行穿束、张拉、压浆和封锚。

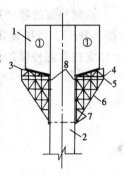

图 7-24 用托架支撑浇筑墩桩两侧的 1 号梁段
1—1 号梁段；2—墩柱；3—三角垫架；4—木楔；5—工字钢；6—扇形托架；7—垫块；8—预埋钢筋

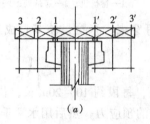
(a)

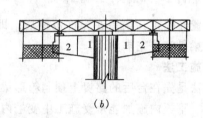
(b)

图 7-25 悬臂对称浇筑

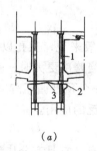
(a)

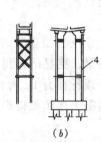
(b)

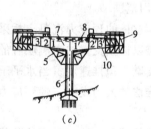
(c)

图 7-26 悬臂的平衡措施
1—穿在钢管内的临时预应力筋；2—临时混凝土垫块；3—支座；4—临时支墩；5—扇形托架；6—桥墩；7—墩顶梁段；8—逐段施加的预应力筋；9—挂篮；10—梁段

2. 悬臂拼装法

悬臂拼装法是利用移动式悬拼吊机将预制梁段起吊至桥位，然后采用环氧树脂和预应力悬臂拼装法施工包括块件的预制、运输、拼装及合拢。

为了使段与段之间的接缝紧密，可先浇制奇数编号的块件，然后在其间浇筑偶数编号的块件。为了使拼装构件的位置准确，可以在顶板和腹板上设榫头作导向（图 7-27）。腹板上的榫头对于增强接缝抗剪能力，防止滑动起到重要作用。

悬臂拼装的顺序是先安装墩顶梁段，再用墩顶上的悬臂钢桁架，同时拼装两侧块件（图 7-28a）。待拼装几段后，分开导梁，一端支在已拼装的 3 号块件上，另一端支在岸墩上和支在靠近桥墩的块件上，依次对称拼装其他块件（图 7-28b）。

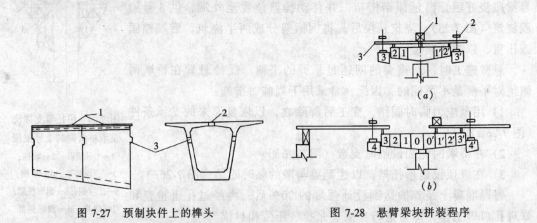

图 7-27　预制块件上的榫头
1—拼装块件；2—中间榫头；3—侧面榫头

图 7-28　悬臂梁块拼装程序
1—卷扬机；2—起吊机；3—导梁

当梁的位置经校正其误差在允许范围后，即可穿束、张拉，使其自成悬臂，如此循环，直至墩顶梁段安装完毕。

二、顶推施工法

顶推施工法是先在台后的路堤上预制箱形梁段，每段约 10～20m 长，待预制 2～3 段后，在箱梁上、下板内施加能承受施工中变号内力的预应力，然后用水平千斤顶穿顶推设备将支承在聚四氟乙烯板与不锈钢板滑道上的箱梁向前推移，推出一段再接长一段，这样周期性的反复操作直至整段梁浇筑顶推完成。

（一）适用范围

跨径 40～60m 的预应力混凝土桥采用顶推法最适宜。一般来说，三孔以上较为经济，特别对桥下难以树立支撑的深涧峡谷的桥梁，更显得有利。当跨度更大时，就需要在桥墩间设置临时支墩，顶推速度，当水平千斤顶行程为 1m 时，一个顶推循环需 10～15min。

由于顶推法的大力发展，使预应力混凝土连续梁得到广泛的应用。

（二）特点

顶推法发挥了后张法，悬浇法的优点，弥补了它们的缺点。它具有分块预制的好处而无块件的接缝问题，还具有以下特点：

(1) 节省劳力，减轻劳动强度和缩短工期。
(2) 施工管理方便。
(3) 造价较低。

（三）顶推法施工方案

当顶推的大梁悬出桥台时，其跨中截面承受负弯矩，所以要将大梁加固，除配置设计荷载所需的预应力筋外，还需要设置临时的预应力筋以承受顶推时引起的弯矩。

为了减少顶推时产生的内力，有以下三种方法：

(1) 在跨径中间设临时墩；
(2) 在梁前端安装导梁；

(3) 梁上设吊索架。

以上方法要结合地理条件、施工难易、桥梁跨径、经济因素等适当选择，一般将（1）与（2）法（2）和（3）法组合施工，如图 7-29 所示。其中导梁宜选用变高度的轻型结构，以减轻重量，其长度约为施工跨径的 60% 左右。

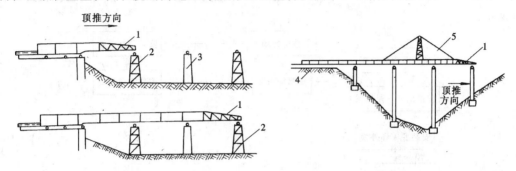

图 7-29 顶推时的加强措施

1—导梁；2—临时墩；3—桥墩；4—制作台；5—吊索

（四）施工概要

1. 梁段预制

为使梁顺利顶进和适应顶推时截面上力的变化，主梁一般均做成等高度的箱形梁为宜。混凝土浇筑工作可在桥台后方固定场地进行。

梁段的箱形截面大多数呈梯形，箱顶上两侧悬臂出相当宽的车道板，腹板有一定斜度，底板宽度则为减少墩宽而缩窄。

箱梁底板常在拼装场外浇好并与已完成的箱节连在一起成为整体，当梁段滑移出一节，预制好的底板亦随着推移至箱梁两外侧腹板模板之间，在这个部位底板下设有中间支柱，以承受内模、腹板和顶板的重量。

腹板外侧模板顶起就位并固定后，即可安装腹板钢筋骨架。腹板内模就位于浇制好的底板上，再安装顶板钢筋和需要的预应力筋并浇筑混凝土。

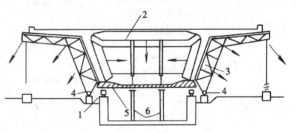

图 7-30 箱梁模板横断面

1—滑移支承；2—可动的内模；3—固定外模；4—铰；
5—在前一循环已浇好的底板；6—中间支柱

图 7-30 为一箱梁模板的横断面，它在构造上应满足下列要求。

(1) 梁底板的底模上应装有表面磨光的钢板，以减少移动梁底板的摩擦力。

这是因为腹板下方的底板愈平直愈好，它对保证顺利滑动是重要的，因此，底板边上 0.5m 宽应用平滑的钢板制成并放在一根磨光的钢托梁上。在滑动前，先将中间的模板放低，使其与底板脱离，则底板只直接支承在边部钢板上便于滑动。

(2) 侧模为固定模板，其构造要能够旋转和高度可调整的。从图 7-30 可见，每侧的两片外模是各成一片的，用轻型钢桁加劲，并在根部铰接，当两边支柱松下，模壳很容易同混凝土脱离。

（3）内模做成可沿轴向移动的构造。从图7-30可见，中间部分顶板内模先落下，然后将两边模向内松移。模壳滑行操作简单，可在数分钟内用液压设备来完成。

2．施工工序

箱梁采用分段浇筑顶推，每预制、顶推一个梁段为一个作业循环，其工艺流程如图7-31所示。

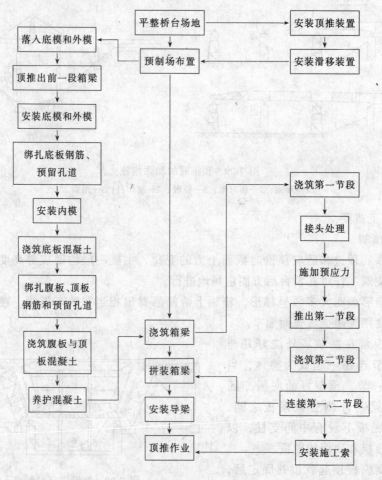

图7-31 顶推法工艺流程图

3．顶推装置

（1）用拉杆的顶推装置（图7-32所示）

在桥台前面安装一对千斤顶，使其底座靠在桥台上，拉杆一端与千斤顶连接，另一端是用一顶推靴固定在箱梁侧壁上。当施加推力时，装在顶推靴上的自动开放的楔子便将装在梁身两侧的拉杆挟住，使梁身随着推力而滑移。

（2）水平—垂直千斤顶的装置（图7-33所示）

其原理与顶推步骤如下：

1）先将垂直千斤顶落下，使梁支承于水平千斤顶前端的滑块上；

2）开动油泵，水平千斤顶进油，活塞向前推动滑块，利用梁底混凝土与橡胶的摩阻力大于聚四氟乙烯与不锈钢板的摩阻力来带动梁体向前移动至最大行程后停止；

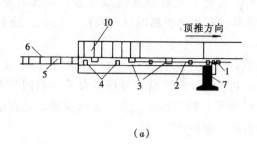 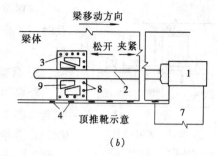

图 7-32 用拉杆的顶推装置

1—顶推的千斤顶；2—拉杆；3—拉杆顶推靴；4—滑动支座；
5—中间支柱；6—底板；7—桥台；8—螺栓；9—楔子；10—模板

3）顶起垂直千斤顶，使梁升高，脱离滑块；

4）再开动油泵，向水平千斤顶小缸送油，活塞后缩，把滑块退回原处，然后再将垂直千斤顶落下，使梁又支承于滑块上，继续顶进。如此重复，直到整个梁就位。

图中的滑块可用铸铁或钢板做成，顶面垫以橡胶与梁体接触，底面垫以聚四氟乙烯板，该板直接置于抛光的不锈钢板形成的滑道上。聚四氟乙烯板与钢的摩阻系数很小而不需润滑。随着荷载的增加和滑动速度的减慢，氟板和钢板间的摩阻系数反而有所减少，一般在 0.02～0.05 之间。

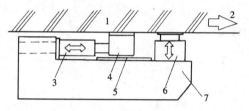

图 7-33 用水平—垂直千斤顶的顶推
装置示意图

1—梁段；2—推移方向；3—水平千斤顶；
4—滑块；5—聚四氟乙烯滑板；
6—垂直千斤顶；7—滑台

4．滑移装置

当顶推装置工作时，梁应支承在滑动支座上，以减少推进阻力，梁才得以向前。滑动支座的构造如图 7-34 所示。

它由混凝土块、抛光不锈钢板和在其上顺次滑移的聚四氟乙烯滑板所组成。由于梁底可能不平及聚四氟乙烯滑板的厚薄不均，所以在推移中，滑板必须连续跟上，以免影响推进。

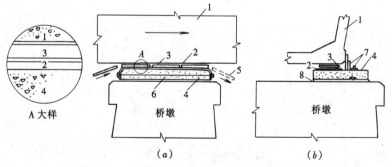

图 7-34 滑动支座构造

1—推移梁部；2—不锈钢板；3—聚四氟乙烯滑板；4—混凝土块；
5—推移出的聚四氟乙烯滑板；6—固定不锈钢板螺栓；
7—垫有滑板的横向导具；8—砂浆层

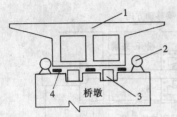

图 7-35 落梁示意
1—梁体；2—顶推千斤顶；
3—落梁千斤顶；4—盆式支座

在顶推时，应经常检查梁底边线位置，发现偏差时，及时用木楔及聚四氟乙烯板横向导向装置（7-34b）进行纠偏。

5. 落梁就位

全梁顶推到达设计位置后，可用多台千斤顶同时将梁顶起（图 7-35 所示）拆除滑道，安上正式支座，进行落梁就位，落梁温度一般在 20℃左右。

第八章 其他体系桥梁施工

第一节 拱 桥 施 工

拱桥施工从方法上可分为支架施工和无支架施工两大类。在我国，支架施工常用于石拱桥和混凝土预制块拱桥，后者多用于肋拱、双曲拱、箱形拱、桁架拱和钢管混凝土拱桥，也有采用两者结合的施工方法。本节着重叙述石拱桥施工和钢管混凝土拱桥施工。

一、石拱桥施工

石拱桥上部结构施工按其程序可分为拱圈放样、拱架设置、拱圈和拱上建筑砌筑、拱架卸落等。

1. 拱圈放样和拱石编号

拱圈是拱桥的主要部分，它的各部尺寸必须和设计图纸严密吻合。为了做到这一点，最可靠的方法是按设计图先在地上放出1:1的拱圈大样，然后按照大样制作拱架、制作拱块样板，因此，放样工作十分重要，应当做到精确细致。

样台宜位于桥位附近的平地上，先用碎石或卵石夯实，再铺一层2~3cm厚的水泥砂浆，也可采用三合土地坪，以保证放样期间不发生超过容许值的变形。对于左右对称的拱圈，一般只须放出半孔即可。

针对拱圈的不同线型，介绍两种拱圈样板放样法，圆弧拱放样和悬链线拱圈放样法：

(1) 圆弧拱放样，常用的放样方法有圆心推磨法和直角坐标法。下面仅介绍圆心推磨法（图8-1）。

1) 在样台上用经纬仪放出 $x-x$、$y-y$ 坐标。

2) 用校正好的钢尺在 y 轴上方量出 f_0，在 y 轴下方量出 $(R-f_0)$，得 O' 点。

3) 以 O' 点为圆心，R 为半径画弧交 $x-x$ 轴于 a、b 两点，则 $\overset{\frown}{ab}$ 即为圆弧拱之拱腹线，并用钢尺校核 $\overline{ab}$ 是否与 L_0 值相等。

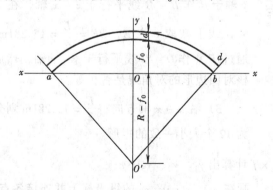

图 8-1 圆心推磨法

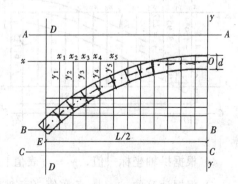

图 8-2 直角坐标法

4）以 O' 点为圆心，$(R+d)$ 为半径画弧交 $O'a$、$O'b$ 延长线于 c、d 两点，则 $\overset{\frown}{cd}$ 即为圆弧拱之拱背线。弧的圆心可在样台之外，但必须与样台在同一平面上。拉尺画弧时，应使尺身均匀移动，不能弯扭。

（2）悬链线拱圈放样，常用的放样方法有直角坐标法和多圆心法。下面仅介绍直角坐标法（图8-2）。

1）在样台上，以拱顶的坐标为原点，用经纬仪放出 $x-x$、$y-y$ 两轴线，并作 $A-A$、$C-C$ 线平行于 $x-x$ 轴。

2）从 $x-x$、$y-y$ 轴上的交点 O 向下在 y 轴上量取一点 B 点 $OB=f$。从 B 点作垂直于 $y-y$ 轴（即平行于 $x-x$ 轴的 $B-B$ 线，在 $B-B$ 线上截取一点 E，使 $BE=L/2$。通过 E 点作 $D-D$ 线）平行于 $y-y$ 轴，则 E 点即为拱轴线在拱脚处的交点。核对四边形的对角线是否相等。

3）沿 $x-x$ 轴方向，将 $L/2$ 划分成12个大小相等的矩形。

4）根据计算的 y_1 各数画在坐标上，并连接各点，该曲线即为拱轴线。

5）在拱脚 E 点作拱轴线的垂直线长为等分 d 的长度（d 为拱圈厚度）。

6）作平行于拱轴线的拱背线和拱腹线，并用铁钉或油漆标出。

7）用 $\phi 6 \sim \phi 8$ 钢筋将拱腹、拱轴、拱背各点圆滑地连接成弧线。

【例8-1】试用直角坐标法对悬链线拱圈进行放样，设 $L_0=30\text{m}$，$f_0=6\text{m}$，$d=0.8\text{m}$，$\dfrac{f}{L}=\dfrac{1}{5}$。

【解】1）求拱脚处倾斜角 φ_j，选择拱轴系数 $m=2.814$

$\text{tg}\varphi_j = [\text{表值}] \times \dfrac{f}{1000L}$ 根据 $m=2.814$，查拱脚处表值为4915代入公式

$\text{tg}\varphi_j = 4915 \times \dfrac{1}{1000 \times 5} = 0.983$，得 $\varphi_j = 44.509°$

$f = f_0 + (1-\cos\varphi_j)\dfrac{d}{2}$ 式中 $\cos 44.509° = 0.7131$

$= 6 + (1-0.7131) \times \dfrac{0.8}{2} = 6.115\text{m}$

$L = L_0 + d\sin\varphi_j = 30 + 0.8 \times 0.701 = 30.561\text{m}$，式中 $\sin 44.509° = 0.701$。

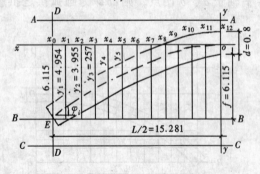

2）从 o 点量出 $f=6.115\text{m}$，相交于 $y-y$ 轴于 B 作 $B-B$ 线平行于 $x-x$ 轴，在 $B-B$ 线上截取一点 E，$BE=\dfrac{L}{2}=15.281\text{m}$，通过 E 点作 $D-D$ 线平行于 $y-y$ 轴，然后核对四边形的对角线是否相等。

3）沿 $x-x$ 轴方向将 $\dfrac{L}{2}=15.281\text{m}$ 划分为12个大小一致的矩形。

4）根据拱轴坐标 $\dfrac{y_1}{f}$ 值，$y_i=[\text{表值}] \times f$ 计算出 y_1、y_2、y_3……y_{12}。

5）根据计算的 $y_0 \sim y_{12}$ 各数值（表8-1），画在 x_0、x_1……x_{12} 的纵坐标上并连接各点。该曲线即为拱桥的拱轴线。

拱轴坐标 $\dfrac{y_1}{f}$ 值 $y_1 = $ [表值] $\times f$ 表 8-1

截面号 m	0 拱脚处	1	2	3	4	5	6	7	8	9	10	11	12 拱顶
2.814	1.000	0.8101	0.6473	0.5085	0.3908	0.2920	0.2100	0.1432	0.0903	0.0502	0.0221	0.0055	0
y_1	6.115	4.954	3.958	3.109	2.390	1.786	1.284	0.876	0.5522	0.3070	0.1351	0.0336	0

$y_0 = 1 \times 6.115 = 6.115$，$y_1 = 0.8101 \times 6.115 = 4.954$……$y_{11} = 0.0055 \times 6.115 = 0.0336$，$y_{12} = 0$。

6) 在拱脚 E 点并拱轴线与 x_i 相交点各作拱轴线的垂直线长度各为 $\dfrac{d}{2} = 0.4$，连接各点即为拱背线及拱腹线。然后用铁钉标出，再用 $\phi 6$ 钢筋将拱腹、拱轴、拱背坐标连成弧线。

拱圈的弧线画好后，可划分拱石。拱石宽度常为 30~40cm，灰缝宽度一般 1~2cm 之间。灰缝过宽，将降低砌体强度，增加灰浆用量，灰缝过窄，灰浆不宜灌注饱满，影响砌体质量。

根据确定的拱石宽度和灰缝宽度，即可沿拱圈内弧用钢尺定出每一灰缝中点，再经此点顺相应的内弧半径方向划线，即可定出外弧线上的灰缝中点。连接内外弧灰缝中点，垂直此线向两边各量出缝宽一半画线，即得灰缝边线。然后根据要求的高度和错缝长度可划分全部拱石。拱石划分后，应立即编号，如图 8-3（a）所示。

拱石编号后，还要依样台上的拱石尺寸，做成样板（图 8-3b），写长度、块数。样板可用木板和镀锌铁皮制成。

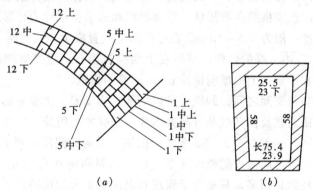

图 8-3 正拱石编号及样板

当用片石、块石砌筑时，石料的加工程序大为简化，无须制作样板。但需对开采的石料进行挑选，将较好的留作砌筑拱圈，并在安砌时稍加修凿。

2. 拱架

拱架是拱桥在施工期间用来支承拱圈、保证拱圈能符合设计形状的临时构造物。拱架应有足够的稳定性、不变形、刚度和强度，并且构造简单、便于制作、拼装、架设和省工省料。

拱架的种类很多，按使用材料分为木拱架、钢拱架、竹拱架、竹木拱架及"土牛拱胎"等型式，其中木拱架最为常用。

木拱架按其构造形式可分为满布式拱架、拱式拱架及混合式拱架等几种。

满布式拱架通常由拱架上部（拱盔）（若无拱盔称为支架，常用于现浇整体式桥梁上部构造施工）、卸架设备、拱架下部三部分组成（图8-4）。

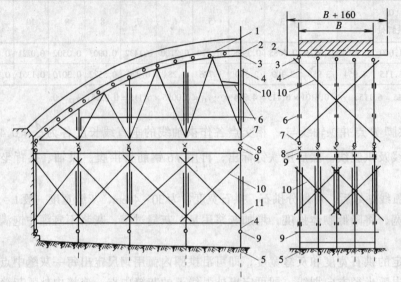

图8-4 排架式满布拱架（尺寸单位：cm）
1—模板；2—横梁；3—弓形木；4—立柱；5—桩；6—水平夹木；
7—大梁；8—拆架设备；9—帽木；10—斜向夹木；11—纵向夹木

卸架设备以上部分称为拱盔，一般由斜梁、立柱、斜撑和拉杆组成的拱形桁架。在斜梁上钉以弧形垫木以适应拱腹曲线形状，故将斜梁和弧形垫木称为弓形木。弓形木支承在立柱或斜撑上，长度一般为1.5~2.0m。在弓形木上设置横梁，其间距一般为0.6~0.8m；上面再纵向铺设2.5~4cm厚的模板，就可在上面砌筑拱石。当拱架横向间距较密时，可不设横梁，而直接在弓形木上面横向铺设6~8cm厚的模板。

卸架设备在拱盔与支架之间，卸架设备以下部分为支架（拱架下部）。

立柱式支架是由立柱及横向联系（斜夹木和水平夹木）组成。立柱间距按桥梁跨径及承受拱圈重量的不同，一般在1.5~5m之间，拱架在横向的间距一般为1.0~1.7m，为了增强横向稳定性，拱架之间应设置横向联系（水平及斜向夹木）。立柱式拱架的构造和制作都很简单。但立柱数目很多，只适合于跨度和高度都不大的拱桥。

撑架式拱桥是用少数框架式支架加斜撑来代替数目众多的立柱（图8-5）。木材用量较立柱式拱架少，构造上也不复杂，且能在桥孔下留出适当的空间，减少洪水及漂流物的威胁，并在一定程度上满足通航要求。

与满布式拱架相比较，拱式拱架不受洪水、漂流物等的影响，在施工期间能维持通航，适用于墩高、水深、流急或要求通航的河流。图8-6为夹合木拱架，其跨径在30m以内采用矩形截面，

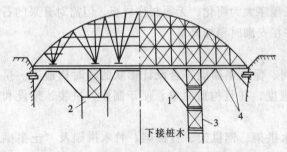

图8-5 斜撑式满布拱架
1—斜撑；2—临时墩；3—框式支架；4—卸架设备

30~40m 时采用工字形截面。

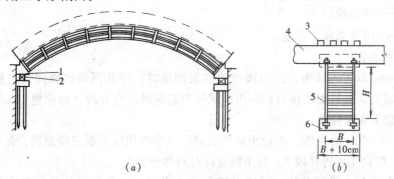

图 8-6 夹合木拱架
（a）N 式；（b）V 式
1—三角垫木；2—卸架设备；3—模板；4—模板；5—螺栓；6—角铁

三铰桁式拱架是拱式木拱架中常用的一种形式，其材料消耗率低，但要求有较高的制作水平和架设能力。三铰木桁拱架的纵、横向稳定应特别注意。除在结构上须加强纵横联系外，还需设抗风缆索，以加强拱架的整体稳定。在施工中还应注意对称地均衡地砌筑，并加强施工观测。桁架的结构型式按腹杆的布置有 N 式和 V 式，如图 8-7 所示。

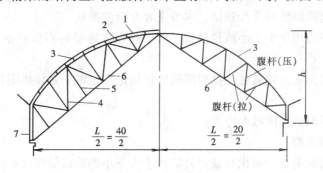

图 8-7 三铰桁式拱架
1—模板；2—横梁；3—上弦；4—斜杆；
5—竖杆；6—下弦；7—垫块

支架的支承部分必须安装在坚实的地基上，用桩作基础的，应验算桩的承载能力；用枕木作基础的，应验算土基承载能力。同时，应保证支架不发生不允许的下沉。在湿陷性黄土地基上安装的支架，必须有防水措施。

为了使拱圈在修建后，其拱轴线能符合设计要求，因此在施工时，必须在拱架上考虑预拱度。

石拱桥顶部预拱度值可按下式估算。

$$\delta = \left(\frac{1}{400} \sim \frac{1}{800}\right) L$$

其他各点按二次抛物线变化

则 $\delta_i = \dfrac{4\delta}{L_0^2} \cdot x \, (L_0 - x)$

式中　x——以拱脚为原点的横坐标；

　　　L_0——净跨径；

　　　δ——拱顶总预加拱度。

3. 拱圈砌筑

跨径 10m 以下的拱圈，当用满布式拱架砌筑时，可从两端拱脚同时对称、均衡地向拱顶方向砌筑，最后砌拱顶石；当用拱式拱架砌筑时，宜分段、对称地先砌拱脚段和拱顶段，最后砌 1/4 跨径段。

跨径 13~20m 的拱圈，不论用何种拱架，每半跨均应分成三段砌筑，先砌拱脚段 1 和拱顶段 2、后砌 1/4 跨径段 3，两半跨应同时对称地进行。

跨径大于 25m 拱圈砌筑，程序应符合设计规定，一般采用分段砌筑或分环分段相结合的方法砌筑，必要时应对拱架预加一定的压力。分环砌筑时，应待下环砌筑合拢后、砌缝砂浆强度达到设计标号 70% 以上后，再砌筑上环。

多孔连续拱桥拱圈的砌筑，应考虑连拱的影响，制定相应的砌筑程序。

4. 拱圈合拢

砌筑拱圈时，在拱顶留一缺口，待拱圈的所有缺口和空缝全部填封后，再封闭拱顶缺口，称为合拢。

合拢时的温度，应按设计要求。当设计无规定时，应尽量接近当地的平均气温。

合拢的方法有尖拱法与千斤顶法，本节主要介绍尖拱法。

尖拱法一般只适用于中、小跨径拱桥，对一些较大跨径的石拱桥也有采用此种方法。尖拱的作用有三个：

（1）在拱架卸落前，可通过尖拱判断拱的作用是否正常，并使拱圈稍微脱离拱架，以便拆架；

（2）可以稍微调整拱圈截面内力；

（3）防止拱圈开裂。

拱圈砌缝都为辐射形，故拱顶缺口处形成上大下小的缺口如图 8-8 所示。

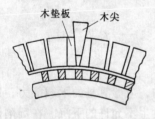

图 8-8　尖拱示意图

为消除尖拱时的震动影响，在拱顶 1/5 的拱圈长度宜先干砌，待尖拱后再灌填砂浆；不然，应在砂浆强度达到 70% 以上后再尖拱。尖拱用硬木楔进行，可以做成一种尺寸二次打入而得预定的拱圈抬高度及缺口张开度；也可以做成几套不同尺寸的硬木楔，从小到大的次序，逐次打入；还可以做成复合木楔，两块紧贴拱圈石而中间木楔从缝中打入。为减少木楔夯下时的摩阻力，在缺口两侧垫上木板与青竹皮。合拢用的打入木楔个数应根据拱顶推力估算。木楔用木夯或石夯夯下，夯打时最好同时进行。尖拱完毕后，根据缺口尺寸修打刹尖石，刹尖石的尺寸不要做得太小，需要锤打下嵌紧为度。

5. 拱上建筑的砌筑

拱上建筑的施工，应在拱顶石砌完，合拢砂浆达到设计强度 30% 后进行，一般不小于合拢后 $3d$；当拱桥跨径较大时，最好在合拢后 $10d$ 进行。实腹式拱上建筑，应由拱脚向拱顶对称地砌筑。当侧墙砌筑好以后，再填筑拱腹填料。

空腹式拱桥，一般是在腹拱墩砌完后就卸落拱架，然后再对称均衡地砌筑腹拱圈，以免由于主拱圈不均匀下沉而使腹拱圈开裂。

6. 拱架卸落

拱圈砌筑完毕，待达到一定强度后即可拆除拱架。如果施工情况正常，在拱圈合拢后，拱架应保留的最短时间：跨径在 20m 以内时，为 $20d$；跨径越过 20m 时，为 $30d$。应施工要求必须提早拆除拱架时，应适当提高砂浆标号或采取其他措施。

为保证拱圈（或拱上建筑已完成的整个上部结构）逐渐均匀地降落，以便使拱架所支承的桥跨结构重量逐渐转移给拱圈自重来承担，因此拱架不能突然卸落，而应按卸架程序进行。

对于满布式拱架中、小跨径拱桥，可以将各节点处的卸落量分几次，从拱顶向拱脚上对称卸落。靠近拱顶处的一般可分 3~4 次卸落，靠近拱脚处的可减少卸落次数。图 8-9 表示满布式拱架的卸落步骤示意图，图中 δ_0、δ_1、δ_2、δ_3、δ_4 表示各节点处卸落量。

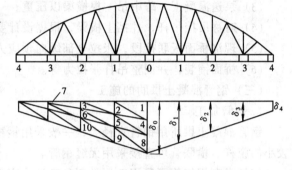

图 8-9 满布式拱架的卸落步骤示意图

对于大跨径的悬链线拱圈，为了避免拱圈发生"M"形变形，也有从两边 $L/4$ 处逐次对称地向拱脚和拱顶均衡地卸落。卸架的时间宜在白天气温较高时进行。

二、钢管混凝土拱桥施工

钢管混凝土拱桥的施工方法为少支架施工、无支架施工。施工方法中的关键是钢管肋拱的施工。由于吊杆、纵梁、横梁等构件类似于梁桥构件，在这里不再赘述。

（一）少支架施工

简支钢管混凝土组合拱桥的少支架施工与构造、通航要求等因素密切相关。当纵梁足够高时，可以采取少支架施工。如果河流有通航要求，中间可预留通航孔以维持临时通航，在临时通航孔外搭设少量支架，以便搁置纵梁。一般用先筑纵梁后架拱的方案。对于先预制加劲梁，在支架上浇筑接缝及接头，而后架设钢管拱肋及浇灌拱肋混凝土的方案的施工步骤：

(1) 设置临时墩及主墩支撑浇筑端块及端横梁；

(2) 吊装预制加劲梁节段，在支墩上现浇纵向连接梁；并吊装部分横梁现浇接头，形成平面框架，张拉横梁预应力及部分纵向预应力筋；在浇筑中预留吊杆的位置。

(3) 架设其余横梁及钢管拱肋，浇筑横梁接头及张拉预应力筋，设置风撑及灌注钢管混凝土；按设计要求张拉吊杆。

(4) 铺设桥面空心板，张拉其余纵向预应力筋。拆除支架，浇筑桥面铺装。

(5) 拆除临时墩。

（二）无支架施工方法

无支架施工方法，指将整孔吊装，钢管吊装后锁定于拱座的铰上，或在拱座横梁上利用桥台、桥墩承担水平推力。如桥墩承担水平推力有困难时，可将钢管两端焊上临时锚箱，张拉临时拉杆，拉杆中间需设辅助吊杆；而后泵送混凝土及吊装横梁，张拉吊杆，利用横梁作为支点。张拉部分纵向索,以及浇筑桥面板及加劲纵梁现浇段;然后张拉全部预应力束。或将钢管分三段吊装,在桥台或桥墩上设独脚拨杆,设前后拉索,后拉索锚在地上,前拉索扣住钢管,吊装中段利用预埋螺栓孔将接头固定,待风撑安装后,各接头施焊,并用扣索将钢管固定,防止失稳。施工步骤如下:

(1) 完成基础工作后,浇筑承台、横梁和纵梁端块(包括拱座);

(2) 用前面所讲的钢管拱吊装方式,使钢管拱就位,并用吊杆及临时拉索预先安装好,就位后就可焊接拱脚焊缝;

(3) 泵送混凝土,跨中吊一根横梁以压重;

(4) 对称吊挡吊杆,并挡上横梁,根据设计要求进行吊杆的张拉,张拉横向索;

(5) 现浇桥面板联接段,张拉全部纵向预应力索;

(6) 桥面铺装,并调整吊杆张拉力等。

(三) 钢管混凝土拱肋的施工

1. 钢管加工

钢管混凝土拱所用钢管直径大,一般采用钢板卷制焊接管,其中对桁式钢管拱中直径较小的腹杆、横联管可直接采用无缝钢管。

钢板卷制焊接管可采用工厂卷制和工地冷弯卷制。由于工厂卷制质量便于控制,检测手段齐全,推荐采用工厂卷制焊接管。根据不同的板厚和管径,可采用螺旋焊缝和纵向直焊缝两种形式。制管工艺程序钢板备料、卷管、焊缝检查与补焊、水压试验等工序。

2. 钢管拱肋加工制作

成品钢管通常为 8~12m 长,一般经接头、弯制、组装后,形成拱肋。

在钢管拱肋加工制作前,首先应根据设计图的要求绘制施工详图。施工详图按工艺程序要求,绘成零件图、单元构件图、节段构成图及试装图。

加工前,首先在现场平台上对 1/2 拱肋进行 1:1 放样,放样精度需达到设计和规范要求。根据大样按实际量取拱肋各构件的长度,取样下料和加工。量测时应考虑温度的影响。按拱肋加工段长度(一般为拱肋吊装分段长度)进行钢管接长。在可能的情况下均应作双面焊接或管外焊接,对不能进行管内施焊的小直径管可采用在进行焊缝封底焊后再进行焊接的办法。焊接完成后严格按设计要求进行焊缝外观质量检查和超声波与 X 射线检测。工地弯管一般采用加热方式,利用模架对弯管节施加作用,使之弯曲,直至成形。

3. 拱肋的拼装

钢管拱肋具有各种型式,从断面看,可以是单管、双管或多管,从立面看,可以是管型或由管组成的桁构型。接装时按下列顺序进行:

(1) 精确放样与下料。一般按 1:1 进行放样,根据实际放样下料;

(2) 对用于拼装的钢管作除锈防护处理;

(3) 在 1:1 放样台上组拼拱肋。先进行组拼,然后作固定性焊接,在拱肋初步形成后,对其几何尺寸作详细检查,发现问题,及时调整,使拼装精度达到设计要求。

(4) 焊接。焊接是钢管混凝土拱桥施工最重要的一环。施焊工艺必须符合设计要求,并需按要求进行检测(检测项目包括外观、超声波与 X 射线)。在拱肋一面焊接完后,对其进行翻身,以便焊接另一面,从而避免仰焊,确保焊接牢固。由于拱肋翻身是在未完全焊接情况下进行，很容易造成拱肋结构杆件接头处的损坏，所以，必须正确设置吊点和严格按设计方案要求进行翻身。

（5）精度控制。桥跨整体尺寸的精度由节段精度来保证，所以，制作精度的控制应着眼于节段的制作精度。在制作中，由于卷尺误差、温度变形、画线的粗细度以及焊接收缩量等误差大小在一定程度上可以推算，因而在制作中要尽量排除。把基准对合偏差、焰割气压变化时所产生的切割偏差、组装时对中心的误差、估计焊接收缩量误差等偶然误差作为基本误差来考虑，利用误差理论分析出节段制作与结构拼装误差预测值，并根据不同的保证率和实际情况确定出容许误差，在施工时的精度控制按规范和设计要求执行。

（6）防护。钢管防护的好坏直接影响钢管混凝土拱桥的使用寿命。在拱肋段完全形成、焊缝质量检验合格后即可进行防护施工。首先对所有外露面作喷砂除锈处理，然后作防护处理，目前一般采用热喷涂，其喷涂方式、工艺以及厚度均应符合设计要求。在防护完成后即可将其堆放待用。

4．钢管拱肋安装

钢管混凝土拱桥施工中最主要的工序之一就是拱肋安装，安装的方法有：

无支架缆索吊装；少支架缆索吊装；整片拱肋或少支架浮吊安装；吊桥式缆索吊装；转体施工；支架上组装；千斤顶斜拉扣挂悬拼等。这里主要介绍千斤顶斜拉扣挂悬拼法。

钢管混凝土拱桥的拱圈形成主要分两步，一是钢管拱圈形成，二是在管内灌注混凝土形成最终拱圈，钢管拱既是结构的一部分，又兼作浇筑管内混凝土的支架与模板。采用千斤顶斜拉扣挂悬拼装安装就是利用在吊装时用于扣挂钢管的斜拉索的索力调整，来控制吊装标高和调整管内混凝土浇筑时拱肋轴线变形，千斤顶斜拉扣挂悬拼安装系统包括吊运系统和斜拉扣挂系统两部分，如图8-10所示。

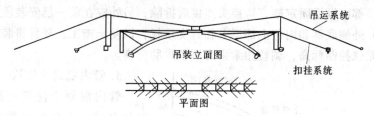

图8-10 千斤顶斜拉和挂悬拼示意图

吊运系统主要用于预制钢管拱肋段的运送。扣索系统中扣索采用钢绞线，各根扣索用多大的钢绞线或由几根组成，应根据扣力大小决定。扣索索力计算与拱桥悬拼施工相似。扣索经扣塔顶索鞍弯曲转向进入地锚张拉锚固，如图8-11所示。

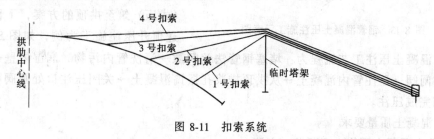

图8-11 扣索系统

拱肋的拼装顺序一般按设计要求进行。图 8-12 表示了某桥的拼装流程。

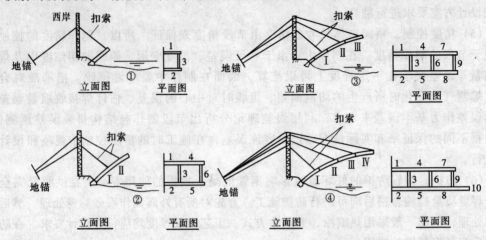

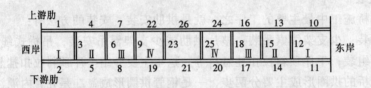

图 8-12　钢管拱肋拼装流程示例

注：①图中阿拉伯数字表示吊装就位顺序。

②图中罗马数字表示钢骨架分段。

空中接头处一般钢管拱肋处于悬臂状态（节点以外）。为保证钢管不产生整体变形，便于空中对接，都应设置固定架，待接头连接后拆除；另外应在前一已安装段管（多管截面时为下层管）外侧底部和内侧上部焊上临时支承板，以便于施工。悬臂拼装过程中，采用水准仪或全站仪控制标高，调整扣索索力调整拱肋标高。

5. 管内混凝土浇筑

管内混凝土浇筑可采用人工浇筑和泵送顶升压注两种方法。由于分段浇筑对密封的钢管来讲较为困难，且由此而产生的若干混凝土接缝对钢管混凝土拱肋质量不利。所以，一般采用自拱脚一次对称浇（或压）筑至拱顶的方案，下面以泵送顶升压注施工为例，如图 8-13 所示。钢管混凝土压注工艺流程为：堵塞钢管法兰间隙→清洗管内污物，润湿内壁→安设压注头和闸阀→压注管内混凝土→从拱顶排浆孔振捣混凝土→关闭压注口处闸阀稳压→拆除闸阀完成压注。

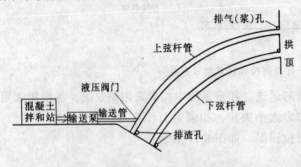

图 8-13　钢管混凝土压注施工示意图

（1）混凝土质量要求

1) 管内混凝土不能出现断缝、空洞；

2) 管内混凝土不能与管壁分离;

3) 管内混凝土的配料强度应比设计强度高 10% ~ 15%;

4) 新灌入钢管的混凝土,3d 内承载量不宜高于 30% 设计强度。7d 内承载量不宜高于 80% 设计强度;

5) 一根钢管的混凝土的灌注完成时间,不得超过第一盘入管混凝土的初凝时间;

6) 一根钢管的混凝土必须连续灌注,一气呵成。

(2) 钢管混凝土宜采用半流动性微膨胀缓凝混凝土。

1) 水灰比应小于 0.35,坍落度:12 ~ 18cm,以 16cm 最佳;

2) 加入减水剂增加流动度;

3) 加微膨胀剂防止混凝土收缩。微膨胀剂可选用钙矾石、UEA 等;

4) 高温地区夏季灌注混凝土时,可加 5%(水泥量)的一级粉煤灰,以增加和易性,降低水化热;

5) 应加入缓凝剂延长初凝时间。

(3) 灌注施工时的注意点有:

1) 入口应设法兰接头和插板与输送泵管口联接。待灌注到设计标高后,用插板堵死开口,防止混凝土外溢;

2) 在灌注混凝土的前进方向上应每隔 30m 设一个排气孔;

3) 灌注开始前,应压入清水洗管,润湿内壁,管内不得留有油污和锈蚀物;

4) 灌注混凝土前,应先泵入水泥浆,然后连续泵入混凝土;

5) 应从两岸拱脚对称灌注混凝土;

6) 可在钢管上固定附着振捣器,边灌边振,这有助于排出管内空气,加强密实度,采用免振混凝土则无须振捣;

7) 灌注顺序按设计要求执行,对拱肋轴线变形进行观测调整;

8) 灌注时环境气温应大于 +5.0℃。当环境气温高于 40℃,钢管温度高于 60℃时,应采取措施降低钢管温度。

(4) 钢管内填心混凝土质量常见的缺陷存在以下几种:

1) 空腔,由灌注过程中排气不良或灌注间断而残留在混凝土内的空气造成;

2) 收缩缝,由混凝土水灰比过大,水泥用量过多,微膨胀量不足造成;

3) 混凝土与管壁粘结不良,由管内壁锈蚀造成;

4) 混凝土离析,由配料不好、骨料堆积或抛投灌注造成;

5) 混凝土疏松不密实,由泵压不足、灌注速度过快造成。

第二节 斜拉桥施工

斜拉桥的施工方法多种多样。根据国内外的工程实践,斜拉桥基础、墩台和索塔施工与其他桥型基本相同,但上部结构施工,有其特殊性。一般大跨径斜拉桥上部结构主要采用悬臂浇筑或悬臂拼装的施工方法,对于中小跨径的斜拉桥,可根据桥址处的地形条件和结构的特点,采用支架法、顶推法等施工方法。下面针对斜拉桥的混凝土索塔施工,主梁施工和拉索施工作阐述。

一、混凝土索塔

混凝土索塔的塔柱可分为下塔柱、中塔柱和上塔柱，一般采用支架法、滑模法、爬模法、翻转模板法分节段施工，施工节段大小的划分与塔柱构造、施工方法、施工环境条件、施工机具设备能力（起重设备能力）等多方面因素有关，常用的施工节段大小划分为1~6m不等，每节段典型的施工工艺流程如图8-14所示。根据国内外多座斜拉桥的施工经验，采用爬模法或翻转模板法施工的塔柱，按照上述施工节段划分组织施工，其施工工效可达1.0~1.5m/d。

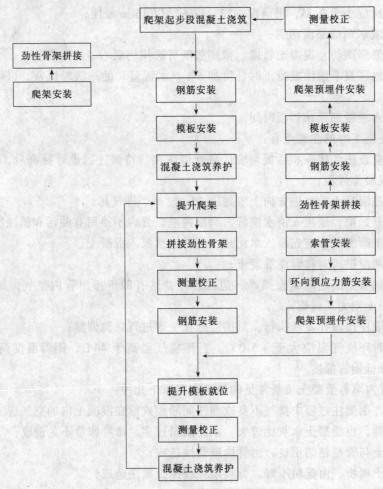

图8-14 塔柱施工工艺流程图

一般来讲，塔柱的塔壁内往往设有劲性骨架，劲性骨架在加工厂分节段加工，在现场分段超前拼接，精确定位。劲性骨架安装定位后，可供测量放样、立模、钢筋绑扎及斜拉索钢套管定位使用，也可承受部分施工荷载。劲性骨架在倾斜塔柱中，其功能作用更大，设计往往结合构件受力需要设置。当倾斜塔柱为内倾或外倾布置时，应考虑在两塔肢之间每隔一定的高度设置受压支架（塔柱内倾）或受拉拉杆（塔柱外倾）以保证斜塔柱的受力、变形和稳定性，具体的布置间跨应根据塔柱构造经过设计计算确定。

塔柱钢筋一般均采用加工场预制成型、现场安装的办法施工。钢筋之间的连接包括绑扎塔接、焊接连接、冷挤压连接及直螺纹连接等多种方法，其中冷挤压连接和直螺纹连接两种连接技术，因施工方便、快速、成本合理、质量可靠等特点越来越多地得到应用，特别是大直径钢筋的连接施工。

塔柱钢筋安装完成、模板就位后，即可进行混凝土的浇筑。塔柱混凝土浇筑一般采用卧式泵泵送的办法进行。

二、主梁

斜拉桥主梁施工方法与梁式桥大致相同，一般可分为顶推法、平转法、支架法和悬臂法等四种。悬臂法因适用范围较广而成为目前斜拉桥主梁施工最常用的方法。

悬臂施工法分悬臂浇筑法和悬臂拼装法。悬臂浇筑法是在塔柱两侧用挂篮对称逐段浇筑主梁混凝土。悬臂拼装法是先在塔柱区现浇（对采用钢梁的斜拉桥为安装）一段放置起吊设备的起始梁段，然后用起吊设备从塔柱两侧依次对称拼装梁体节段。

（一）悬臂浇筑法施工

悬臂浇筑法是大部分混凝土斜拉桥主梁施工的主要方法。适用于任何跨径的斜拉桥主梁施工。

主梁悬臂浇筑节段长度根据斜拉索的节间长度、梁段重量进行划分，一个节段长度可采用一个索距或半个索距，但也有一个节段长度采用两个索矩的。一般情况下一个悬臂浇筑节段长度在 4~8m 左右。斜拉桥主梁的悬臂浇筑与一般预应力混凝土梁式桥悬臂浇筑的施工工序基本相同。

（二）悬臂拼装法施工

悬臂拼装法的主梁是预制的，墩塔与梁可平行施工，因此可以缩短施工周期，加快施工进度，减少高空作业。主梁预制混凝土龄期较长，收缩和徐变影响小，梁段的断面尺寸和浇筑质量容易得到保证。但该法需配备一定的吊装设备和运输设备，要有适当的预制场地和运输方式，安装精度要求较高。先在塔柱区现浇一段放置起吊设备的起始梁段，然后用适宜的起吊设备从塔柱两侧依次对称安装预制节段，使悬臂不断伸长直到合拢。

三、斜拉索的安装

1. 放索

为便于运输及运输过程中索的保护，斜拉索起运前通常采用类似电缆盘的钢结构盘将拉索卷盘，然后运输。对于短索，也有采取自身成盘，捆扎后运输的情况。

在放索过程中，由于索盘自身的弹性和牵引产生的偏心力，会使转盘转动时产生加速度，导致散盘，危及施工人员的安全，所以，一般情况下要对转盘设刹车装置，或者以钢丝绳作尾索，用卷扬机控制放索。

2. 索在桥面上的移动

在放索和挂索过程中，要对斜拉索进行拖移，由于索自身弯曲，或者与桥面直接接触，在移动中就可能损坏拉索的防护层或损伤索股。为避免这些情况的发生，一般对索在移动时要进行保护。

3. 索在塔部安装

一般情况下，可根据斜拉索张拉方式确定拉索的安装顺序，拉索张拉端位于塔部时可先安装梁部拉索锚固端，后安装塔部拉索锚固端；反之，先安装塔部，后安装梁部。塔端拉索锚固端安装的方法一般有吊点法、吊机安装法、脚手架法、钢管法等。塔部拉索张拉段安装的方法一般有分步牵引法、桁架床法等。对于两端皆为张拉端的斜拉索，可选择其中适宜的方法。脚手架法、钢管法和桁架床法都要在悬挂斜拉索的位置搭设支架，安装复杂、速度慢，只适应低塔稀索的情况。现代化斜拉桥多为大跨、高塔、密索体系，常用吊点法、吊机安装法及分步牵引法安装斜拉索。

第三节 悬索桥施工

悬索桥施工的主要内容包括：主索、塔、锚碇、吊索和加劲梁等的制作安装。上部结构的施工顺序如图 8-15 所示。

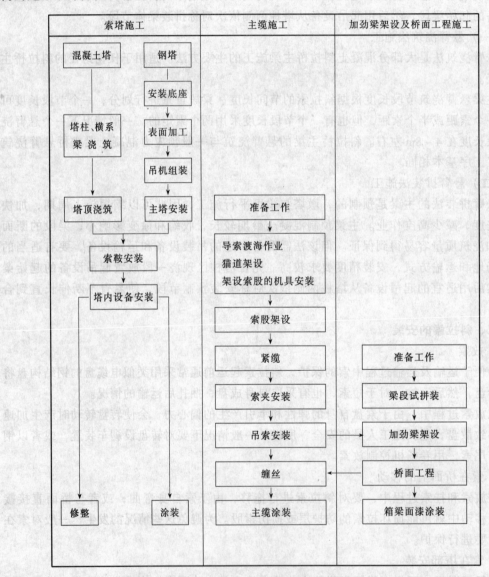

图 8-15 悬索桥上部结构施工顺序

一、主索制作

大跨度悬索桥缆索的钢丝是互相平行的。架桥时,缆索由钢丝就地编成。平行钢丝索的施工,通常采用由一个移动的纺轮,在已架好的辅助缆索上来回移动架设每根钢丝。钢丝束被编成一股以后,每隔 2~3m 绕上镀锌软铁丝,以保证截面的紧密和截面的形式。为了防止钢丝锈蚀,通常采用镀锌的钢丝或在钢丝绳的空隙中填以红铅油、地沥青,也可在钢丝绳外面加一层柔性或刚性索套。

二、塔的施工

吊桥桥塔通常做成空心断面,用钢结构或钢筋混凝土制成。当采用钢筋混凝土桥塔时,可使用滑模工艺施工。对于高度不大的桥塔,可采用设在塔旁的悬臂吊车来拼装塔架。当桥塔高度较大时,则需要使用能沿桥塔爬高的吊车,以便随桥塔的接装而逐步上升,继续拼装桥塔上一节段的构件。

三、锚碇施工

锚碇是锚块基础、锚块、钢缆的固定装置等的总称。

锚块的形式大致分为图 (8-16a) 的重力式及 (图 8-16b) 的隧道式。大部分吊桥都采用重力式锚块。隧道式锚块则用于锚碇附近为基岩外露的有利情况之外。锚碇的施工方法与一般钢筋混凝土施工方法类似。锚碇的施工可参照一般钢筋混凝土结构的施工方法。

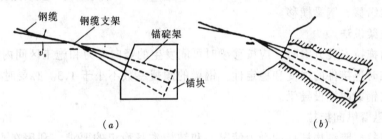

图 8-16 锚块
(a) 重力式;(b) 隧道式

四、吊索制作

吊索可由圆钢、钢管或扭转式钢丝绳制成。当悬索吊装完毕后,可利用工作缆索吊移吊篮来进行索夹与吊索的安装工作。索夹与吊索的安装顺序是从中跨的跨中向两侧对称地逐个安装。中跨完成后再安装边跨,边跨是由塔架侧向桥台方向逐个安装。索夹与吊索同时安装。

索夹为两个半六面体的铸钢件,靠螺钉拧合。索夹应先在地面配好时,保证螺孔位置的对正,然后将索夹与吊索放入吊篮内,移动至安装位置。为了保证两半个索夹的顺利安装,可临时使用一个简单的索夹,用它先将悬索卡紧,然后再上索夹。待索夹上紧后,松开临时索夹,并将原先捆绑的铁丝剪断、抽出。装配完了一个索夹,即将相应的吊索安装到索夹上,然后再将吊篮移出。

吊索的上端通过套筒与索夹的吊耳相连接,下端通过套筒与调整眼杆连接,眼杆通过联结件与加劲梁连接。

五、加劲梁

加劲梁通常采用钢桁梁、钢箱梁和钢板梁制成。加劲梁与主梁的联结多采用高强螺栓的联结工艺。

第四节 钢桥施工

钢桥是各种桥梁体系特别是大跨度桥梁常用的一种型式。钢桥的施工方法除了悬臂安装法之外，还可采用拖拉法、整孔架设法、膺架拼装法等施工方法，以提高施工速度。

钢材经过放样、号料、切割、矫正、号孔、钻孔、焊接、结构试拼装、除锈和油漆等预制加工工艺，最后得到所需的钢构件。

一、悬臂拼装法

悬臂安装是在桥位上拼装钢梁时，不用临时膺架支承，而是将杆件逐根的依次拼装在平衡梁上或已拼好的部分钢梁上，形成向桥孔中逐渐增长的悬臂，直至拼至次一墩（台）上。这称为全悬臂拼装。

若在桥孔中设置一个或一个以上临时支承进行悬臂拼装时称为半悬臂拼装。用悬臂法安装多孔钢梁时，第一孔钢梁多用半悬臂法进行安装。

钢梁在悬臂安装过程中，值得注意的关键问题是：①降低钢梁的安装应力；②伸臂端挠度的控制；③减少悬臂孔的施工荷载；④保证钢梁拼装时的稳定性。

悬臂安装钢梁的施工顺序为杆件预拼、钢梁杆件拼装、高强度螺栓施工、安装临时支承布置、钢梁纵移、钢梁横移。

二、拖拉架设法

采用纵向拖拉安装方案时，应按移梁时可能发生的竖向应力和施工区间内的风力验算钢梁杆件和临时连接件的强度和稳定性。钢梁的倾覆系数不小于1.3。必要时可在中间设临时支架或在钢梁前端设导梁。

（一）半悬臂纵向拖拉

根据被拖拉桥跨结构杆件的受力情况，和结构本身稳定的要求，利用在永久性的墩、台之间设置临时性的中间墩架，以承托被拖拉的桥跨结构（图8-17）。

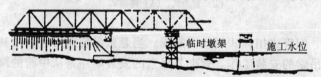

图8-17 中间临时墩架的纵向拖拉

（二）全悬臂的纵向拖拉

全悬臂的纵向拖拉指在两个永久性墩、台之间不设置任何临时中间支承的情况下的纵向拖拉架梁的方法。

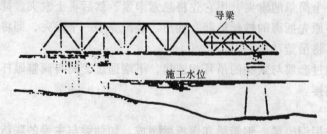

图8-18 全悬臂的纵向拖拉

图 8-18 所示为用拆装式杆件组成导梁的全悬臂拖拉。

拖拉钢桁梁的滑道，可以布置在纵梁下，也可以布置在主桁下。

三、整孔架设法

（一）用架桥机架梁

用架桥机架梁有既快又省的效果。目前常用的架桥机有胜利型架桥机、红旗型窄式架桥机。

（二）钓鱼法架梁

钓鱼法是通过立在前方墩台上有效高度不小于梁长 1/3 的扒杆，用固定于扒杆顶的滑轮组牵引梁的前端悬空拉到前方墩台上。图 8-19 是用钓鱼法架设跨度 24m 拆装式桁梁的示意图。图中后方桥台上也竖立了扒杆，供梁到位后落梁用。梁后端设制动滑轮组控制梁的前进速度。前后每端至少用两台千斤顶顶梁，以便交替拆除两侧枕木垛。

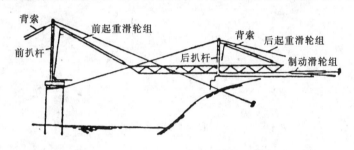

图 8-19 钓鱼法架梁

四、膺架拼装法

在满布支架上拼组钢梁和在场地上拼组钢梁的技术要求基本一致。其工序可分为杆件预拼，场地及支架布置，钢梁拼装，钢梁铆合和栓合等几部分。

（一）杆件预拼

首先应将工厂发送到工地的钢梁的单根杆件和有关的拼接件在场地上预拼，拼组成吊装单元。

（二）支架或拼装场地布置

支架最好用万能杆件拼装，如图 8-20 所示。支架基础可用木桩基础。

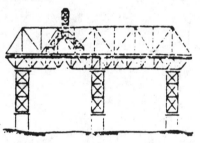

支架顶面铺木板，板面标高应低于支承垫石面，以便于梁落到支座上。根据钢梁设计位置，在每个钢梁节点处设木垛。木机构间留有千斤顶的位置，可供设置千斤顶调整节点的标高。木垛的最上一层用木楔，以便调整钢梁节点标高。

图 8-20 万能杆件组拼脚手架及龙门吊机

（三）钢梁拼装

钢梁拼装用的吊机类型很多，在支架上和场地上拼装钢梁可用万能杆件组成的龙门吊机，也可用轨道吊机。

钢梁常用的拼装顺序有两种，一种是从梁的一端逐节向另一端拼装；另一种是先从一端拼装下弦桥面系和下平纵联到另一端，然后再从一端拼装桁架的腹杆、上弦杆、上平联及横联到另一端。

（四）钢梁栓合

钢梁拼装完毕后应根据精度的要求，经过复测检查调整后才能进行栓合。

钢梁在支架上拼装组合完毕后，可落梁到支座上。落梁方法可用千斤顶的端横梁下将梁顶起，逐渐拆除节点下木垛，然后落梁到支座上。当落梁高度很小时，也可逐步将节点下木楔放松，使钢梁徐徐下落。

第九章 桥面及附属工程施工

第一节 支座安装

目前桥梁上使用较多的是橡胶支座，有板式橡胶支座和盆式橡胶支座。板式橡胶支座用于反力较小的中小跨径桥梁，盆式支座用于反力较大的大跨径桥梁。

一、板式橡胶支座的安装

板式橡胶支座在安装前的检查和力学性能检验，包括支座长、宽、厚、硬度、容许荷载、容许最大温差以及外观检查等，如不符合设计要求，不得使用。支座安装时，支座中心应对准梁的计算支点，必须使整个橡胶支座的承压面上受力均匀。为此，应注意下列事项：

（1）支座下设置的承垫石，混凝土强度应符合设计要求，顶面标高准确、表面平整，在平坡情况下同一片梁两端支承垫石水平面应尽量处于同一平面内，其相对误差不得超过3mm，避免支座发生偏斜，不均匀受力和脱空现象。

（2）安装前应将墩、台支座支垫处和梁底面清洗干净，去除油污，用水灰比不大于0.5的1:3水泥砂浆抹平，使其顶面标高符合设计要求。

（3）支座安装尽可能安排接近年平均气温的季节里进行，以减少由于温差变化大而引起的剪切变形。

（4）当墩台两端标高不同，顺桥向有纵坡时，支座安装方法应按设计规定办理。

（5）梁板安放时，必须细致稳妥，使梁、板就位准确且与支座密贴，就位不准或支座与梁板不密贴时，必须吊起，采取措施垫钢板和使支座位置限制在允许偏差内，不得用撬棍移动梁、板。

二、盆式橡胶支座安装

盆式橡胶支座顶、底面积大，支座下埋设在墩顶的钢垫板面积也较大，浇筑墩顶混凝土必须密实。盆式橡胶支座的规格和质量应符合设计要求，支座组装时其底面与顶面（埋置于墩顶和梁底面）的钢垫板，必须埋置密实。垫板与支座间平整密贴，支座四周探测不得有0.3mm的缝隙，严格保持清洁。活动支座的聚四氟乙烯板和不锈钢板不得有刮伤、撞伤。氯丁橡胶板块密封在钢盆内，安装时应排除空气，保持紧密。施工时应注意下列事项：

（1）安装前应将支座的各相对滑移面用酒精或丙酮擦洗干净，擦净后在四氟滑板的储油槽内注满硅脂类润滑剂并保洁。

（2）支座的顶板和底板可用焊接或锚固螺栓接在梁体底面和墩台顶面的预埋钢板上；采用焊接时，应防止烧坏混凝土；安装锚固螺栓时，其外露螺杆的高度不得大于螺母的厚度；支座安装顺序，宜先将上座板固定在大梁上，然后根据其位置确定底盆在墩台的位置，最后予以固定。

（3）支座的安装标高应符合设计要求，中心线要与梁的轴线重合；水平最大位置偏差不大于 2mm。

(4) 安装固定支座时，上下各部件的纵轴线必须对正；安装活动支座时上下纵轴线必须对正，横轴线应根据安装时的温度与年平均温度的差，由计算确定其错位的距离；支座的上下导向挡块必须平行，最大偏差的交叉角不得大于 5′。

第二节 桥面附属工程施工

桥面系的施工主要包括桥面伸缩缝、沉降缝、桥面防水、泄水管、桥面铺装、人行道、安全带、栏杆（防撞护栏和人行道栏杆）灯柱、桥头搭板等。其施工质量不仅影响桥梁的外形美观而且关系到桥梁的使用寿命，行车安全及舒适性。

一、伸缩缝施工

（1）梳形钢板伸缩缝：伸缩缝的位置、构造应符合设计要求。梳形钢板伸缩缝安装时的间隙，应按照安装时的梁体温度计算决定，梁体温度应测量准确。伸缩体横向高度应符合桥面线形，伸缩装置的槽内应清洁干净，如有顶头现象或缝宽不符合设计要求时应凿剔平整。现浇混凝土宜在接缝伸缩开放状态下浇筑，浇筑时应防止已定位的构件变位。伸缩缝两边的组件及桥面应平整无扭曲。梳形钢板伸缝所用的钢板的力学性能应符合规定。在施工中要加强锚固系统的锚固，防止锚固螺栓松动、螺帽脱落，要注意养护，同时要设置橡胶封缝条防水。

（2）橡胶伸缩缝：采用橡胶伸缩缝时，材料的规格、性能应符合设计要求。应根据桥梁跨径大小或连续梁（包括桥面连续的简支梁）的每联长度，决定采用纯橡胶式、板式、组合式等。对于板式橡胶伸缩缝，应有成品解剖检验证明。安装时应根据气温对橡胶伸缩体进行必要的预压缩。气温在 5℃ 以下时，不得进行橡胶伸缩缝的安装施工。采用后嵌式橡胶伸缩体时，应在桥面混凝土干缩完成且徐变也大部分完成后再进行安装。橡胶伸缩装置在安装时应注意下列事项：

1）要检查桥面板端部预留的空间尺寸、钢筋，注意不受损伤，若为沥青混凝土桥面铺装，宜采用后开槽工艺，以提高缝与桥面的平顺度；

2）应根据安装时的环境温度计算橡胶伸缩装置模板的宽度和螺栓的间距。将准备好的加强钢筋与螺栓焊接就位，然后浇筑混凝土并养护；

3）将混凝土表面清洁干净后，涂防水胶粘材料，利用调整压缩的工具将伸缩装置安装就位。向伸缩装置螺栓孔内灌注防腐蚀剂，要注意及时盖好盖帽；

4）伸缩缝必须全部贯通，不得堵塞或变形；

5）橡胶板应安装平整密贴、旋紧螺栓，在螺孔内灌注密封胶，每段橡胶板拼接时，在企口形连接处涂刷密封胶，要求接缝平正严密不漏水。

二、沉降缝施工

沉降缝的位置应符合设计要求，沉降装置必须垂直，从上到下竖直贯通桥涵结构物，缝的端面平整，缝的宽度一致，要按设计要求设置嵌缝材料。混凝土基础、压顶与挡墙墙身的沉降缝须在同一垂直线上，并使其缝在基桩间隙中垂直通过。

三、防水层施工

防水层设在桥面铺装层下，它有多种铺设方法。粘贴或防水层（三油两毡）是先在桥面板上铺一层薄砂浆用以粘胶垫层，然后涂抹一层油膏，一层油毡（或其他防水材料），再一层油膏，一层油毡；最后一层油膏用以粘贴防水装置保护层。涂抹式是在桥面板或桥台背面涂抹数层沥青作防水层。特殊塑料薄膜作防水层，既可防止钢筋混凝土桥面裂缝，又能防水。防水混凝土作防水层，应振捣密实，施工接头处不能有空隙。

桥面防水层的铺设要符合设计要求，在铺设时应注意下列事项：

(1) 防水层材料应经过检查，符合规定标准后方可使用；

(2) 防水层通过伸缩缝或沉降缝时，要按设计规定铺设；

(3) 防水层应横桥向闭合铺设，底层表面应平顺、干燥、干净；沥青类防水层不宜在雨天或低温下铺设；

(4) 水泥混凝土桥面铺装层，当采用油毛毡或织物与沥青粘合的防水层时，应设置隔断缝。

四、泄水管施工

泄水管的施工要按照设计规定进行，泄水管应伸出结构物底面 100～150mm；立交桥及高速公路上的桥梁，泄水管不宜直接挂在板下，可将泄水管通过纵向及竖向排水管道直接引向地面，或按设计要求办理，并且管道要有良好的固定装置。泄水管入水端应做好处理，与周边防水层密合，边缘要夹紧在管顶与泄水漏斗之间。泄水管施工时应注意下列事项：

(1) 桥面的泄水管可预埋在梁内，位置应正确，泄水管顶面的标高如设计无规定时，可根据下列原则决定：

1) 水泥混凝土桥面的泄水管道面标高，宜略低于该处的桥面标高，以便雨水汇入。

2) 沥青混凝土桥面，采用防滑层结构时，泄水管盖面的标高略低于防滑层的顶面标高，但在防滑层厚度范围内的泄水管宜钻孔，使渗入防滑层的水排入泄水管。

(2) 泄水管的顶盖应与泄水管及周围的桥面牢固连结。

(3) 与城市立交桥或跨河桥梁的岸边引桥的泄水管有导流设施，并且泄水管与附近在桥墩（台）处的排水管接通时，宜留有一定的伸缩余量，使梁在伸缩时不会拉断泄水管。

五、桥面铺装层施工

(1) 沥青混凝土桥面铺装应按设计要求施工：在铺装前应对桥面进行检查，桥面应平整、粗糙、干燥、整洁。桥面横坡应符合要求，否则应及时处理。铺筑前应洒布粘层油，石油沥青洒布时为 $0.3～0.5L/m^2$。沥青混凝土的配合比设计、铺筑、碾压等工序应符合沥青路面施工的规范要求。注意铺装后桥面的泄水孔的进水口应略低于桥面面层，保证排水顺畅。应注意下列事项：

1) 测设中线和边线的标高，根据最小厚度和最大厚度以及平均厚度计算沥青混凝土的数量，做好用料计划。

2) 在喷洒粘层油前宜在路缘石边缘上方涂刷石灰水或粘贴保护纸张，以免沥青沾染缘石。

3) 在伸缩缝处宜以黄砂等松散材料临时铺垫与水泥混凝土顶面相平，沥青混凝土可连续铺筑，铺筑完成后，再根据所采用的伸缩缝装置的宽度，划线切割，挖去伸缩缝部分的沥青混凝土后，再安装伸缩装置。

4) 沥青混凝土面层应采用机械摊铺，应以伸缩缝的间距确定一次铺筑长度，要求在相邻两个伸缩缝之间尽量不设施工缝。桥面的宽度宜在一天内铺筑完成。每次铺筑的纵向接缝宜在上次铺筑时的沥青混凝土的实际温度未降至100℃时予以接缝并碾压。

5）沥青混凝土面层厚度大于6cm时宜采用两次铺筑，以提高沥青混凝土面层的平整度。

（2）水泥混凝土桥面铺装时，除符合有关水泥混凝土施工的要求外，还应注意：

1）水泥混凝土桥面铺装的厚度及其使用的材料、铺装层的结构、混凝土的强度等级、防水层的设置等均应符合设计；

2）必须在横向连接钢板焊接工作完成后，才可进行桥面铺装工作，以免后焊的钢板引起桥面水泥混凝土在接缝处发生裂纹；

3）浇筑桥面水泥混凝土前应使预制桥面板表面粗糙，清洗干净，按设计要求铺设纵向接缝钢筋网或桥面钢筋网，混凝土浇筑由桥一端向另一端连续浇筑；

4）水泥混凝土桥面铺装如设计为防水混凝土，施工时要按有关规定办理；

5）水泥混凝土桥面铺装做面应采取防滑措施，做面宜分两次进行，第二次抹平后，应沿横坡方向拉毛或采用机具压槽，拉毛或压槽的深度为1～2mm；

6）为避免铺装层出现收缩裂缝，宜采用分仓灌筑的施工方法，分仓原则可根据桥面的宽度以及无伸缩缝桥面的长度来考虑，四幅或六幅；

7）水泥混凝土铺装灌筑时，必须搭设走道支架，支架应架空，又能直接搁置在钢筋网上；

8）混凝土浇筑宜自下坡向上坡进行。混凝土面层必须平整和粗糙，路拱符合设计要求。

六、人行道、安全带、栏杆、灯柱施工

桥面的安全带、路缘石、人行道梁、人行道板、栏杆、扶手、灯柱等，在安装完工后，其竖向线形或坡度、断缝或伸缩缝必须符合设计规定。

1．安全带和缘石施工应注意下列事项

（1）悬臂式安全带构件必须与主梁横向连接；

（2）安全带梁必须安放在未凝固的M20稠水泥砂浆上，以便形成顶面设计的横向排水坡；

（3）为了减少从缘石与桥面铺装缝隙中渗水，缘石宜采用现浇混凝土，使其与桥面铺装的底层混凝土结合为整体。

2．人行道施工应注意下列事项

（1）悬臂式人行道构件必须与主梁横向连接；

（2）人行道梁必须安装在未凝固的M20稠水泥砂浆上，并以此来形成人行道顶面的横向排水坡；

（3）人行道板必须在人行道梁锚固后才可铺设，对设计无锚固的人行道梁、板的铺设，应按照由里到外的次序；

（4）在安装有锚固的人行道梁时，应对焊缝认真检查，必须注意施工安全；

（5）人行道板接缝处应用水泥砂浆嵌填，按规定绑扎钢筋网浇筑细石混凝土，于初凝前抹平。人行道面须划线分格，应在混凝土初凝前完成。

3．栏杆施工应注意下列事项

(1) 栏杆块件必须在人行道板铺设完毕后才可安装，安装栏杆柱时，必须全桥对直、校平（弯桥、坡桥要平顺），竖直后用水泥砂浆填缝固定。

(2) 钢筋混凝土墙式护栏的高度必须在纵坡变化点处调整，以便线形顺畅、美观。

(3) 钢筋混凝土柱式护栏、金属制护栏放栏前应选择桥梁伸缩缝附近的端部立柱等作为控制点，当距离出现零数时可用分配法使之符合规定的尺寸，立柱宜等间距设置。

(4) 轮廓标的安装高度宜尽量统一，连接要牢固。

(5) 防撞护栏与栏杆的伸缩缝应同桥面的伸缩缝在同一直线上。

4. 灯柱安装应注意下列事项

(1) 灯柱应按照设计位置安装，必须牢固、线条顺直、整齐美观。

(2) 灯柱由钢管或钢筋混凝土管架立，并用钢筋固定在预埋的锚栓上。

(3) 灯柱线路必须安全可靠。

(4) 大型桥梁须配置照明控制配电箱，固定在桥附近安全场所。

七、桥头搭板施工

桥头搭板位于桥梁端与引桥路始端相接处为使它们顺接，防止和克服路端沉陷造成桥头"跳车"而设置。

设有钢筋混凝土桥头搭板的台后填土，应以透水性好的材料为主，分层压实。台背填土前应进行防水处理。台后地基若为软土时，应按要求进行处理，预压时应进行沉降观测，预压沉降控制值应在搭板施工前完成。桥头搭板下的路堤可设置排水构筑物。钢筋混凝土搭板及枕梁宜采用就地现浇混凝土。

桥头搭板下应当按照设计要求做好基础，其范围应保证枕梁底处1m宽的襟边，向下以1:1放坡至2m深处。水泥混凝土搭板不得有蜂窝、露筋等现象。

第十章 施工安全与质量评定

桥梁施工是一项技术难度高、安全危害性大的特殊工程项目。桥梁施工风险大，容易发生车辆伤害、起重伤害、机械伤害、物体打击、高空坠落、触电、淹溺和管线伤等方面事故。为确保安全生产，项目部按国家有关规定建立以项目经理为首的安全管理机构，设专职安全员，班组要有兼职安全员，全面负责安全生产的宣传教育和督促检查工作。必须牢固树立安全第一，预防为主的思想，生产必须安全、安全促进生产、安全生产人人有责。同时要制订切实可行的安全管理制度和安全防护措施；定期进行安全检查，以确保安全措施的落实和安全操作规程的执行。为确保桥梁工程的施工质量，应从班组、工地及公司成立三级质量检验、监督机构，配备专职人员和相应的检测工具和设备，并建立：工序、部位及单位工程质量检验评定制度和交接手续；做到层层把关，严格要求。

第一节 施工安全技术

一、土石方工程施工安全技术

（1）离心泵的电线绝缘良好，电器部分要设置接地线，并保持干燥，各防护罩应完好。

（2）潜水泵放入水中或提出水面应先切断电源，严禁带电将出水管放入或提出。

（3）坑边堆土应距坑边 1m 以上，其高度不超过 1.5m。

（4）挖土机械在架空输电线路一侧施工时，臂杆与输电线路的安全距离不应小于 1.5~3.0m 以上。

（5）为了防止流砂造成土壁坍塌，坑壁应放出足够的边坡。对坑壁和附近的建筑物，采取防护和加固措施。

（6）基坑回填时，坑内作业人员必须戴好安全帽，距坑边一定距离。

二、施工用电安全技术

（1）施工现场临时用电工程必须采用 TN—S 系统，设置专用的保护零线，要求使用五芯电缆，配电系统采用"三级配电两级保护"，同时规定开关箱（末级）必须装设漏电保护器实行"一机一闸"。

（2）在高压输电线的下方不得进行打桩等施工作业。如要施工，应遵守规定操作。

（3）施工现场因施工需要而架设临时线路应符合安全要求。如架设离地高，导线绝缘良好等。

（4）维护检修工作严格按照"电工安全操作规程"进行。

（5）对于导线或母线等应采用封闭、高挂或设罩盖等绝缘、屏护遮栏、保证安全距离的措施。

（6）设置熔断器、漏电断路器，采用安全特低电压、保护接地和保护接零等措施。

(7) 高大构筑物的施工工地四周的起重机、井字架、门式架、脚手架等应设置防雷装置（避雷针、避雷线、避雷网、避雷带、避雷器等）。

(8) 操作时应使用电工安全用具，如绝缘台、垫、靴、手套、绝缘棒、钳、电压指示器等。

(9) 制定用电安全组织措施：制定安全措施计划、建立规章制度、安全检查、建立资料、教育和培训、组织事故分析。

三、吊装安全技术

吊装工作除应遵守各种吊装设备的安全操作规程外，还应特别注意以下几点：

(1) 必须建立明确的岗位责任制，严格执行统一指挥、统一讯号、统一行动。除指定的现场指挥人员外，其他任何人不得直接发号施令；

(2) 开始吊装前，应进行有关吊装方法、施工组织设计及安全技术规程等方面的交底和训练；

(3) 高空作业人员必须经身体检查合格，作业前不要饮酒；作业时如有精神不振，体力疲乏或头晕目眩等现象时，应及时换下来，不得勉强进行高空作业；

(4) 开始吊装前应仔细检查起重运输设备以及夹具、索具是否有损坏或松动的现象。最好能进行荷载运转试验，对钢丝绳的断丝情况，滑车主轴的探伤检查应给以注意。起吊时，提升和下降要平稳，不准有急动或冲击现象。起重臂最大仰角不得超过规定，其仰角不准超过78°；

(5) 各种起重机械和设备，不准超过额定负荷进行运转；一般不得进行斜吊；

(6) 严禁用各种起重机械吊运人员；在起落吊时，臂杆、吊钩及重物下面禁止有人通过和停留；

(7) 在停工、休息或中途停电时，必须将吊物落地，不得悬吊空中，且臂杆、吊钩应挂扣固定，不得左右摇晃；

(8) 在带电的电线下进行吊装时，要严格注意安全。不要使吊杆、吊钩、钢丝绳等碰到电线上，其距离不得小于2m；

(9) 劳动分工后，应尽量稳定下来，不随意调换工种，以免操作不熟练而发生意外事故。

遇到下列情况之一时，不得进行吊装作业：

(1) 未做好规定的安全措施和明确岗位责任制以前；

(2) 预制构件未达到规定的吊装强度；

(3) 作业人员不全；

(4) 看不清指挥讯号时（如雾天或傍晚）；

(5) 夜间没有良好的照明设备时；

(6) 气候不利时（大中雨、严寒冰雪天或六级以上大风）。

遇有下列情况之一时，现场指挥应立即指令，停止吊装作业：

(1) 指挥讯号系统失灵；

(2) 雷阵雨时；

(3) 地锚附近土层开裂，缆索断丝、脱轮时；

(4) 卷扬机马达过热，塔架位移超过容许范围或缆索打扭等设备失常现象时。

四、打（钻孔）桩机械操作安全技术

打入桩及钻孔灌注桩施工机械的操作安全一般规定如下：

（一）打桩机械

（1）打桩机械司机与打桩工作指挥人员之间应事先规定统一信号，司机应严格按指挥信号操作；信号不明时不得操作。

（2）打桩设备的各部件及索具，事前均应作详细检查，确保完好、有效方可正式投入使用。

（3）安装打桩机械时，应做到以下几点：

1）打桩机械的底盘，必须安装在平坦、坚实的垫木上，底盘应安装平稳、不倾斜。

2）组装桩架，对螺栓孔时，必须使用铁钎对孔，不得用手，螺栓应加弹簧垫圈，在高空拧紧或拆卸螺栓时应使用呆扳手。

3）扳起桩架前，应系好风缆及溜绳，然后先作试扳，在检查安全无误后，方可正式起扳；达 70°以上时，应稍停，待拉好溜绳及风缆，垫好防震木，然后扳直，最后收紧全部风缆。

4）往桩架上安装桩锤、钻头、钻杆或钻孔机变速箱时，应将该项设备拖运至龙门前 2m 以内，再行吊起。

5）凡在打桩设备竖立、放倒、操作及移动范围的上空，不应有高压电线；如有，必须与桩架最高点保持一定安全距离，一般 2～4m。

（4）移动桩架时，应做到以下几点：

1）桩架移动所经的道路应平地、坚实、无障碍物。

2）桩架移动时，如系落锤式桩架，必须将桩锤落至最低位，并予以固定；方可移动桩架。

3）桩架移动时，现场应由专人统一指挥，统一信号，各道工序行动一致，各风缆的松、紧、拆、装，均须在统一指挥下进行。

4）桩架每移动一次，均须检查；底盘是否稳定、龙门是否垂直、风缆是否扣紧等，确认安全后，方可继续操作。打桩时应随时观察土基和支架情况，发现支架局部下沉过多，应立即采取加固措施，避免桩架失稳倾倒。

（5）打桩时除司机、掌握油门者及稳桩者外，桩前方不应有其他人员。

（6）打桩设备的维修或排除故障，必须在停机后进行，桩锤应落下，并垫稳。

（7）每根桩施工完毕后，桩锤或钻机变速箱均须落在桩架最低位处，并将桩锤垫稳或销牢后，方可收工或移动桩架。

（二）钻孔机械

（1）钻杆应挺直、丝口完好无损；如发现有杆弯、杆裂、滑丝或丝口缺损等现象时，禁止使用；

（2）应据现场不同土质选用适用的钻头。钻头刃口如磨损或脱落，必须及时检修或更换；

（3）开始启动时，应先使钻头空载启动。运转中一旦发现钻进困难；立即提起钻头，查原因，排除障碍后重新开钻；

（4）当钻孔完毕或临时暂停钻进时，必须将钻杆、钻头全部提出孔外，防止埋钻事故；

(5) 在钻孔过程中，除因工作需要外，钻孔上口须用盖板盖住，严防人员或杂物落入孔内；

(6) 工作结束后或移动钻架时，钻头必须松落到最低位，离地面约20cm，并须予以临时固定。

五、沉井施工安全技术

(1) 沉井井顶周围应设防护栏杆。当采用不排水下沉时，井顶应悬挂防溺救生设施。

(2) 抽承垫木时，应由专人统一指挥，分区设岗，按顺序进行。抽承垫木下沉时，严禁从刃脚，底梁和隔墙下通过。

(3) 采用抓斗挖土时，井内人员和设备应撤出。

(4) 沉井在淤泥质粘土或亚粘土中下沉时，井内的工作平台应用活动平台，并禁止固定在井壁、隔墙或底梁上。沉井发生突然下沉时，平台应能随井内涌土上升。

(5) 采用井内抽水强制下沉时，井上人员应离开沉井。

(6) 不排水沉井井内应搭供潜水员使用的浮动操作平台。当沉井面积较大，井内隔墙上应设有潜水员通过的预留孔。

(7) 采用机吊人挖时，土斗装满，待井下人员离开后，由专门监护人员发出讯号，方可起吊。土斗内土必须堆装均匀，防止土块落下伤人。

(8) 采用水力机械挖土时，井内作业面与水泵站应有通讯设备直接联系。

(9) 沉井的内外脚手架如不能随同沉井下沉时，应和沉井的模板、钢筋分开，井字架扶梯等设施均不得固定在井壁上，防止沉井突然下沉时被拉倒。

(10) 井内水泵、水力机械管道等施工设施均应架设牢固，以防坠落。

(11) 沉井下沉前应把井壁上拉杆螺栓和圆钉切割掉，特别在不排水下沉时，应清除井内障碍物和插筋，以防止割破潜水员的潜水服。

(12) 水力机械的水枪和吸泥机，应进行试运转，各连接处应严密不漏水。

(13) 沉井木下混凝土封底时，工作平台应搭设牢固，导管周围应有栏杆。平台的荷载除考虑人员和机具重量外，还应考虑漏斗和导管堵塞后，装满混凝土时的悬吊重量。

六、混凝土及钢筋混凝土施工安全技术

在混凝土和钢筋混凝土工程施工时，应采取下列各项安全技术措施：

(1) 装卸水泥工人，应按劳保规定，穿戴防护用品；

(2) 高空架设模板、支架和钢筋骨架时，应在模板外侧设立外伸的保护挡板，高空作业工人应拴好安全带；

(3) 未经同意，不能任意拆除模板，拆除后的模板应将模板的朝天钉敲平或拔除并及时运走；

(4) 在调直$\phi 8mm$以下盘圆钢筋时，为防止断筋弹跳伤人，应在调直范围内设置防护措施；

(5) 在潮湿地点工作时，电焊工应穿绝缘胶鞋；

(6) 在电机上工作时，电机壳必须接地，工人必须戴上橡皮手套，并穿胶鞋。

张拉预应力钢筋时，还要注意下列几点：

(1) 操作高压油泵人员，要戴防护目镜，防止油管破裂及接头处喷油伤眼；

(2) 高压油泵与千斤顶或拉伸机之间的所有连接点，紫铜管的喇叭或接口，必须完好

无损，并应把螺帽拧紧。压力表接头处用纱布包扎，防止漏油；

(3) 张拉地区应标明明显的标记，禁止非工作人员进入张拉场地；

(4) 张拉时，两端不准站人，并设置防护罩；高压油泵应放在离构件端部的左右两侧，锚固螺帽时，操作人员应站在预应力钢筋位置的侧面；

(5) 孔道灌浆时，掌握喷浆嘴的人必须戴防护眼镜、穿雨鞋、戴手套；在喷嘴插入孔道时，喷嘴后面的胶皮垫圈要压紧在孔洞上，胶皮管与灰浆泵连接牢固，才能开动灰浆泵，此时堵灌浆孔者应站在孔的侧面，以防灰浆喷出来伤人。

七、拱桥施工安全技术

拱桥施工除应采取前述有关技术措施外，尚应注意下列几点：

(1) 所有上拱操作人员，对于本身携带的工具，应放入特别的随身工作袋内，使用时，要认真负责，聚精会神，切勿失手坠落造成工伤事故。严禁随意向拱下抛丢东西；

(2) 一般情况下，拱上拱下不得同时作业，如果拱上拱下有必要进行交叉作业时，拱下操作人员必须戴安全帽；

(3) 施工现场要配置必需的安全防护设备，如灭火机、救生圈、安全船等；易燃品、剧毒品、爆炸品等，必须与作业区、生活区隔离，单独存放；严格遵守领发保管制度，并采取必须的防护措施；

(4) 在通航河流上施工时，必须与航道管理部门密切联系；随着不同的施工阶段，共同制定相应的通航措施，确保施工与通航的安全；

(5) 必须指定专人每天掌握、分析施工观测资料，如发现有不正常现象或构件裂缝有发展趋势时，应及时上报，并立即研究采取必要的措施。

第二节 质量检验评定

一、市政桥梁工程检验项目（以梁桥、拱桥为例）

(一) 实测实量项目

1. 认证项目

桩高程（桩尖）、桩强度、梁强度、铺装层强度（压实度），主检项目：跨径，桥下净空。

2. 一般项目

砌筑墩台尺寸及其墩台墙面垂直度和平整度；混凝土墩台尺寸及其墩台墙面垂直度和平整度，蜂麻；混凝土墩柱尺寸，混凝土墩柱垂直度和平整度；混凝土梁板尺寸，梁板侧向弯曲，梁板纵横轴线位置，拱轴线位置，拱座高程，拱顶高程，$L/4$ 拱顶高程；拱桥外形尺寸，拱桥立柱或侧墙垂直度，同跨各肋间距；铺装层中线高程，横坡，宽度与平整度；伸缩缝与保护带板高差，水泥混凝土板高差，水泥混凝土板纵横缝顺直度，桥面变形缝顺直度及顺桥方向平整度，变形缝宽度，扶手和地袱顺直度，栏杆柱和栏心柱垂直度，桥面侧石，隔离墩、防撞墩顺直度及相邻块高差等。

(二) 外观检查项目

(1) 下部结构：混凝土无缺角倒边、裂缝、露筋、蜂麻、孔洞，线角挺直，线形顺直，接缝平顺，无凹凸，美观；沉降缝贯通，垂直，位置准确，边角整齐，支座位置准确、平稳、严密。

(2) 上部结构：梁、拱杆件顺直、一致，混凝土施工缝平顺，无蜂麻，露筋，无缺角倒边，允许范围外的裂缝，接缝平顺，各部位平行、垂直准确，各梁（拱）底标高一致，间距无异常，地道无渗漏，装修无空鼓、脱落、裂缝、颜色一致，台级步距一致，无缺角掉边，钢结构焊缝顺直饱满，无变形，防腐完整。

(3) 桥面系：铺装层坚实、平整、无裂缝、离析、有足够粗糙度，沥青混凝土还不应有松散、油包现象；伸缩缝安装牢固、顺直、不扭曲，接缝符合要求，与保护板带接顺，伸缩有效。

(4) 栏杆地袱、防撞墩、人行道：

安装牢固、线条顺直，无歪斜扭曲，各部位接缝平直，无错台，灌缝砂浆饱满，伸缩缝处断开，构件无破损、蜂麻、颜色一致，安装顺直，钢构件防腐完整，美观。

(5) 锥坡台阶，侧墙护墩：

线形顺直，平整，外形正确，砌筑面平顺，无凹凸，不沉，勾缝均匀、饱满、美观，台阶步距均匀，无缺边掉角。

二、市政桥梁工程质量检验评定标准

桥梁工程的质量检验评定工作，按照部颁《市政工程质量检验评定暂行标准》（CJJ2—81）执行。

质量评定分为："合格"与"优良"两个等级。

桥梁工程有工序、部位、单位工程的划分。

(1) 工序 划分为：土石方、模板、钢筋、混凝土、预应力钢筋混凝土、构件安装、桩基、沉井基础、砌体、装饰、其他工程等。

(2) 部位 按主要部位划分。一般中小型桥，可分为上部结构和下部结构两个部位。大型桥，可分为上部结构（含桥面系）、墩台和基础等三个部位。

(3) 单位工程 一般一座桥梁工程作为一个独立核算项目，则是一个单位工程。也有同座桥采用分期单独核算的，就成为若干个单位工程。

桥梁工程的质量检验、评定应按工序、部位及单位工程三级进行。其评定标准如下：

(一) 工序

合格 符合下列要求者，应评为合格。

(1) 主要检查项目（在项目栏列有△者）的合格率应达100%。

$$合格率 = \frac{同一检查项目中的合格点（组）数}{同一检查项目中的应检点（组）数}$$

(2) 其他检查项目的合格率，应达到70%，且不符合本标准要求的点最大偏差应在允许偏差的1.5倍以内。

优良 符合下列要求者应评为优良。

(1) 符合合格标准的条件。

(2) 全部检查项目合格率的平均值，应达到85%。

(二) 部位

合格 所有工序均合格，则部位应评合格。

优良 在评定为合格的基础上，全部工序检查项合格率的平均值达85%，则该部位应评为优良。

在评定部位时，模板工序及预制厂制作的成品或半成品不参加评定。

（三）单位工程

合格 所有部位（工序）均为合格，则该单位工程评为合格。

优良 在评定为合格的基础上，全部部位（工序）检查项目合格率的平均值达85%，则该单位工程应评为优良。

桥梁工程质量检验和评定必须在施工班组自检、互检的基础上，应有专职（或兼职）检验人员参加，始得进行；工序交接检验、评定工序等级并填写检表10-1。必须在工序交接检验的基础上进行部位交接检验，评定部位等级并填写检表10-2。必须在部位（工序）并接检验的基础上进行单位工程交接检验，评定单位工程质量等级并填写检表10-3。

关于桥梁工程各工序的具体质量要求和允许偏差，详见《市政工程质量检验评定标准》。

三、市政桥梁工程质量等级评定规定

（一）市政桥梁工程质量等级应符合下列规定：

1. 合格：

（1）外观项目的评分应达70分以上；

（2）实测项目：主要检查项目（在项目栏列有△者）的合格率为100%，非主要检查项目合格率应达70%；

（3）质量保证资料评分应达70分以上；

（4）工程综合评分应达70分以上。

2. 优良：

（1）外观项目的评分应达85分以上；

（2）实测项目：在合格的基础上，全部检查项目（包括主要检查项目和非主要检查项目）的平均合格率应达85分以上；

（3）质量保证资料评分应达85分以上；

（4）工程综合评分应达85分以上。

（二）市政桥梁工程质量等级评分办法

1. 外观项目的检验评定：

（1）外观项目的验评应由三人以上共同进行，并对工程进行全数量检查。

（2）外观项目的评分：

优：85~100，合格：70~84.9，不合格<70。

2. 实测项目的检验评定

（1）在外观项目验评合格后，才能进行实测项目的验评。

（2）实测项目得分计算

得分 = 各项合格率的平均值

3. 质量保证资料检验评定

质量保证资料检查内容及评分标准见规定附表

4. 市政桥梁工程质量综合评分

综合评分 = 外观项目评分 × 0.3 + 实测项目得分率 × 0.4 + 质量保证资料评分 × 0.3

工序质量评定表

单位工程名称_____ 部位名称_____ 工序名称_____ 表 10-1

主要工程数量																	
序号	检查项目	质 量 情 况															
1																	
2																	
3																	

序号	实测项目	允许偏差	各实测点偏差值													应检点数	合格点数	合格率%
			1	2	3	4	5	6	7	8	9	10	11	12	13			
1																		
2																		
3																		
4																		
5																		
6																		
7																		
8																		
交方班组															平均合格率（%）			

工程技术负责人：　　　　　　质检员：　　　　　施工员：　　　　年 月 日

部位质量评定表

单位工程名称：　　　　　　部位名称：　　　　　　　　　　　　表 10-2

序 号	工 序 名 称	合格率（%）	质量等级	备 注
平均合格率（%）				
评定意见		评定等级		

工程技术负责人：　　　　　　　　　　　　质检员：　　　　　　　　年 月 日

单位工程质量评定表

工程名称：　　　　　　　　　　施工队：　　　　　　　　　　　表 10-3

序　号	部位（工序）名称	合格率（%）	质量等级	备　注
平均合格率（%）				

评定意见		评定等级		建设单位： 设计单位： 施工单位：

工程技术负责人：　　　　　　　　质检员：　　　　　　　　年　月　日